シリーズ
多変量データの
統計科学 10

藤越康祝
杉山髙一
狩野 裕
［編集］

構造方程式モデルと計量経済学

国友直人

［著］

朝倉書店

まえがき

　本書は朝倉書店のシリーズ〈多変量データの統計科学〉の中で「多変量データの統計的分析と計量経済学」についての1冊として企画された．タイトルの鍵となる言葉として「構造方程式モデル」という言葉を選び，統計学と計量経済学に関係する重要な話題を選択した．近年では「構造方程式 (structural equation) モデル」(あるいは「推定方程式」) という言葉は経済学や計量経済学ではない分野でも使われるが，本書では「構造方程式モデル」，「同時方程式モデル」，「計量経済モデル」が開発された経緯や様々な統計的問題を「計量経済学」という分野における実証的に重要な問題に絡めて説明することとした．本書の第2章で説明するように統計モデルとしての構造方程式 (structural equation) モデル, 同時方程式 (simultaneous equation) モデルは数理統計学の文脈の推定方程式 (estimating equation) モデルと同一であり，その統計的理論の応用範囲はかなり広い．したがって，本書の内容に関係することが生物統計学をはじめとする統計科学における他の分野で類似の内容，別の用語を用いて議論されているとしても不自然ではない．この意味で本書の内容は必ずしも経済現象の統計的分析の問題に限定されているとはいえないので，経済・経営・ファイナンス (金融) などに限定されないより一般的な数理統計学の応用, 統計科学に関心のある研究者や学生にとっても利用できる議論が少なくないと思われる．

　ここで簡単に本書の内容を説明しておこう．本書は内容を第Ⅰ部：構造方程式モデルの基礎, 第Ⅱ部：構造方程式モデルの展開，という2部構成とした．第Ⅰ部ではまず第1章で計量経済分析における二つの重要な例を説明した．ミクロ (応用) 経済学から賃金と教育についての労働経済学の議論，マクロ経済学から消費と所得についての消費関数を巡る具体例を通じて構造方程式モデルによ

る統計的分析の必要性を議論した．第2章では構造方程式モデルと計量経済学の基礎事項をまとめた．計量経済学では構造方程式モデルと誘導型としての多次元時系列モデルの関係が重要であるので，Granger 因果性，内生性，外生性，DSGE モデルなど，関連する問題をあまり深入りせずに概観した．なお統計学における統計的多変量解析では固有値問題が重要であるので，その関係を意識して説明したことが本書の一つの特長となろう．第3章では最近の計量経済分析でしばしば利用されている GMM (一般化積率法) と経験尤度法に言及した．

第 II 部では第 I 部で説明された基礎的な問題を踏まえて，構造方程式モデルを巡る計量経済学における最近の議論を説明した．第4章〜第6章はミクロ計量経済学の問題，第7章〜第8章はマクロ (時系列) 計量経済学の問題を扱った．第4章では構造方程式モデルを巡る基本的問題，識別性・外生性・係数の有意性検定，制限情報最尤推定と固有値問題について説明した．こうした構造方程式モデルを巡る統計的推測の問題から，より最近になりミクロ計量経済学で注目されている弱操作変数問題と多操作変数問題を議論した．第5章では構造方程式モデルの統計的推定量の小標本特性について最近の結果を説明し，第6章では多操作変数問題に関する漸近的結果を説明した．第7章では，経済時系列の扱いでは基本的問題である単位根問題と共和分問題を説明した．統計学における統計的時系列解析で議論されている互いに独立な確率変数列，定常確率過程の確率変数列などでは不十分であることを指摘し，和分時系列とその (ある種の) 極限であるブラウン運動を用いた表現などを説明した．第8章ではさらに単位根問題，共和分問題と構造変化問題との関係を議論し，最後に第9章では本書での議論をまとめた．なお本書で必要となる数理的議論を付録としてまとめ，(汎関数) 中心極限定理とブラウン運動を巡る漸近理論，伊藤の公式と確率積分についての基本を説明した．

計量経済学に関心がある研究者，学生はもちろん，より広く統計科学の理論と応用に関心のある関係者にとって本書が何らかの役に立てば幸いである．　本書に関するいくつかの文献は著者の個人 HP (ホームページ，http://www.kunitomo.e.u-tokyo.ac.jp/index-j.html)，あるいは東京大学日本経済国際研究センター (CIRJE, http://www.cirje.e.u-tokyo.ac.jp/research/) で少なくとも今後数年間は手に入れることができる．また最後になるが．本書

の出版のきっかけを作ってくれた藤越康祝氏 (広島大学名誉教授), 杉山高一氏 (前・中央大学教授), さらに滞りがちな著者に対して絶えず適切なプレッシャーを与えてくれた朝倉書店編集部のご助言, ご努力に感謝する.

2011 年 10 月

国 友 直 人

目　　次

第Ⅰ部　構造方程式モデルの基礎　　1

1. 構造方程式モデルの例 ………………………………………………… 2
　1.1　賃金と教育水準を巡って ……………………………………………… 2
　1.2　消費と所得の時系列関係を巡って …………………………………… 6
　　1.2.1　マクロ消費関数 …………………………………………………… 6
　　1.2.2　消費と所得の確率過程 …………………………………………… 9
　1.3　構造方程式モデルと計量経済学の展開 ……………………………… 10
　　1.3.1　需要関数の推定問題 ……………………………………………… 11
　　1.3.2　計量経済学の展開 ………………………………………………… 12
　　1.3.3　マクロ計量モデルと非定常時系列 ……………………………… 13
　　1.3.4　ミクロ計量経済学とマクロ(時系列)計量経済学 ……………… 14

2. 構造方程式モデルの基礎 ……………………………………………… 17
　2.1　構造方程式・線形同時方程式と多次元時系列モデル ……………… 17
　　2.1.1　線形同時方程式と構造方程式 …………………………………… 17
　　2.1.2　識別性と構造方程式モデル ……………………………………… 22
　2.2　構造方程式モデルの推定問題 ………………………………………… 24
　　2.2.1　誘導型と構造方程式 ……………………………………………… 24
　　2.2.2　構造方程式の制限情報推定 ……………………………………… 26
　2.3　非線形性・変数誤差・因果関係 ……………………………………… 30
　　2.3.1　非線形計量モデル ………………………………………………… 30

2.3.2 構造方程式と変数誤差・線形関数関係 ················· 33
2.3.3 Granger 因果性と内生性・外生性 ··················· 34
2.4 条件付期待値変数と DSGE 方程式 ······················ 37
2.4.1 条件付期待値変数を含む構造方程式モデル ············ 37
2.4.2 合理的定常解・非定常解・バブル解 ················· 40
2.5 構造方程式の推測を巡る最近の展開 ····················· 42
2.5.1 弱操作変数・多操作変数問題・パネル計量問題 ········· 42
2.5.2 非定常時系列間の関係 ··························· 44

3. セミ・パラメトリック推定：GMM と経験尤度法 ············· 45
3.1 一般化積率法 (GMM) ····························· 45
3.1.1 推定方程式の GMM 推定 ························ 45
3.1.2 非線形時系列構造方程式モデルと GMM ············· 48
3.2 推定方程式と経験尤度法 ····························· 51

第 II 部　構造方程式モデルの展開　　　　　　　　　　　55

4. 構造方程式モデルの検定問題 ······························ 56
4.1 識別性・外生性・係数の有意性の仮説 ···················· 56
4.1.1 制約条件の定式化 ······························· 56
4.1.2 係数の有意性と t 検定 ··························· 63
4.2 尤度比検定と制限情報最尤推定法 ······················· 64
4.3 統計量の極限分布 ·································· 71
4.3.1 標準的場合 ···································· 71
4.3.2 弱操作変数の場合 ······························· 75
4.3.3 多操作変数の場合 ······························· 77
4.4 縮小階数回帰問題 ·································· 79
4.5 共和分問題 ······································· 81

5. 推定量の小標本特性 ······ 83
- 5.1 母数の表現とシミュレーションの方法 ······ 83
- 5.2 推定量の標本分布の図 ······ 86
- 5.3 経験尤度推定量と LIML 推定量 ······ 88
- 5.4 GMM 推定量と TSLS 推定量 ······ 89
- 5.5 非正規性・分散不均一性・非線形性の影響 ······ 90
- 5.6 積率の非存在・小標本分布の近似・漸近展開 ······ 91
  - 5.6.1 標本分布の漸近展開 ······ 91
  - 5.6.2 多操作変数のときの近似 ······ 95

6. 多操作変数・弱操作変数の漸近理論 ······ 97
- 6.1 LIML の漸近最適性 ······ 97
  - 6.1.1 漸近正規性 ······ 97
  - 6.1.2 多操作変数・弱操作変数の下での最適性 ······ 103
- 6.2 係数の有意性と t 検定の補正 ······ 105
- 6.3 LIML の修正法 ······ 106
  - 6.3.1 分散不均一性の問題 ······ 106
  - 6.3.2 LIML 推定の修正 ······ 106

7. 単位根・共和分と構造方程式モデル ······ 110
- 7.1 単位根の検定問題 ······ 110
  - 7.1.1 単位根仮説と統計量 ······ 112
- 7.2 多次元時系列と非定常性 ······ 116
  - 7.2.1 多次元時系列における共和分仮説 ······ 116
  - 7.2.2 単位根・階数条件の仮説検定 ······ 120
- 7.3 検定統計量の漸近分布 ······ 125
- 7.4 単位根仮説の下での推定量の漸近分布 ······ 134
  - 7.4.1 単純単位根の推定問題 ······ 134
  - 7.4.2 構造方程式としての共和分関係の推定 ······ 139
- 7.5 数理的導出 ······ 145

8. 共和分・構造変化と構造方程式モデル 154
8.1 構造変化と共和分 154
8.1.1 トレンドの変化と固有値の挙動 155
8.1.2 トレンド変化の下での共和分仮説検定 160
8.1.3 トレンド関数の共変動仮説 163
8.2 検定統計量の分布 164
8.2.1 統計量の漸近分布 164
8.2.2 構造変化点を含む場合の極限分布 165
8.3 実証分析への含意 169
8.4 数理的導出 170

9. 要約と展望 179

付録 A. 数理的補論 182
A.1 線形モデルにおける漸近理論 182
A.1.1 標準的場合 182
A.1.2 単位根の場合 191
A.2 いくつかの補題と証明 194
A.3 ブラウン運動とその汎関数 198
A.3.1 ブラウン運動 198
A.3.2 確率積分と伊藤の公式 200

文　　献 207

索　　引 212

part I

構造方程式モデルの基礎

chapter 1

構造方程式モデルの例

1.1 賃金と教育水準を巡って

　現代の経済学, 特に多くの応用経済学の分野では様々な変数の間の関係を計量的に分析する手段として (統計的) 回帰分析が日常的に用いられている. 労働経済学, 産業組織, 消費者行動論, 開発経済学, 公共経済学などが典型的な研究分野であるが, ここでは応用経済学の一分野, 労働経済学における重要な計測問題である「賃金と教育の構造方程式」の例を取りあげてみよう.

　労働経済学 (labour economics) においては雇用されている人々の賃金率と教育水準を巡って多くの実証的研究が行われてきている. 常識的には教育水準が高ければ賃金も高いであろうと考えられるので, 二つの変数の関係を線形回帰モデル,

$$LW = \alpha + \beta E + u \tag{1.1}$$

と表現し, 実際に得られる賃金や教育の個票データから統計的関係を分析することが自然である. ここで説明変数 E は例えば学校教育年数, 被説明変数 LW は賃金の対数値である (賃金は正値のみをとり賃金分布は右に裾が長いことが知られているので変数変換することが一般的である). 係数 α, β は (未知) 母数を表し, 誤差項 u は教育水準を除いたランダムな変動を表現している. したがって線形回帰モデルにおける標準的仮定が妥当であれば, 係数 β を推定することで教育年数の増加の賃金への影響度が計測できる. ——このような議論が正当化されるだろうか? 誤差項 u はその他の変数や偶然的変動を表現している. 説明変数として変数 E の他にもデータが利用できる場合には, 説明変数を

まとめて (縦) ベクトル **z**, その係数をまとめて (縦) ベクトル **δ** とすると重回帰モデル

$$LW = \alpha + \beta E + \boldsymbol{\delta}' \mathbf{z} + u \tag{1.2}$$

と表すことによって，より一般的な賃金関数の計測モデル，統計モデルが得られる ($\boldsymbol{\delta}'$ は横ベクトルを表す)．労働経済のデータ分析では実際にデータとして得られる賃金は勤労者が関わる様々な社会経済的要因に依存していると考えることが常識的である．また統計学が教える線形回帰分析を用いると，こうした賃金関数の分析では誤差項と説明変数については共分散の条件

$$\mathrm{Cov}(E, u) = 0 \tag{1.3}$$

を仮定して分析が進められることになる．

ところで，労働経済学の実証研究としてこうした賃金・教育方程式を想定し，利用可能な横断面 (個票) データを用いて回帰分析を適用し，その推定結果を利用する，ということでは満足できない研究者が少なくないということは注目に値する．経済学者が賃金・教育方程式を重要視するのは，「他の条件を所与」としたときに教育年数の増加による賃金上昇の効果が計測できると考えるからである．他方で，例えば労働経済学におけるシグナリング・モデルの議論によれば教育年数は高い能力のシグナルの指標であり，賃金と教育はともにこの分析には現れない共通の「高い能力」により説明される結果という解釈もありうる．この解釈では回帰分析において現れない共通の除かれた変数により「賃金と教育水準の間の見かけの相関」が生じている可能性が検討課題になる．ここで「能力」を直接に計測することが困難であるから，仮に何かの能力の指標データを利用することが考えられるが，そうした指標を使うときには「計測される能力」と「真の能力」との差，すなわち統計学で観測誤差 (measurement errors) と呼ばれている問題も無視できなくなる．

a. Grilliches (1976) の研究

賃金と教育水準の問題をクロスセクション・データ，個人データまで遡って計量的に分析した研究例として Grilliches (1976) が著名である．「労働市場に関する全米パネル調査 (National Longitudinal Survey)」としてよく知られている

表 1.1 賃金・教育方程式の推定結果

	S	IQ	R^2
OLS	0.065		0.309
	(13.2)		
OLS	0.059	0.0019	0.313
	(10.7)	(2.8)	
TSLS	0.052	0.0038	
	(7.0)	(2.4)	

パネル・データ (panel data) を用いて,例えば 1362 名について学校で調査した IQ スコアを含めた個別データを利用して統計的分析を行っている. Grilliches の研究で重要と思われる一つの推定結果を表 1.1 に示しておく[*1].

Grilliches は様々な計量分析での問題を考察しているが,例えば賃金や教育水準を説明する能力水準の代理変数として,利用可能な IQ スコアを説明変数に加えて分析などを行っている. ここで重要な問題は IQ 変数自体は労働市場で現れる労働能力そのものではなく,むしろ一般的能力を表す変数であることだろう. すなわち,賃金・教育方程式

$$LW = \alpha + \beta E + \gamma IQ + \boldsymbol{\delta}' \mathbf{z} + u \tag{1.4}$$

における変数 LW, E, IQ を同時に説明する能力変数を A とすると,例えば観測される IQ 変数には測定誤差があるので

$$IQ = \phi + A + \eta \tag{1.5}$$

と表現することが妥当かもしれない. ここで係数 ϕ は (一定値をとる未知の) 母数, η は確率変数とすると,両者は賃金変数・教育方程式の誤差 u との相関がある,とするのが自然な想定であろう. この場合には教育変数や IQ 変数には観測誤差,あるいは変数誤差 (errors-in-variables) があると考えられるので,そうした問題を処理する必要がある. Grilliches はこうした計量上の問題を考慮し,回帰分析でよく知られている最小二乗推定値 (OLS) のみではなく,計量経済学では同時性 (simultaneity)・内生性 (endogeneity) から生じうるバイアスを補正する方法としてよく知られている (次章で説明する) 二段階最小二乗推定値

[*1] ここでの数値は Hayashi (2000) より引用した (同書 p.240). Hayashi (2000) はさらに Grilliches データと同様の賃金データを用いると類似の結果が得られることなどを実例としてより詳しく説明している.

(TSLS) を用いて賃金・教育方程式を推定した結果を報告している．Grilliches の研究で利用された変数 (後述する操作変数) としては，年齢，性別，人種など個人に関わる社会・経済的変数などが用いられている．

Grilliches (1976) の研究はそれまで活発に行われていた労働・教育を巡る実証分析にかなりのインパクトを与え，その後に様々な実証研究が行われるきっかけとなった．そうした経緯についての説明は例えば Blackburn-Neumark (1992) などがあり，計量経済学の標準的教科書である Hayashi (2000) でも重要な実証分析の例として取りあげている．

b. Angrist & Krueger (1991) の研究

近年ではミクロ経済データが利用可能になるにつれて，応用経済学ではミクロ・レベルで大量の個票データを利用した実証研究なども実現可能となっている．大量のミクロ・データを利用した研究の中でも特に賃金と教育効果を巡る Angrist & Krueger (1991) はその後のいくつかの計量的問題の議論が展開される一つのきっかけとなったのでここで言及しておこう．

労働経済学では一般に自然科学系のような実験データはめったに得られないので，社会的に得られた調査データを下に実証分析が進められる．ところが本当に解明すべき重要な課題は，個人を取り巻く様々な環境や条件を一定としたときの変数間の関係，先の例では教育水準の賃金水準への効果を計測するような問題である．

Angrist & Krueger (1991) はセンサス調査 (国勢調査) に基づく膨大なデータから次のような分析を考え実行した．米国の義務教育制度では多くの州では一定の年齢に達するまで学校からの離脱は原則的に許されない．学校教育では誕生日の月により学校教育の開始までの時間経過が異なるので，そのことが教育年数と賃金水準に対して異なる影響 (個別効果) を与えていると考えられる．そこで Angrist & Krueger (1991) は誕生日に関する情報が賃金・教育方程式に対する適切な操作変数となっていることを主張し，「多くの操作変数」を利用した興味深い推定結果を報告したのである．具体的な実証例を一つだけ挙げると，標本数約 30 万のデータより教育の賃金水準への効果を測定しており，データ分析では最小二乗推定および変数誤差モデルに対する Wald 推定量，二段階最小

二乗推定量などを計測し，いくつかの推定法による推定結果がほぼ等しかったことより推定結果の妥当性を主張した．

こうした Angrist & Krueger (1991) の実証分析を Bound, Jaeger & Baker (1995) は統計的問題の視点より再吟味している．ここでの重要な統計的問題として次のような論点が挙げられる．

(i) すでに計量経済学において発展していた構造方程式モデル・同時方程式モデルの推定問題に関する議論が，こうした個人に関する大量のミクロ・データの利用，ミクロ計量経済分析において妥当であるか？

(ii) Angrist & Krueger (1991) の主張，すなわち「莫大な標本数の下では最小二乗推定，あるいは操作変数法による推定法はどちらも妥当である」が理論的に正当化されるか？

Bound, Jaeger & Baker (1995) は古典的な構造方程式モデルを用いて，仮に標本数が非常に大きい場合であっても，「説明変数・操作変数の説明力が弱いとき」，あるいは利用する「説明変数・操作変数の数が大きいとき」には，最小二乗推定法および二段階最小二乗推定法はともに大きなバイアスをもたらしうることを実験的に示した．

こうしたミクロ計量経済学における具体的問題をきっかけとして構造方程式を巡る様々な計測上の問題があらたに議論され，研究上の流れとなっていることは注目に値しよう．本書では標本数が大きいとき，個々の説明変数・操作変数の説明力が何らかの意味で弱い場合を弱操作変数 (*weak* instruments) 問題，多数の説明変数・操作変数が利用可能な場合を多操作変数 (*many* instruments) 問題と呼んでおく．こうした状況における実証分析の統計的方法について近年になり活発に研究されるようになったが，その動向について第4〜6章で議論する．

1.2 消費と所得の時系列関係を巡って

1.2.1 マクロ消費関数

マクロ経済学や金融経済学 (ファイナンス) などの研究分野での主要な実証分析の対象はマクロ時系列や金融時系列である．ここで時系列とは時間の推移

にともない観察されるデータを意味するが,経済時系列の多くは時間の経過とともに大きな変動が観察されることが一般的なので,こうした研究分野では時系列的変動の理解,実証分析などにおいて統計的方法が必要不可欠である.経済時系列の伝統的な統計的分析法では,時系列変動をトレンド(趨勢)成分,循環変動成分,季節変動成分,不規則変動成分などに分解することなどがしばしば行われている.GDP(国内総生産),消費,投資などのマクロ変数,株価,外国為替レートなどの金融変数のトレンド成分は,事後的な説明はともかく,事前的にその将来の変動を把握したり予測することはかなり困難な場合が多い.そこで,経済時系列の計量分析においては観測される時系列をある種の非定常時系列(確率)過程の実現値としてとらえて統計的に分析することが多くなっている.

ここで典型的な例として,マクロ所得とマクロ消費というマクロ経済学ではいわばもっとも重要なマクロ変数について考えよう.時刻 i の消費 C_i,所得 Y_i として観測データ $(Y_i, C_i), i = 1, \cdots, n$ が利用可能としよう.一例として日本のマクロ消費とマクロ所得の動向を図 1.1 に挙げておく.

マクロ経済の消費系列と所得系列に対数変換を施し,消費系列 C_i,所得系列 Y_i として変数間の関係を

$$C_i = \alpha + \beta Y_i + u_i \quad (i = 1, \cdots, n) \tag{1.6}$$

と表現してみよう.ここで α, β を (一定値をとる) 未知母数,u_i を回帰分析の(確率変数としての)撹乱項と理解すると,線形回帰分析のもっとも単純な例と見なせるだろうか?

ここで通常の線形回帰分析の議論を復習してみると,まず観察される変数は時刻 i について互いに独立に得られる標本 (sample) と見なして分析が進められることになろう.ところが図 1.1 から明らかなようにマクロ・レベルの消費系列と所得系列を時間軸に対してプロットしてみれば,トレンド(趨勢)変動や季節変動が明確に観察され[*2)],通常の統計学で説明されている独立標本の実現値と見なすことはきわめて非現実的な仮定となる.ここで挙げた例から類推できるように実際に観察されている大部分の経済時系列に対して標準的な回帰モデルを適用することにはいくつかの基本的な問題がある.第一にマクロ消費や

[*2)] ここでは季節調整済系列を利用した.季節調整問題の詳しくは国友 (2006) を参照されたい.

8   1. 構造方程式モデルの例

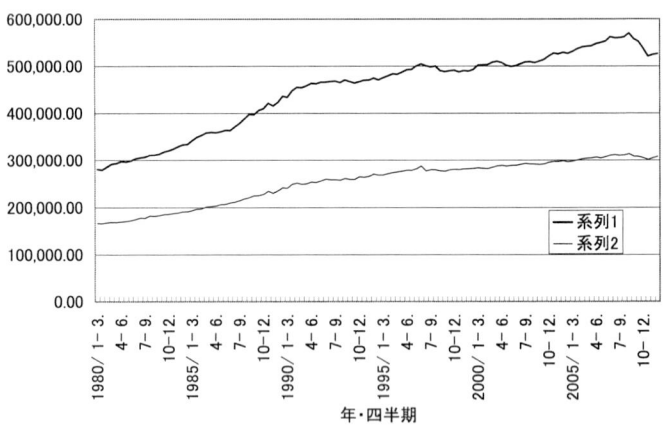

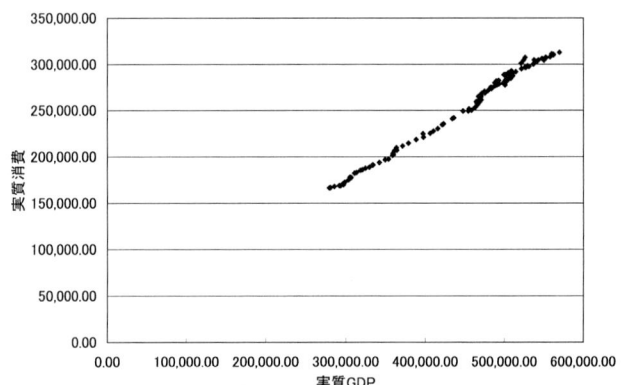

図 1.1 日本のマクロ消費・所得系列の動向 (季調済・実質系列)

所得は時間とともに大きく変化していてトレンドが存在し，その絶対水準は経済の成長とともに大きく異なっている．第二に消費や所得は時間とともに景気循環や季節変動により変動している．したがって，この方程式 (ある意味で) を「定常的に変動する」複数の時系列[*3)] の間の関係として理解することは困難で

---

*3) ここで 1 次元確率過程 y_t が (弱) 定常過程であるとは任意の t に対し期待値 $E[y_t] = \mu$(一定値)，共分散関数 $E[(y_t - \mu)(y_s - \mu)] = \gamma(t-s)$ が時間差 $t-s$ のみに依存することと定義する．こうした経済時系列分析の基本的事項についての文献として例えば，山本 (1987) を挙げておく．

ある.第三にマクロ経済学では古くから議論されているように,消費と所得の間には一方が他方を決定する,あるいは説明するという一方向のみの因果関係を想定することは説得的でない,ということも挙げられる.

1.2.2 消費と所得の確率過程

マクロ消費とマクロ所得といったマクロ経済における統計的関係の計量的とらえ方を非定常 (non-stationary) 時系列の枠組みで最初に本格的に考察したのは Engle & Granger (1987) である.ここで対数変換後の消費系列 C_i,所得系列 Y_i についての関係を

$$C_i - \alpha - \beta Y_i = u_i \tag{1.7}$$

と表現してみよう.このときマクロ経済についての議論より誤差項 u_i は定常的な確率変数としてとらえることが不自然ではなさそうである.このことは観察される時系列 C_i, Y_i の水準に比べて線形結合から生じる誤差の水準がはるかに安定していること,すなわち「ある種の均衡状態」として理解することがかなり現実的な解釈となりうることを意味する.統計的には非定常的に変動する複数の時系列[*4)]の線形結合 (つまり構造を表す方程式) が定常的に変動しているということが重要である.統計的時系列分析においては和分過程と呼ばれる非定常確率過程[*5)]の変数間でこうした線形関係が成り立つとき二次元確率過程 (C_i, Y_i) は共和分 (co-integration) 関係にあるという.より正確には差分 $\Delta C_i = C_i - C_{i-1}, \Delta Y_i = Y_i - Y_{i-1}$ とするとき確率過程 $(\Delta C_i, \Delta Y_i)$ は定常過程でかつ原系列 (C_i, Y_i) の間に線形関係が存在するとき,共和分関係と定義する.計量経済学ではしばしばこの関係をマクロ消費関数

$$C_i = \alpha + \beta Y_i + u_i \tag{1.8}$$

と呼んでいるが,これは構造方程式モデルを意味すると解釈できるのである.

[*4)] ここで 1 次元確率過程と同様に p 次元確率過程 $\mathbf{y}_t = (y_{it})$ が (弱) 定常過程であるとは,任意の t に対し期待値 $\mathrm{E}[\mathbf{y}_t] = \boldsymbol{\mu}$ (一定値),共分散関数 $\mathrm{E}[(\mathbf{y}_t - \boldsymbol{\mu})(\mathbf{y}_s - \mu)'] = \Gamma(t-s)$ が時間差 $t-s$ のみに依存することと定義する.こうした多次元時系列の基本的事項についての文献として例えば,Anderson (1971), Fuller (1997) を挙げておく.

[*5)] ここでは原系列 C_i, Y_i より階差系列 $\Delta C_i, \Delta Y_i$ をとると定常過程となる場合を考察している.定常過程のもっとも単純な場合として互いに独立な確率変数列を挙げることができる.この場合のさらに期待値がゼロのときをランダム・ウォーク (random walk, 酔歩) と呼ぶことが多い.

マクロ消費と所得の時系列関係の分析を巡ってはマクロ経済データ作成の問題も見逃すことができない．マクロ経済学で教えているように，マクロ時系列データは国民経済計算と呼ばれる計算ルールに基づいて作成されている．例えば簡単化のためにマクロ経済の所得 Y_i, 消費 C_i, 投資 I_i という三つの基本要素を考察すると，3 変数のデータ上では GDP 恒等式と呼ばれる関係がある．すなわち

$$Y_i - C_i - I_i = (相対的に微小な変動) \tag{1.9}$$

という関係が成立しているはずである．したがって (Y_i, C_i, I_i) を非定常確率過程としてとらえると，消費と所得 (消費関数)，GDP 恒等式という少なくとも二つの線形関係が存在している可能性が高い．

消費関数の例については様々な展開が見られる．マクロ経済学では，消費者が所得などの将来に生じるであろう変動を考慮しながら消費水準を決めると考えるのが標準的であり，様々な消費関数が考察されている．消費の理論的分析は本書の範囲外であるが，その一端は次章の例から伺えよう．

1.3 構造方程式モデルと計量経済学の展開

経済現象の数量的分析としてより広い意味での経済の計量分析の歴史は，近代的な経済学の源流である 17 世紀末の英国の研究者まで遡る．計量経済学，あるいはエコノメトリクス (econometrics) と呼ばれる分野はしばしば「経済学・統計学・数学の総合」といわれ，近代的な数理統計学の勃興とともに成立した．

計量経済学の節目として，1930 年に国際計量経済学会 (Econometric Society) が成立し，1933 年に学術誌エコノメトリカ (*Econometrica*) が発刊したことが挙げられる．当時，経済学の分析において基本的役割を果たす需要曲線 (demand curve) と供給曲線 (supply curve) を実際に観察データから推定しようとするとき，当時の統計家がまったく気がついていなかった識別問題 (identification problem) と呼ばれる固有の統計的問題が存在することが認識されるようになった．そしてそうした問題を解決するために構造方程式モデルからなる同時方程式モデルに基づく統計的方法が開発された，という経緯が重要である．

1.3.1 需要関数の推定問題

ある財の (i 番目に観察される) 価格 p_i での需要量を $q_i^{(d)}$, 需要関数に現れる説明変数ベクトルを $\mathbf{c}_i$ として, (議論を簡単化して) 線形の需要関数を考えてみよう. まず線形の需要関数の分析に統計学ではよく知られている線形回帰モデル

$$y_i = \boldsymbol{\beta}' \mathbf{x}_i + u_i \ (i=1,\cdots,n) \tag{1.10}$$

を利用する意味を考察しよう. ここで標本数は n としたが, 横断面データの場合には N (時系列データの場合は T) を用いることもある. 被説明変数 $y_i = p_i$, 説明変数 ($K \times 1$) ベクトル $\mathbf{x}_i = (q_i^{(d)}, \mathbf{c}_i')'$, 母数 ($K \times 1$) ベクトル $\boldsymbol{\beta} = (\beta_1, \boldsymbol{\beta}_2')'$, 誤差項 $u_i (= u_i^{(d)})$ は期待値 0, 分散 σ^2 の確率変数を想定する. 変数 $p_i, q_i (= q_i^{(d)}), c_i$ が観測可能として, 線形回帰分析においてよく知られている最小二乗法を用いると, 説明変数ベクトル $\mathbf{x}_i$ が線形独立であれば $n > K$ であり母数ベクトルは

$$\widehat{\boldsymbol{\beta}} = \left(\sum_{i=1}^n \mathbf{x}_i \mathbf{x}_i'\right)^{-1} \sum_{t=1}^n \mathbf{x}_t y_t \tag{1.11}$$

と推定することが考えられる. 実際, 初期の需要分析 (demand analysis) では価格と取引数量という実際に利用できるデータに回帰分析を適用して主要な産業の生産物に対する需要関数の実証分析などが行われていたのである.

ここで一見すると統計学の応用としてごく自然な統計分析が経済学におけるごく標準的な説明と整合的でないことが, 計量経済学の重要な出発点である. 経済学的議論では市場で観察される価格と取引数量は, 需要関数と供給関数の均衡により決定されると考えることが標準的である. ここで供給量 $q_i^{(s)}$ を i 番目の観測量, 生産に関する説明変数ベクトルを $\mathbf{w}_i$, 生産サイドの誤差を $u_i^{(s)}$ とおいて (簡単な) 線形の供給関数

$$p_i = \delta q_i^{(s)} + \boldsymbol{\eta}' \mathbf{w}_i + u_i^{(s)} \tag{1.12}$$

とする (δ, η は未知母数とする). 市場経済による財の取引を想定する通常の経済学では, 実際に観察される価格 p_i と数量 q_i のデータは需要と供給がバランスする均衡条件

$$q_i^{(d)} = q_i^{(s)} = q_i \tag{1.13}$$

を満足すると考える[*6].

ここで回帰分析において標準的とされる最小二乗法を用いても, 有限標本論においても漸近理論においても需要関数の推定を正当化できないことが重要である. 一般的には (1.10) 式の被説明変数 y_i と説明変数 $q_i^{(d)}$ は無相関とはなりえないので, 最小二乗推定量 $\widehat{\beta}$ は真の母数 β_1 の不偏 (unbiased) 推定量でもなければ一致 (consistent) 推定量でもない. さらに, そもそも標準的な経済学での解釈は市場取引で観察されるデータ, 価格 p_i と取引量 q_i は, 市場取引で同時に決定される. したがって, 説明変数ベクトル $\mathbf{c}_i$ と $\mathbf{w}_i$ から経済学的に意味のある需要関数や供給関数の形を推定できるか否かという, より基本的な問題が生じるのである. この問題は計量経済学では識別問題と呼ばれるが, 計量経済学における議論をきっかけに, その後, 例えば因子分析などを含むより一般的な統計学的問題として認識されるようになった.

1.3.2　計量経済学の展開

こうした需要分析を巡る議論に端を発し, 1940〜50 年代にそれまでの統計モデルとは少し異なる構造方程式 (structural equation) モデルに基づく同時方程式モデル (simultaneous equation model), あるいは計量経済モデル (econometric models) が開発され[*7], 実際の経済分析に応用され始めた. 他方, 観測される多くの時系列経済データに統計的手法を適用することによりマクロ景気変動 (business cycle) を抽出しようとする研究も行われるようになり, 経済理論と統計的計測方法との関係を巡っては 1940 年代末に「理論なき計測 (measurement without theory)」と「計測なき理論」といった論争も生じた. これをきっかけに, 経済データに基づく統計学的分析のあり方を巡り様々な議論が展開された.

[*6]　実際には不均衡条件の下でも取引が成立するという考え方もあるが, はるかに複雑になるのでそうした不均衡経済学の議論は省略する. 例えば国友・佐藤 (1994), Kunitomo & Sato (1996) を参照されたい.

[*7]　Cowles-Commission という研究機関で行われた研究については, 例えば Koopmans & Hood (1953) を参照されたい. 当時の関係者の中にその後のノーベル経済学賞の受賞者が多いことからもその影響力が推測できる.

1.3.3 マクロ計量モデルと非定常時系列

構造方程式モデルからなる同時方程式モデル，計量経済モデルが開発されると，経済学，特にマクロ経済分析において応用が盛んとなった．当時のマクロ経済学とは今日では古典的ケインズ経済学と呼ばれる内容であるが，マクロ経済データの整備とともにマクロ政策効果について客観的な評価法の必要性が認識されていたことが重要な背景である．その後，ローレンス・クライン (L. Klein) が 1950 年に米国のマクロ経済モデルを発表したことなどを契機として，1950～80 年頃には米国など先進国を中心に，アカデミックの世界にとどまることなく，各国の政府，中央銀行，国際機関などにより数多くのマクロ計量モデル (macro econometric model) が作成された．日本でも経済企画庁 (今の内閣府の一部)，日本銀行，民間の経済研究機関などでそれぞれ計量経済モデルが開発され，計量経済モデルに基づいた予測などが盛んに行われるようになった．クラインらによる初期の小規模の計量経済モデルから発展し，なかには世界モデルなど巨大なマクロ計量モデルもあったが，マクロ計量モデルを実際に作成して，政策効果を計測したり，将来を予測したりする応用の中でいくつかの問題点も明らかになった．

第一に，多くの場合にはマクロ計量モデルを利用した予測が実務的に事前に期待していたほど十分精度が良いとはいえなかったことが挙げられる．1970 年ごろにはすでに比較的単純な統計的時系列モデルなども経済時系列分析に応用されるようになったが，ごく単純な時系列モデルによる予測と労力がかかる計量モデルによる予測が，結果においてあまり相違がないなどの主張も行われた．第二には，マクロ計量モデルが依拠していた伝統的なマクロ経済学そのものへの批判が，そこから構築された計量モデルへの批判的評価へと展開した．こうした批判は具体例を通して行われたことに重要な意味があった．しばしばマクロ計量モデルを用いた政策シミュレーションの結果の適切性が議論された．それまでに作成されたマクロ計量モデルを構成する構造方程式ではしばしば将来に対する人々 (消費者や企業) の予想が適切に組み入れられないとされ，何らかの意味で経済行動 (各経済主体のある種の最適化行動) を行っていると見なせる経済主体の行動と政策評価の関係を巡る議論が活発化した．現在時点においてもなお当時の議論の妥当性や客観的評価は必ずしも定まったとはいえないが，そ

の後のマクロ経済学やマクロ時系列データの計量分析では時間とともに変動する時系列分析 (time series analysis) の応用が盛んとなった．この間に時系列モデルによる統計的分析が，マクロ計量モデルの予測力の改善やマクロ経済学における政策シミュレーションを巡る課題を一挙に解決するかのごときの主張がなされたことにも言及する必要があろう．こうした事情について，例えば山本 (1987) の説明を参照されたい．

2011 年という時点で再考してみると，統計的時系列分析の経済時系列への適用についてもまた様々な課題が認識されていることを付け加えておく．こうした問題についての詳細な説明は本書の範囲を逸脱するが，例えば 2.4 節で述べる条件付期待変数を含む DSGE モデルの計量分析を巡る議論などが参考になろう．

他方，近年になり様々な応用経済学の分野において統計的実証分析が盛んに行われるようになったことにも言及する必要がある．特にミクロ・レベルの経済データを用いた統計分析が盛んに行われているが，その中で (後述するように) 構造方程式モデルを利用した計量分析も盛んに行われるようになっている．

なお，物理学など一部の自然科学と異なり，経済学での理論的考察と，現実に観察される経済データの間にはかなりのギャップが存在するのが一般的である．経済の計量分析で用いられるデータの多くは中央政府などにより統計的議論 (標本理論など) に基づいて作成されている公的データである．こうした経済データの作成過程では「経済統計」の実務上の問題を含め様々な課題がある．そして，計量経済分析では「経済理論的整合性」をより重視するか，「経済データの統計的説明」をより重視するかという点を巡って，現在でも様々な考え方が共存している．

1.3.4　ミクロ計量経済学とマクロ (時系列) 計量経済学

現代では計量経済学とは，経済学的議論を背景として，経済データに対して統計的方法を適用することにより分析を行う分野の総称であるが，大別すると統計的分析法を検討する理論分野と経済学的データ分析を行う実証分野 (empirical analysis) に分けることができる．

経済の計量分析に現れる経済データは，ある 1 時点において標本抽出など何

1.3 構造方程式モデルと計量経済学の展開

らかの方法で得られた経済単位 (消費者, 企業, 県や国家など) のデータ, すなわち横断面データ (cross section data) と, ある経済単位に関して異なる時間において計測されたデータ, すなわち時系列データ (time series data) に大別される. 横断面データが時系列的にも観察されること (横断面時系列データ) もあり, 特に同一の経済単位について多時点で観察できる場合をパネル・データ (panel data) と呼んでいる. 変数 (有限次元のベクトルや行列でもよい) X に対して横断面データ x_i $(i=1,\cdots,N)$, 時系列データ x_i $(i=1,\cdots,T)$, パネル・データ x_{ij} $(i=1,\cdots,T;j=1,\cdots,N)$ と表現することが多い. したがって観測数 n は 1 変数について N,T または NT である.

計量経済学における主要な分析方法は統計学的モデルの活用であるので, 計量経済学の方法を説明する場合には統計的多変量解析における回帰モデルから出発するのが妥当である. しかし回帰モデルや回帰分析についての書籍はすでに多数存在しているので他を参照してもらうことにして, ここでは需要分析の例で述べたように, 計量経済学では回帰分析を含む通常の統計学的モデルの応用では十分ではないとの認識から, 様々な理論的考察が行われてきている, という事実から出発しよう.

計量経済学の研究はマクロ計量経済学 (macro-econometrics) とミクロ計量経済学 (micro-econometrics) に大別することができる. 時間とともに変動が観察されるデータを分析する統計学の領域は統計的時系列分析 (statistical time series analysis) と呼ばれているので, マクロ計量経済分析のことを時系列計量経済分析 (time series econometrics) と呼ぶこともできよう. ここでマクロ計量経済学と呼んでいる研究領域では, マクロ経済データや金融データなどの将来値の正確な予測が困難であることが多いこともあり, 統計的時系列解析における (確率的) 定常過程論 (stationary stochastic process) に基づく議論に加えて, 非定常過程 (non-stationary process) の経済時系列分析が盛んに行われている. 他方, 多くの経済分析においては横断面データの計量分析も重要である. 横断面データの分析に関わりのある計量経済分析を総称してミクロ計量経済学と呼んでおこう. これまでに経済学の実証分析の必要性から様々な統計モデルが考察されているが, とりわけパネル・データ分析 (panel data analysis) や質的変量モデル分析 (qualitative model analysis) が重要となっている. なお, ミ

クロ計量経済分析や金融 (ファイナンス) 経済分析ではかなり大量のデータが分析に利用できることが少なくない．こうしたことを背景に，近年では計量経済学においてノン・パラメトリック (non-parametric) 統計学やセミ・パラメトリック (semi-parametric) 統計学の方法を経済分析に応用する試みが盛んになりつつある．

chapter 2

構造方程式モデルの基礎

2.1 構造方程式・線形同時方程式と多次元時系列モデル

2.1.1 線形同時方程式と構造方程式

計量経済学の発展で重要な役割を果たしている線形構造方程式より構成される線形同時方程式モデルに関する統計的問題を整理しておく.非線形構造方程式モデルやより複雑な構造方程式モデルの議論の大部分は線形の場合の拡張と見なすことができる. G 個の内生変数 y_{ij} $(i=1,\cdots,G; j=1,\cdots,n)$ からなる $G\times 1$ の内生変数ベクトル $\mathbf{y}_j = (y_{1j},\cdots,y_{Gj})'$, K 個の変数からなる $K\times 1$ の先決変数 (あるいは外生変数) ベクトル $\mathbf{z}_j = (z_{1j},\cdots,z_{Kj})'$ が線形関係

$$\mathbf{B}\mathbf{y}_j + \mathbf{\Gamma}\mathbf{z}_j = \mathbf{u}_j \quad (j=1,\cdots,n) \tag{2.1}$$

に従っているとしよう.ここで n は標本数, $\mathbf{B}=(b_{ik})$ および $\mathbf{\Gamma}=(\gamma_{ik})$ はそれぞれ $G\times G$, $G\times K$ の母数行列, $\mathbf{u}_j = (u_{ij})$ は $G\times 1$ 誤差項を表す確率変数ベクトルである.先決変数 $\mathbf{z}_j$ は非確率変数ベクトルの系列,あるいは確率変数ベクトルの系列でベクトル $\mathbf{u}_j$ と $\mathbf{y}_s$ $(s\leq j-1)$ より作られる σ-集合族 $\mathcal{F}_{j-1}$ $(j=1,\cdots,n)$ 可測な確率変数ベクトルとする.特に $\mathcal{F}_0 = \mathcal{F}(\{\mathbf{y}_{-1}\})$, 初期値 $\mathbf{y}_{-1}$ は所与 (しばしば観測不能) である.この構造方程式モデルが意味をもつには条件

$$[\text{仮定 I}] \qquad |\mathbf{B}| \neq 0$$

をおく必要がある.この条件が満たされていなければ,適当に構造方程式モデルの表現を変更すればより低い次元の表現を得ることができるので線形モデ

の範囲内では一般性は失われない．このような構造方程式モデルの体系である同時方程式モデルの例を一つだけ挙げておく．

例 2.1： 前章で説明した (線形の) 需要関数と供給関数の例を用いる．二つの構造方程式 $(G=2)$ における 2 個の内生変数 $\mathbf{y}_j = (p_j, q_j)'$，誤差項ベクトルは需要関数に現れる撹乱項 $u_j^{(d)}$，供給関数に現れる撹乱項 $u_j^{(s)}$ より構成されるとすれば

$$\begin{pmatrix} 1 & -\beta_1 \\ 1 & -\delta \end{pmatrix} \begin{pmatrix} p_j \\ q_j \end{pmatrix} = \begin{pmatrix} \boldsymbol{\beta}_2' & \boldsymbol{o} \\ \boldsymbol{o} & \boldsymbol{\eta}' \end{pmatrix} \begin{pmatrix} \mathbf{c}_j \\ \mathbf{w}_j \end{pmatrix} + \begin{pmatrix} u_j^{(d)} \\ u_j^{(s)} \end{pmatrix} \quad (2.2)$$

と表現される．ここで係数行列は

$$\mathbf{B} = \begin{pmatrix} 1 & -\beta_1 \\ 1 & -\delta \end{pmatrix}, \ \boldsymbol{\Gamma} = -\begin{pmatrix} \boldsymbol{\beta}_2' & \boldsymbol{o} \\ \boldsymbol{o} & \boldsymbol{\eta}' \end{pmatrix},$$

変数ベクトルは $\mathbf{y}_j' = (p_j, q_j)$，$\mathbf{z}_j' = (\mathbf{c}_j', \mathbf{w}_j')$ とおけば (2.1) 式の表現が得られる．［仮定 I］は $|\mathbf{B}| = \beta_1 - \delta \neq 0$ を意味する (この条件が成り立たないと市場経済での需給モデルの意味がなくなることがわかる)．

計量経済学では経済学的考察から得られる構造方程式モデルの全体を構造型 (structural form) と呼ぶ．特に (2.1) 式は線形同時方程式である．係数行列 $\mathbf{B}$ が非特異であるなら［仮定 I］より

$$\mathbf{y}_j = -\mathbf{B}^{-1}\boldsymbol{\Gamma}\mathbf{z}_j + \mathbf{B}^{-1}\mathbf{u}_j \quad (2.3)$$
$$= \boldsymbol{\Pi}\mathbf{z}_j + \mathbf{v}_j$$

と変換できる．ここで定義される $G \times K$ 行列

$$\boldsymbol{\Pi} = -\mathbf{B}^{-1}\boldsymbol{\Gamma} \quad (2.4)$$

を誘導型母数，$G \times 1$ の確率ベクトル

$$\mathbf{v}_j = \mathbf{B}^{-1}\mathbf{u}_j \quad (2.5)$$

を誘導型誤差，全体を構造型に対して誘導型 (reduced form) の計量モデルと呼ぶ．線形同時方程式モデルの誘導型 (2.3) 式は統計的多変量解析における多変

量回帰 (multivariate regression) モデルと同一である．例えば先決変数 $\mathbf{z}_j$ が互いに独立に密度関数 $g(\mathbf{z}_j)$ を，誤差項 $\mathbf{u}_j$ が互いに独立に密度関数 $f(\mathbf{u}_j)$ をもつ場合には，観測ベクトル $\mathbf{y}_j$ の同時分布は［仮定 I］の下で

$$L(\mathbf{Y},\mathbf{Z}|\boldsymbol{\theta}) = |\mathbf{B}|_+^n \prod_{j=1}^n f(\mathbf{By}_j + \boldsymbol{\Gamma}\mathbf{z}_j)g(\mathbf{z}_j) \tag{2.6}$$

で与えられる．ここで $|\mathbf{B}|_+^n$ は変換のヤコビアンである．統計的推測を容易に行うために撹乱項の分布について多次元正規分布を仮定することがある．

［仮定 II］　　$\mathbf{u}_j$ は互いに独立に多次元正規分布 $N_G(\mathbf{0},\boldsymbol{\Sigma})$ に従う．

このとき $\mathbf{v}_j \sim N_G(\mathbf{0},\mathbf{B}^{-1}\boldsymbol{\Sigma}\mathbf{B}^{'-1})$ より，($\mathbf{z}_j$ を所与として) $\mathbf{y}_j$ は $N_G(\boldsymbol{\Pi}\mathbf{z}_j,\boldsymbol{\Omega})$ に従う．ここで共分散行列は

$$\boldsymbol{\Sigma} = \mathbf{B}\boldsymbol{\Omega}\mathbf{B}' \tag{2.7}$$

で与えられる[*1)]．ここでの条件は多次元正規分布，分散均一性という二つの条件を意味するが，これらの条件が成り立たないときに妥当となる統計的方法については後に議論される．

時系列データを分析する場合には特に先決変数として過去の内生変数，その他の外生変数をまとめて $\mathbf{z}_j = (\mathbf{y}'_{j-1},\cdots,\mathbf{y}'_{j-p},\mathbf{z}^{*'}_j)'$ とする．さらに $\boldsymbol{\Pi} = (\boldsymbol{\Pi}_1,\cdots,\boldsymbol{\Pi}_p,\boldsymbol{\Pi}^*)$ とおけば，誘導型として外生変数 $\mathbf{z}^*_j$ ($K^* \times 1$ ベクトル) を含む G 次元自己回帰モデル

$$\mathbf{y}_j = \sum_{i=1}^p \boldsymbol{\Pi}_i \mathbf{y}_{j-i} + \boldsymbol{\Pi}^* \mathbf{z}^*_j + \mathbf{v}_j \tag{2.8}$$

が得られる．ここで $\boldsymbol{\Pi}_i$ ($i=1,\cdots,p$) はそれぞれ未知母数よりなる $G \times G$ 行列である．さらに誘導型において外生変数が定数項のみであるならば多次元自己回帰モデルが得られる．$\mathbf{y}_j$ についての多次元 (ベクトル) 時系列モデル

$$\mathbf{y}_j = \sum_{i=1}^p \boldsymbol{\Pi}_i \mathbf{y}_{j-i} + \boldsymbol{\mu} + \mathbf{v}_j \tag{2.9}$$

[*1)] $\mathbf{u} \sim N_G(\boldsymbol{\mu},\boldsymbol{\Sigma})$ のとき $f(\mathbf{u})d\mathbf{u} = (1/\sqrt{2\pi})^G|\boldsymbol{\Sigma}|^{-1/2}e^{-(1/2)\mathbf{u}'\boldsymbol{\Sigma}^{-1}\mathbf{u}}d\mathbf{u}$ で与えられる．このとき $\mathbf{v}$ の密度関数は $h(\mathbf{v}) = |\mathbf{B}|_+ f(\mathbf{Bv})$ で与えられるので $\mathbf{y}_j$ の密度関数を導くことができる．

はしばしば $\text{VAR}_G(p)$ と表現されるが, 経済分析ではよく利用される統計的時系列モデルである[*2)]. ここで $\boldsymbol{\mu}$ は母数ベクトルである. 次に (2.9) 式の特性多項式

$$\left| \zeta^p \mathbf{I}_G - \sum_{i=1}^p \zeta^{p-i} \boldsymbol{\Pi}_i \right| = 0 \tag{2.10}$$

の根を ζ_i $(i=1,\cdots,Gp)$ としよう. 標準的な時系列分析では条件

[仮定 III]　　　$|\zeta_i| \leq 1$

をおくが, 経済時系列の計量分析では特に次のような状況を区別する必要がある.

(i) すべての根について $|\zeta_i| < 1$ の場合は $\text{VAR}_G(p)$ には定常解が存在する. 例えば誤差項 $\{\mathbf{v}_j\}$ が一定の期待値, 共分散行列をもてば $\{\mathbf{y}_j\}$ は弱定常過程 (weakly stationary process) となる.

(ii) すべての根について $\zeta_i = 1$ となる場合を単純単位根 (unit root) 過程と呼ぶ. 誤差項 $\mathbf{v}_j$ が独立・同一分布に従うなら $\Delta^p \mathbf{y}_j = \mathbf{v}_j$ ($\Delta \mathbf{y}_j = \mathbf{y}_j - \mathbf{y}_{j-1}$) であるので一般には $\mathbf{I}_G(p)$ 過程, 特に $p=1$ のとき G 次元ランダム・ウォーク過程 ($\mathbf{I}_G(1)$ 過程) となる. 特に $G=p=1$ であり, $\{\mathbf{v}_j\}$ が定常過程となる場合を (1 次元) 単位根過程といい, $\mathbf{I}(1)$ と表す.

(iii) 固有値 $\zeta_i = 1$ $(i=1,\cdots,m<G)$, $|\zeta_i| < 1$ $(i=m+1,\cdots,Gp)$ となる場合を共和分 (co-integration) 過程と呼ぶ. 例えば $p=1$ かつ $1 \leq m < G$ のときにはベクトル β_i $(i=m+1,\cdots,G)$ が存在し, $\boldsymbol{\beta}_i' \mathbf{y}_j$ が定常過程となる[*3)]. これらのベクトルは共和分ベクトル (co-integrating vector) と呼ばれるが, 構造方程式 (2.1) の係数行列 $\mathbf{B}$ の行ベクトルと解釈できるので, 時系列変数間の長期的関係を表現する構造方程式に対応することになる. そこで共和分ベクトルに対する識別問題が重要となる.

多次元時系列モデルについては統計的時系列分析において様々な展開がある. 基本的に重要な概念は定常過程の概念であるので, 自己回帰モデルと定常性の関係を次の簡単な例を用いて考察しよう.

[*2)] この場合には尤度関数は条件付密度関数の積となるので初期条件の問題などが生じるが, ここでは議論を省略した.
[*3)] こうした問題については第 7〜8 章でより詳細に議論する.

2.1 構造方程式・線形同時方程式と多次元時系列モデル

例 2.2： $G = p = 1$ の 1 次自己回帰モデルは確率変数列 y_j が (確率的) 差分方程式

$$y_j = \pi_1 y_{j-1} + v_j \tag{2.11}$$

を満たすことにより表現される．ここで v_j は互いに独立に分布し ($\mathrm{E}(v_j) = 0, \mathrm{E}(v_j^2) = \sigma_v^2$), $y_s\ (s \leq j-1)$ とは無相関の確率変数列である．このとき系列 y_j の分散 $\gamma(0)$ が一定であれば，$y_j^2 = \pi_1^2 y_{j-1}^2 + v_j^2 + 2\pi_1 y_{j-1} v_j$ の期待値をとると $\gamma(0) = \pi_1^2 \gamma(0) + \sigma_v^2$ となるので,

$$\gamma(0) = \frac{\sigma_v^2}{1 - \pi_1^2} \tag{2.12}$$

により定められる．したがって通常は定常性の条件として $|\pi_1| < 1$ が仮定される．ここで $|\pi_1| > 1$ であれば $y_j = v_j + \pi_1 v_{j-1} + \cdots + \pi_1^{k-1} v_{j-(k-1)} + \pi_1^k y_{j-k}$ と過去の確率変数列で表現するとき,

$$\mathrm{E}[y_j - (v_j + \pi_1 v_{j-1} + \cdots + \pi_1^{k-1} v_{j-(k-1)})]^2 = \pi_1^{2k} \mathrm{E}(y_{j-k}^2) \tag{2.13}$$

は $k \to \infty$ のときに収束しない．例えばこの発散解の性質は乱数を利用したシミュレーション結果よりすぐにわかるが，自己回帰モデルの実現値は初期値 y_0 から出発して時間の経過とともに急速に (指数的に) 発散して絶対値は増加する[*4)]．次に $\pi_1 \neq 0$ のとき確率的差分方程式を

$$y_j = \frac{1}{\pi_1} y_{j+1} + \frac{1}{\pi_1} v_{j+1} \tag{2.14}$$

と表現しよう．ここで $\{v_j\}$ は互いに独立に分布し ($\mathrm{E}(v_j) = 0, \mathrm{E}(v_j^2) = \sigma_v^2$), $y_s\ (s \geq j+1)$ とは無相関の確率変数列とする．このとき $\gamma(0) = (1/\pi_1^2)\gamma(0) + (1/\pi_1^2)\sigma_v^2$ より

$$\gamma(0) = \frac{\sigma_v^2}{\pi_1^2 - 1} \tag{2.15}$$

となる．このことより定常性の条件として $|\pi_1| > 1$ が導かれる．これを確率的差分方程式の将来解 (forward solution)

[*4)] 時系列分析については，山本 (1987) に基本的な事項がまとめられている．統計的時系列解析については Anderson (1971), Fuller (1996), Brockwell & Davis (1991) などに標準的議論が説明されている．

$$y_j = \sum_{i=1}^{\infty}(1/\pi_1^i)v_{j+i} \tag{2.16}$$

と呼ぶことにする.

例 2.3： $G=1, p=2$ の 2 次自己回帰モデルとは確率変数 y_j が確率的差分方程式

$$y_j = \pi_1 y_{j-1} + \pi_1 y_{j-2} + v_j \tag{2.17}$$

を満たすことで定める. ここで v_j は互いに独立に分布し ($\mathrm{E}(v_j)=0, \mathrm{E}(v_j^2) = \sigma_v^2$), $y_s\ (s \leq j-1)$ とは無相関の確率変数列である. 特性方程式

$$|\zeta^2 - \pi_1\zeta - \pi_2| = 0 \tag{2.18}$$

の 2 根 $\zeta_i\ (i=1,2)$ についての条件 $|\zeta_1|<1, |\zeta_2|<1$ のとき定常過程は

$$y_j = \sum_{k=0}^{\infty} c_k v_{j-k}, \quad \sum_{k=0}^{\infty} c_k^2 < \infty$$

と表現できる. 例えば固有値の配置より $\{y_j\}$ は循環的変動を表現することが可能となる. この 2 次自己回帰モデル (AR(2) と記す) の例などについては, 統計的時系列分析の書籍 (例えば山本 (1987)) で典型的な定常時系列への応用が説明されている.

2.1.2 識別性と構造方程式モデル

誘導型方程式は多変量回帰モデルであるが, 通常の仮定の下で係数行列 $\mathbf{\Pi}$ の最小二乗推定量は回帰方程式

$$\sum_{j=1}^n \mathbf{y}_j \mathbf{z}_j^{'} = \widehat{\mathbf{\Pi}} \sum_{j=1}^n \mathbf{z}_j \mathbf{z}_j^{'} \tag{2.19}$$

の解となる. ここで説明変数ベクトル $\mathbf{z}_j$ に対して積和行列 $\mathbf{M}_n = \sum_{j=1}^n \mathbf{z}_j \mathbf{z}_j^{'}$ とした. このとき行列

$$[\text{仮定 IV}] \qquad \mathbf{M}_n\left(=\sum_{j=1}^n \mathbf{z}_j \mathbf{z}_j^{'}\right) \text{の階数は } K$$

とする. この条件が満たされなければ多重共線性が生じ, 係数行列の推定値は一意には定まらない. ［仮定 IV］の下で係数行列の最小二乗推定量は

$$\widehat{\Pi} = \sum_{j=1}^{n} \mathbf{y}_j \mathbf{z}_j' \left[\sum_{j=1}^{n} \mathbf{z}_j \mathbf{z}_j' \right]^{-1} \tag{2.20}$$

で与えられる．誤差項の分散共分散行列の推定量は残差平方和より

$$\widehat{\Omega} = \frac{1}{n-K} \sum_{j=1}^{n} (\mathbf{y}_j - \widehat{\Pi}\mathbf{z}_j)(\mathbf{y}_j - \widehat{\Pi}\mathbf{z}_j)' \tag{2.21}$$

より推定できる．誤差項 $\mathbf{v}_i$ (あるいは $\mathbf{u}_i$) についての仮定 (正規性や独立性) は条件を緩めてマルチンゲール差分の場合についても分析できる．統計的推測の漸近理論についての必要事項は本書の巻末付録 A でまとめて説明する．

一般にはこの誘導型推定量から構造方程式の母数は推定可能でない．誘導型モデルの係数行列 Π の要素が GK 個，分散共分散行列の要素は $G(G+1)/2$ 個であるが，他方，制約なしの構造方程式では係数行列の要素が高々 $G(G+K)$ 個，分散共分散の要素は $G(G+1)/2$ 個であるので，前者から後者を一意的に定めることはできないからである．ここでより一般に構造を $\mathcal{S}$，構造方程式の係数など関心のある母数ベクトルを $\boldsymbol{\theta}$ で表そう．$\mathcal{S}$ の下での観測可能な変数ベクトル $(\mathbf{y}_j', \mathbf{z}_j')'$ の分布が $\mathcal{S}'$ と同一なときに二つの構造 $\mathcal{S}$ と $\mathcal{S}'$ は観測上で同等 (observationally equivalent) という．各構造方程式を定数倍する (すなわち (2.1) 式の左から対角行列を乗じる) 操作を自明な (トリビアルな) 変換という．観測上同等なすべての構造が自明な変換により得られるときに構造 (母数ベクトル $\boldsymbol{\theta}$) は識別可能 (identifiable) と呼ばれる．

構造方程式は何の条件もなければ識別可能とは限らないので様々な制約条件が考えられているが，しばしば特定の経済学的意味をもつ構造方程式には経済学的に現れない変数があると考える．すべての構造方程式を同時に推定する方法はシステム推定法と呼ばれているが，完全情報最尤推定法 (FIML) や三段階最小二乗推定法などが知られている[*5]．

これに対して，計量経済分析ではしばしば特定の方程式のみが分析対象となることがあり，その場合には関心のある方程式 (群) と説明変数群 (操作変数と呼ばれる) を用いる制限情報 (limited information) 推定法が開発されている．

例えば (2.1) 式の 1 番目の構造方程式を

[*5] システム推定法については例えば森棟 (1985), Amemiya (1985) などが詳しい．

$$u_{1j} = y_{1j} - \boldsymbol{\beta}_2' \mathbf{y}_{2j} - \boldsymbol{\gamma}_1' \mathbf{z}_{1j} \tag{2.22}$$

と表現しよう．ここで $\boldsymbol{\theta}' = (\boldsymbol{\beta}_2', \boldsymbol{\gamma}_1')$ は母数ベクトル $((G_1 + K_1) \times 1)$，内生変数ベクトル $\mathbf{y}_j = (y_{1j}, \mathbf{y}_{2j}')'((1 + G_1) \times 1)$，先決変数ベクトル $\mathbf{z}_j = (\mathbf{z}_{1j}', \mathbf{z}_{2j}')'((K_1 + K_2) \times 1)$，$u_{1j}$ はこの構造方程式の撹乱項である．この構造方程式は条件付期待値を利用すると

$$\mathrm{E}_{j-1}[u_{1j}\mathbf{z}_j] = \mathrm{E}_{j-1}\left[(y_{1j} - \boldsymbol{\beta}_2'\mathbf{y}_{2j} - \boldsymbol{\gamma}_1'\mathbf{z}_{1j})\mathbf{z}_j\right] = 0 \tag{2.23}$$

という直交条件 (orthogonality condition) として表現される．ここで $\mathrm{E}_{j-1}[\,\cdot\,]$ は $j-1$ 期の情報を条件とする期待値を意味する．

2.2 構造方程式モデルの推定問題

2.2.1 誘導型と構造方程式

構造方程式モデルの制限情報下での推定問題を要約しておこう．観測データとして内生変数 $n \times G$ 行列 $\mathbf{Y}$，操作変数 (外生変数) $n \times K$ 行列 $\mathbf{Z}$，観測できない $n \times G$ の誤差変数 $\mathbf{V}$，により

$$\mathbf{Y} = \begin{bmatrix} \mathbf{y}_1' \\ \vdots \\ \mathbf{y}_n' \end{bmatrix},\ \mathbf{Z} = \begin{bmatrix} \mathbf{z}_1' \\ \vdots \\ \mathbf{z}_n' \end{bmatrix},\ \mathbf{V} = \begin{bmatrix} \mathbf{v}_1' \\ \vdots \\ \mathbf{v}_n' \end{bmatrix}$$

が与えられているとしよう．誘導型として線形 (多変量) 回帰モデル

$$\mathbf{Y} = \mathbf{Z}\boldsymbol{\Pi}' + \mathbf{V} \tag{2.24}$$

において $\boldsymbol{\Pi}'$ は母数の $K \times G$ 行列，$\mathbf{V}$ は観測できない撹乱項 $n \times G$ 行列である[*6]．母数行列 $\boldsymbol{\Pi}'$ は最小二乗推定を適用すると標本回帰行列

$$\mathbf{P} = (\mathbf{Z}'\mathbf{Z})^{-1}\mathbf{Z}'\mathbf{Y} = \begin{bmatrix} \mathbf{P}_{1\cdot} \\ \mathbf{P}_{2\cdot} \end{bmatrix} \tag{2.25}$$

により推定できる $((K_1 + K_2) \times G$ に分割)．撹乱項の共分散行列 $\boldsymbol{\Omega}$ は残差の二次形式 $(1/n)\mathbf{H}$，あるいは自由度を補正して $(1/(n-K))\mathbf{H}$ により推定でき

[*6]　本書では行列 $\mathbf{A}'$ は行列 $\mathbf{A} = (a_{ij})$ の転置行列を表す．例えば $\mathbf{A}'$ の (1,2) 要素は $\mathbf{A}$ の (2,1) 要素を意味する．

るが
$$\mathbf{H} = (\mathbf{Y} - \mathbf{ZP})'(\mathbf{Y} - \mathbf{ZP}) = \mathbf{Y}'\mathbf{Y} - \mathbf{P}'\mathbf{AP} \tag{2.26}$$
($\mathbf{A} = \mathbf{Z}'\mathbf{Z}$) により定める. 撹乱項が正規分布に従う仮定の下では, (多変量解析ではよく知られているように) 二つの行列 $\mathbf{P}, \mathbf{H}$ が線形モデルの十分統計量となる.

いま関心のある構造方程式には内生変数の行列 $\mathbf{Y}^{(1)}(n \times (1+G_1))$, 外生変数の行列 $\mathbf{Z}_1(n \times K_1)$ が現れ, 撹乱項の行列 $\mathbf{V}^{(1)}(n \times G_1)$ とする. このとき構造方程式モデル (2.22) は
$$\mathbf{Y}^{(1)}\boldsymbol{\beta}^{(1)} = \mathbf{Z}_1\boldsymbol{\gamma}_1^{(1)} + \mathbf{u}^{(1)}, \quad \mathbf{u}^{(1)} = \mathbf{V}_1\boldsymbol{\beta}^{(1)} \tag{2.27}$$
と表現できる. ここで制限情報推定法とは, 対象となる構造方程式の推定に際して他の構造方程式についての具体的情報を利用しないセミ・パラメトリック推定法と定義する. 制限情報推定では一般性を失うことなく $G = 1 + G_1$, $T \times (1 + G_1)$ の内生変数行列を $\mathbf{Y} = (\mathbf{y}_1, \mathbf{Y}_2) = \mathbf{Y}^{(1)}$ としてもよい. そこで改めて制限情報の下で構造方程式モデル
$$\mathbf{Y}\boldsymbol{\beta} = \mathbf{Z}_1\boldsymbol{\gamma}_1 + \mathbf{u} \tag{2.28}$$
と表現してその推定問題を考察しよう. $\boldsymbol{\beta} = (1, -\boldsymbol{\beta}_2')'$, $\boldsymbol{\gamma}_1$ はそれぞれ $1 + G_1$ 個と K_1 個の母数からなるベクトル, $\mathbf{u} = \mathbf{V}\boldsymbol{\beta}$ は撹乱項ベクトル, $\mathbf{V} = (\mathbf{v}_1, \mathbf{V}_2)$ は撹乱項行列であり, 古典的仮定は $\mathbf{u}$ が正規分布 $N(0, \sigma^2)$, ($\sigma^2 = \boldsymbol{\beta}'\boldsymbol{\Omega}\boldsymbol{\beta}$) に従うことを意味する. 共分散行列 $\boldsymbol{\Omega}$ $(1 + G_1) \times (1 + G_1)$ を分割して
$$\boldsymbol{\Omega} = \begin{bmatrix} \boldsymbol{\omega}_{11} & \boldsymbol{\omega}_{12} \\ \boldsymbol{\omega}_{21} & \boldsymbol{\Omega}_{22} \end{bmatrix}$$
とおき, 行列 $\mathbf{Y}, \mathbf{Z}, \mathbf{V}$ および $\boldsymbol{\Pi}'$ を分割して誘導型 (2.24) 式を
$$(\mathbf{y}_1, \mathbf{Y}_2) = (\mathbf{Z}_1, \mathbf{Z}_2)\begin{bmatrix} \boldsymbol{\pi}_{11} & \boldsymbol{\Pi}_{12} \\ \boldsymbol{\pi}_{21} & \boldsymbol{\Pi}_{22} \end{bmatrix} + (\mathbf{v}_1, \mathbf{V}_2) \tag{2.29}$$
と表現する. ここで $\boldsymbol{\Pi}'$ を $(K_1 + K_2) \times (1 + G_1)$ に分割, $\mathbf{Z}_2$ は $n \times K_2$ 行列とした. 構造方程式 (2.28) と誘導型方程式 (2.29) の関係より
$$\begin{bmatrix} \boldsymbol{\gamma}_1 \\ \mathbf{0} \end{bmatrix} = \begin{bmatrix} \boldsymbol{\pi}_{11} & \boldsymbol{\Pi}_{12} \\ \boldsymbol{\pi}_{21} & \boldsymbol{\Pi}_{22} \end{bmatrix}\boldsymbol{\beta} = \begin{bmatrix} \boldsymbol{\Pi}_{1\cdot} \\ \boldsymbol{\Pi}_{2\cdot} \end{bmatrix}\boldsymbol{\beta} \tag{2.30}$$
が導かれる.

2.2.2 構造方程式の制限情報推定

構造方程式モデルでは係数ベクトル $\boldsymbol{\beta}$ についての推測問題として真値ベクトル $\boldsymbol{\beta}_0$ を用いた帰無仮説

$$H_0: \ \boldsymbol{\Pi}_{2\cdot}\boldsymbol{\beta}_0 = \mathbf{0} \tag{2.31}$$

が重要である ($\boldsymbol{\Pi}_{2\cdot} = (\boldsymbol{\pi}_{21} \ \boldsymbol{\Pi}_{22})$ である).

ここで数理的扱いを容易にするには,線形モデルを変換して二種類の外生変数の組を互いに直交させておくと便利である.そこで積和行列

$$\mathbf{A} = \begin{bmatrix} \mathbf{A}_{11} & \mathbf{A}_{12} \\ \mathbf{A}_{21} & \mathbf{A}_{22} \end{bmatrix} = \begin{bmatrix} \mathbf{Z}_1'\mathbf{Z}_1 & \mathbf{Z}_1'\mathbf{Z}_2 \\ \mathbf{Z}_2'\mathbf{Z}_1 & \mathbf{Z}_2'\mathbf{Z}_2 \end{bmatrix} \tag{2.32}$$

と分割する.さらに [仮定 IV] の下で行列 $\mathbf{Z}_{2.1} = \mathbf{Z}_2 - \mathbf{Z}_1\mathbf{A}_{11}^{-1}\mathbf{A}_{12}$ を用いて

$$\mathbf{A}_{22.1} = \mathbf{A}_{22} - \mathbf{A}_{21}\mathbf{A}_{11}^{-1}\mathbf{A}_{12}, \ \mathbf{P}_{21} = \mathbf{A}_{22.1}^{-1}\mathbf{Z}_{2.1}'\mathbf{Y}_1, \tag{2.33}$$

$$\mathbf{H} = \begin{bmatrix} h_{11} & \mathbf{h}_{12} \\ \mathbf{h}_{21} & \mathbf{H}_{22} \end{bmatrix}$$

と表現しておく.導出をよりわかりやすくするために係数行列 $\boldsymbol{\Pi}$ を変換して $(\boldsymbol{\pi}_{11}^*, \boldsymbol{\Pi}_{12}^*) = (\mathbf{I}_{K_1}, \mathbf{A}_{11}^{-1}\mathbf{A}_{12})\boldsymbol{\Pi}'$ とおけば

$$\mathbf{Z}\boldsymbol{\Pi}' = (\mathbf{Z}_1, \mathbf{Z}_{2.1})\begin{bmatrix} \boldsymbol{\pi}_{11}^* & \boldsymbol{\Pi}_{12}^* \\ \boldsymbol{\pi}_{21} & \boldsymbol{\Pi}_{22} \end{bmatrix} = (\mathbf{Z}_1, \mathbf{Z}_{2.1})\boldsymbol{\Pi}^*$$

となる.行列 $\mathbf{Z}_{2.1}$ は直交条件 $\mathbf{Z}_1'\mathbf{Z}_{2.1} = \mathbf{O}$ および $\mathbf{Z}_{2.1}'\mathbf{Z}_{2.1} = \mathbf{A}_{22} - \mathbf{A}_{21}\mathbf{A}_{11}^{-1}\mathbf{A}_{12} = \mathbf{A}_{22.1}$ という性質をもつので

$$\mathbf{A}^* = \begin{bmatrix} \mathbf{Z}_1' \\ \mathbf{Z}_{2.1}' \end{bmatrix}[\mathbf{Z}_1, \mathbf{Z}_{2.1}] = \begin{bmatrix} \mathbf{A}_{11} & \mathbf{O} \\ \mathbf{O} & \mathbf{A}_{22.1} \end{bmatrix}$$

とおけば,行列 $(\mathbf{Z}_1, \mathbf{Z}_{2.1})$ に対して $\boldsymbol{\Pi}'$ の標本回帰係数行列は

$$\mathbf{P}^* = (\mathbf{A}^*)^{-1}\begin{bmatrix} \mathbf{Z}_1' \\ \mathbf{Z}_{2.1}' \end{bmatrix}\mathbf{Y} = \begin{bmatrix} \mathbf{A}_{11}^{-1}\mathbf{Z}_1'\mathbf{Y} \\ \mathbf{A}_{22.1}^{-1}\mathbf{Z}_{2.1}'\mathbf{Y} \end{bmatrix} = \begin{bmatrix} \mathbf{P}_{1\cdot}^* \\ \mathbf{P}_{2\cdot}^* \end{bmatrix} \tag{2.34}$$

で与えられる.残差行列は

$$\mathbf{H} = \mathbf{Y}'\mathbf{Y} - \mathbf{P}^{*'}\mathbf{A}^*\mathbf{P}^* \tag{2.35}$$

と表現できる.

誘導型の係数行列 $\mathbf{\Pi}'$ は $(K_1+K_2)\times(1+G_1)$ 部分行列に分解したので構造方程式に現れる外生変数の係数ベクトル $\boldsymbol{\gamma}_1$ は

$$\mathbf{\Pi}_{1\cdot}\boldsymbol{\beta}=\boldsymbol{\gamma}_1 \tag{2.36}$$

により決定される ($\mathbf{\Pi}_{1\cdot}=(\boldsymbol{\pi}_{11}\ \mathbf{\Pi}_{12})$ である). 構造方程式に現れる内生変数の係数ベクトル $\boldsymbol{\beta}$ について

$$\mathbf{\Pi}_{2\cdot}\boldsymbol{\beta}=\mathbf{0} \tag{2.37}$$

が得られる. この係数ベクトルの第一要素を規準化して 1, さらに $\boldsymbol{\beta}=(1,-\boldsymbol{\beta}_2')'$ とおけば,

$$\pi_{21}-\mathbf{\Pi}_{22}\boldsymbol{\beta}_2=\mathbf{0}' \tag{2.38}$$

が得られる. したがって構造型母数 $(\boldsymbol{\beta}_1,\boldsymbol{\gamma}_1)$ を誘導型母数 $\mathbf{\Pi}$ より一意的に定めるには $K_2\times G_1$ 部分行列

$$\mathrm{rank}(\mathbf{\Pi}_{22})=G_1 \tag{2.39}$$

となる. この条件は構造方程式モデルの識別のための必要十分条件 (階数条件 rank condition) である. これより必要条件 (次数条件 order condition) として

$$L=K_2-G_1\geq 0 \tag{2.40}$$

が得られる. 特に $L<0$ とき識別不能, $L=0$ のとき丁度識別可能, $L>0$ のとき過剰識別 (over-identified) という.

過剰識別の時には誘導型母数の推定値より $\boldsymbol{\beta}=(1,-\boldsymbol{\beta}_2')'$ を一意的に推定することができない. そこで基準関数として例えば分散比

$$\mathrm{R}_{\boldsymbol{\theta}}=\frac{\left[\sum_{t=1}^n \mathbf{z}_t'(y_{1t}-\boldsymbol{\gamma}_1'\mathbf{z}_{1t}-\boldsymbol{\beta}_2'\mathbf{y}_{2t})\right]\left[\sum_{t=1}^n \mathbf{z}_t\mathbf{z}_t'\right]^{-1}\left[\sum_{t=1}^n \mathbf{z}_t(y_{1t}-\boldsymbol{\gamma}_1'\mathbf{z}_{1t}-\boldsymbol{\beta}_2'\mathbf{y}_{2t})\right]}{\sum_{t=1}^n(y_{1t}-\boldsymbol{\gamma}_1'\mathbf{z}_{1t}-\boldsymbol{\beta}_2'\mathbf{y}_{2t})^2} \tag{2.41}$$

を最小化する推定量が考えられる．この分散比の最小化は母数ベクトル $\boldsymbol{\theta}' = (1, -\boldsymbol{\beta}_2', -\boldsymbol{\gamma}_1')'$ についての二次形式の比

$$R_{\boldsymbol{\theta}} = \frac{\boldsymbol{\theta}'(\mathbf{Y}, \mathbf{Z}_1)'\mathbf{Z}(\mathbf{Z}'\mathbf{Z})^{-1}\mathbf{Z}'(\mathbf{Y}, \mathbf{Z}_1)\boldsymbol{\theta}}{\boldsymbol{\theta}'(\mathbf{Y}, \mathbf{Z}_1)'(\mathbf{Y}, \mathbf{Z}_1)\boldsymbol{\theta}}$$

の最小化問題となる．したがって線形代数の議論より解は固有値問題により与えられる．固有方程式は

$$\left[\begin{pmatrix} \mathbf{Y}' \\ \mathbf{Z}_1' \end{pmatrix} \mathbf{Z}(\mathbf{Z}'\mathbf{Z})^{-1}\mathbf{Z}'(\mathbf{Y}, \mathbf{Z}_1) - l \begin{pmatrix} \mathbf{Y}' \\ \mathbf{Z}_1' \end{pmatrix} (\mathbf{Y}, \mathbf{Z}_1)\right] \boldsymbol{\theta} = \mathbf{0} \qquad (2.42)$$

である．4.2 節で説明するように，ここで説明した分散比最小化推定量は Anderson & Rubin (1949, 1950) が導いた階数条件の下で誤差項が正規分布に従うときの最尤推定量 (maximum likelihood estimator) に一致する．そこでこの推定方式は制限情報最尤推定量 (limited information maximum likelihood estimator; LIML) と呼ばれている．

ここで構造方程式モデルに現れる一部の説明変数 $\mathbf{Z}_1$ は全体の説明変数 $\mathbf{Z}$ の一部であるから，問題はさらに簡略化される．行列 $(n \times (1 + G_1), n \times K$ $(K = K_1 + K_2))$, $\mathbf{Y} = (\mathbf{y}_1, \mathbf{Y}_2)$ $(= (\mathbf{y}_i'))$, $\mathbf{Z} = (\mathbf{Z}_1, \mathbf{Z}_2)$ $(= (\mathbf{z}_i'))$, $\mathbf{Z}_1 = (\mathbf{z}_{1i}')$ を用いて確率行列

$$\mathbf{G} = \mathbf{Y}'[\mathbf{Z}(\mathbf{Z}'\mathbf{Z})^{-1}\mathbf{Z}' - \mathbf{Z}_1(\mathbf{Z}_1'\mathbf{Z}_1)^{-1}\mathbf{Z}_1']\mathbf{Y} \,,\; \mathbf{H} = \mathbf{Y}'[\mathbf{I}_n - \mathbf{Z}(\mathbf{Z}'\mathbf{Z})^{-1}\mathbf{Z}']\mathbf{Y} \qquad (2.43)$$

を構成する．このとき $\boldsymbol{\beta} = (1, -\boldsymbol{\beta}_2')'$ に対する LIML 推定量は固有ベクトル $\widehat{\boldsymbol{\beta}}_{LI} (= (1, -\widehat{\boldsymbol{\beta}}_{2.LI}')')$

$$(\mathbf{G} - \lambda_1 \mathbf{H})\widehat{\boldsymbol{\beta}}_{LI} = \mathbf{0} \qquad (2.44)$$

で与えられる．ここで λ_1 は固有方程式

$$|\mathbf{G} - \lambda \mathbf{H}| = 0 \qquad (2.45)$$

を満足する最小固有値である．さらに λ_1 を 0 で置き換えれば，分散比 (2.41) の分子のみを最小化する LIML 推定量が得られる．この推定量は内生変数を説明変数 $\mathbf{z}_i$ に回帰し，さらに一種の二次関数の最小化により構造方程式モデルを推定していると解釈することができる．そこでこの推定量を計量経済学では二

段階最小二乗推定量 (two-stage least squares estimator; TSLS) と呼び，推定量はベクトル $\widehat{\boldsymbol{\beta}}_{TS} (= (1, -\widehat{\boldsymbol{\beta}}_{2TS}^{'})^{'})$

$$\mathbf{Y}_2^{'} \left[\mathbf{Z}(\mathbf{Z}^{'}\mathbf{Z})^{-1}\mathbf{Z}^{'} - \mathbf{Z}_1(\mathbf{Z}_1^{'}\mathbf{Z}_1)^{-1}\mathbf{Z}_1^{'} \right] \mathbf{Y} \begin{pmatrix} 1 \\ -\widehat{\boldsymbol{\beta}}_{2.TS} \end{pmatrix} = \mathbf{0} \qquad (2.46)$$

により定められる．こうした LIML 推定量や TSLS 推定量では，構造方程式モデルに現れる説明変数ベクトルの一部分の係数ベクトル $\boldsymbol{\gamma}_1$ は

$$\widehat{\boldsymbol{\gamma}}_1 = (\mathbf{Z}_1^{'}\mathbf{Z}_1)^{-1}\mathbf{Z}_1^{'}\mathbf{Y}\widehat{\boldsymbol{\beta}} \qquad (2.47)$$

により推定できる．

なお，ここで説明した推定方法は，統計的多変量解析において縮小回帰 (reduced rank regression) 問題と呼ばれている数理構造の特別な場合に対応する．多変量回帰モデルにおいて係数行列の階数が次元よりも小さくなるということから，統計的推測理論では多変量解析における固有値や固有ベクトルの分布理論と結びつく．実は縮小回帰モデルは構造方程式モデルの拡張として Anderson (1951) が提案した多変量解析の統計モデルである[*7]．ここで計量経済分析における古典的状況では LIML と TSLS という二つの推定量は漸近的に正規分布に従い，パラメトリック推定の漸近効率を達成することが知られている．さらに，推定や検定の (高次の) 漸近的性質や小標本の性質については T.W. Anderson, K. Takeuchi (竹内啓), T. Sawa (佐和隆光), K. Morimune (森棟公夫), N. Kunitomo (国友直人) らにより詳しく調べられたが，例えば Anderson et al. (1982), 森棟 (1985), Anderson et al. (1986) などが1985年頃までの結果をまとめて説明している．実証分析の進展からより最近の新しい展開については本書の第5~6章で説明するが，さらに時系列分析における多変量 (多次元) 時系列において共和分問題も数理的に深い関連がある．多次元時系列が非定常的な場合には漸近的議論は標準的とはならないが，この問題については本書の第7~8章でより詳しく議論する．

[*7] この問題については 4.4 節で議論する．

2.3 非線形性・変数誤差・因果関係

2.3.1 非線形計量モデル

経済現象の理論的考察や計量経済分析では線形モデルによる分析では不十分なことが少なくないので,非線形計量経済モデルによる分析もしばしば用いられる.構造方程式を

$$y_{1j} = h_j(\mathbf{y}_{2j}, \mathbf{z}_{1j}|\boldsymbol{\theta}) + u_{1j} \quad (j=1,\cdots,n) \tag{2.48}$$

としよう.$\mathbf{y}_j = (y_{1j}, \mathbf{y}'_{2j})'$ は内生変数ベクトル,$\mathbf{z}_j = (\mathbf{z}'_{1j}, \mathbf{z}'_{2j})'$ は先決変数(あるいは操作変数),$\boldsymbol{\theta}$ は母数ベクトル,$h_j(\cdot,\cdot|\theta)$ は可測関数,u_{1j} は誤差項である.この構造方程式モデルは(条件付)期待値演算を利用すると

$$\mathrm{E}_{j-1}[y_{1j} - h_j(\mathbf{y}_{2j}, \mathbf{z}_{1j}|\boldsymbol{\theta})] = 0 \tag{2.49}$$

と表現できる.こうした非線形構造方程式モデルに対しても線形モデル (2.28) 式を巡る議論から類推して非線形二段階最小二乗推定量や制限情報最尤推定量を考えることができる.例えば (2.41) 式の類推より分散比を

$$\mathrm{R}^*_\theta = \frac{\left[\sum_{j=1}^n \mathbf{z}'_j(y_{1j} - h_j(\mathbf{y}_{2j}, \mathbf{z}_{1j}|\boldsymbol{\theta}))\right]\left[\sum_{j=1}^n \mathbf{z}_j \mathbf{z}'_j\right]^{-1}\left[\sum_{j=1}^n \mathbf{z}_j(y_{1j} - h_j(\mathbf{y}_{2j}, \mathbf{z}_{1j}|\boldsymbol{\theta}))\right]}{\sum_{j=1}^n (y_{1j} - h_j(\mathbf{y}_{2j}, \mathbf{z}_{1j}|\boldsymbol{\theta}))^2} \tag{2.50}$$

と表すと,この基準関数を最小化する推定量を非線形 LIML 推定量と定義できる.同様に非線形 TSLS 推定量は R^*_θ の分子

$$\mathrm{N}^*_\theta = \left[\sum_{j=1}^n \mathbf{z}'_j(y_{1j} - h_j(\mathbf{y}_{2j}, \mathbf{z}_{1j}|\boldsymbol{\theta}))\right]\left[\sum_{t=1}^n \mathbf{z}_t \mathbf{z}'_t\right]^{-1}\left[\sum_{j=1}^n \mathbf{z}_j(y_{1j} - h_j(\mathbf{y}_{2j}, \mathbf{z}_{1j}|\boldsymbol{\theta}))\right] \tag{2.51}$$

を最小化する推定量により定義できる.

一般に G 本の非線形構造方程式

$$y_{ij} = h_j(\mathbf{y}_j, \mathbf{z}_{ij}|\boldsymbol{\theta}_i) + u_{ij} \quad (i=1,\cdots,G; j=1,\cdots,n) \tag{2.52}$$

からなる非線形同時方程式モデルを考えることができる.ここで $\mathbf{y}_j\,(=(y_{ij}))$ は $G\times 1$ 内生変数ベクトル, $\boldsymbol{\theta}_i\,(i=1,\cdots,G)$ は各構造方程式の母数ベクトル, u_{ij} は誤差項である.こうした同時方程式全体についても誤差項について正規分布など確率分布を特定化すればパラメトリック・モデルの最尤法である完全情報最尤法 (FIML) を利用することができる.また,各方程式を 2 段階最小二乗法で推定した上でシステムを推定する非線形 3 段階最小二乗法も開発されている.こうした非線形同時方程式モデルの推定方法についての様々な可能性,(今では) 古典的となった議論やその漸近的性質については,例えば Amemiya (1985, Ch.8) が詳しい.

ここで非線形構造方程式からなる計量経済モデルの誘導型において,先決変数として $\mathbf{y}_k\,(k<j)$ のみをとれば非線形時系列モデルとなることに注意しておく.仮に経済時系列データに非線形構造方程式モデルが想定できるとすると,いくつかの基本的問題が生じることを指摘しておく.一般に同時方程式の解の挙動はかなり複雑となり,誘導型そのものの分析もかなり難しくなる.過去の被説明変数が説明変数に入ると,非線形差分方程式で確率項もあるので離散時間の非線形確率過程,すなわち非線形時系列モデルとなる.例えば近年でもマクロ計量経済分析やファイナンス分析などで応用されているボラティリティ (volatility) 変動モデル,隠れマルコフ (hidden Markov) 型モデルと呼ばれる局面転換 (regime switching) モデル,あるいは閾値自己回帰 (threshold autoregressive) モデルなどを含む様々な非線形時系列モデルが研究されている[*8)].

ここでは誘導型の例示として,先決変数 $\mathbf{z}_{ij}$ として $y_{j-1},\cdots,y_{j-p}$ を用いて 2 局面自己回帰モデル

[*8)] 非線形時系列モデルにおいて確率変数としての攪乱項がなければ (非線形) 差分方程式となる.この場合にも複雑な解が得られるが,ある種の解はカオス (chaos) と呼ばれている.近年では確率的攪乱項を含む非線形モデルを非線形時系列モデルと呼んでいるが,こうした近年の数理科学で盛んに研究されている非線形性について,マクロ計量モデルが開発された当時はまったく意識されていなかったと考えられる.

$$y_j = \begin{cases} \mathbf{A}_1 \mathbf{y}_{j-1} + \cdots + \mathbf{A}_p \mathbf{y}_{j-p} + \mathbf{v}_j^{(1)} & [\text{局面 I}] \\ \mathbf{B}_1 \mathbf{y}_{j-1} + \cdots + \mathbf{B}_p \mathbf{y}_{j-p} + \mathbf{v}_j^{(2)} & [\text{局面 II}] \end{cases} \quad (2.53)$$

を挙げてみよう.ただし p は正整数,$\mathbf{A}_k, \mathbf{B}_k$ $(k=1,\cdots,p)$ は母係数行列,$\mathbf{v}_t^{(k)}$ $(k=1,2)$ は誤差項ベクトルであり,各局面の共分散行列を $\Omega^{(k)}$ $(k=1,2)$ と表す.通常の閾値モデルの場合には二つの局面は過去・現在の内生変数の状態により定められる.ここでの議論をできるだけ簡単化するために,内生変数として 1 次元 $(G=1)$ [9] とする.このとき,(i) 局面 I が $y_{j-d} \geq 0$ $(d \geq 1)$ により決まるときには閾値自己回帰過程となる.(ii) 局面 I を決める状態変数 (state variables) ξ_t が観測されない隠れ (2 状態) マルコフ連鎖 (Markov chain) により決定される場合には局面転換時系列モデル (Hamilton (1994)) が対応し,(iii) 不均衡状態に対応して局面 I $(y_t \geq y_{t-1})$ と時系列水準値が同時に決定される場合には同時転換時系列モデル (Kunitomo & Sato (1996)) になる.

例 2.4: 閾値自己回帰過程の例として $p=d=1$,局面 I は $\{y_{j-1} \geq 0\}$,局面 II は $\{y_{j-1} < 0\}$ となる場合を考える.このとき二つの局面での方程式の解の挙動はスカラーである係数 $a_1 (= \mathbf{A}_1)$, $b_1 (= \mathbf{B}_1)$ を用いて

$$y_j = \begin{cases} a_1 y_{j-1} + v_j^{(1)} & [\text{局面 I}] \\ b_1 y_{j-1} + v_j^{(2)} & [\text{局面 II}] \end{cases} \quad (2.54)$$

により表現できる.例えばこの確率過程 y_j が定常過程となる条件は

$$a_1 < 1,\ b_1 < 1,\ a_1 b_1 < 1 \quad (2.55)$$

で与えられる.特に $a_1 = b_1$ となる場合には,よく知られている (線形) 1 次自己回帰モデルの定常条件が対応する.ここで解の性質として重要なことは,線形時系列モデルの常識からは一見すると非定常的と思われる系列 (例えば $a_1 = -2, b_1 = 0.9$) も実は定常状態となる可能性があり,非線形時系列モデルまで考慮すると,解の挙動はかなり複雑になることである.こうした理論的分析をより一般の非線形時系列モデルに拡張することは,実は容易ではない.

マクロ計量経済学を中心とする非線形計量経済モデルに関する初期の理論的,

---

[9] したがってこの場合は正確には同時方程式ではないが,同時方程式の解への拡張・類推は容易であろう.

あるいは応用的研究では，必ずしも非線形モデルに関連する困難な問題は認識されず，単なる数値計算や予測量を構成する際に生じる実際的問題として理解されていたようである．例えば 1950〜70 年代に盛んに行われた非線形マクロ計量モデルによる予測では，実際には発散解を得ることなどがしばしばあったようであるが，そうした可能性は常識的判断に基づき，数値計算上や予測上の実務的問題としてしばしば適当に処理されていたようである．近年ではすでに非線形自己回帰モデルにおいては確率的誤差がない場合にもカオス的な複雑な経路を含む様々な可能性があることが知られている．応用数学では確率的誤差を含まない非線形差分方程式の解の挙動について比較的詳しく研究が進んだが，実際に観察される経済時系列を説明できるような例は少ない．したがって，応用的な意味では確率的誤差を含む非線形定差方程式により関心がもたれる．しかしながら，比較的単純な統計モデルとして誤差を含む 2 次閾値自己回帰モデルの解の挙動を取り上げても，その定常解の領域もかなり複雑になることがわかっている (例えば Kunitomo (2001) を参照)．非線形計量モデルに関する識別性や推定方法の統計的性質，あるいはより実際的応用については，なお検討課題も少なくない．

2.3.2　構造方程式と変数誤差・線形関数関係

観察可能な $G\ (=(1+G_1))$ 次元変数ベクトル $\mathbf{X}_{\alpha j}$ ($\alpha = 1, \cdots, K_2; j = 1, \cdots, m$) が期待値部分と誤差部分に分解できて

$$\mathbf{X}_{\alpha j} = \boldsymbol{\xi}_\alpha + \boldsymbol{V}_{\alpha j} \tag{2.56}$$

に従っているとする．ここで $\boldsymbol{\xi}_1, \cdots, \boldsymbol{\xi}_{K_2}$ は偶然的母数 (incidental parameters) ベクトル，$\mathbf{V}_{\alpha j}$ は多変量正規分布 $N_G(\mathbf{0}, \boldsymbol{\Omega})$ に従う観察できない撹乱項ベクトルである．偶然的母数ベクトル $\{\boldsymbol{\xi}_\alpha\}$ 間には厳密な線形関係

$$\boldsymbol{\xi}'_\alpha \boldsymbol{\beta} = \mathbf{0}, \ \alpha = 1, \cdots, K_2 \tag{2.57}$$

が成立することを仮定しよう．これは線形関数関係 (linear functional relationship) モデルと呼ばれており，$\mathbf{X} = \mathbf{Z}\boldsymbol{\Pi} + \mathbf{V}$ と書き直せる．ここで記号 $n = K_2 m$,

$$\mathbf{X} = \begin{bmatrix} \mathbf{X}'_{11} \\ \vdots \\ \mathbf{X}'_{1m} \\ \mathbf{X}'_{21} \\ \vdots \\ \mathbf{X}'_{K_2 m} \end{bmatrix}, \ \mathbf{Z} = \begin{bmatrix} 1 & 0 & 0 & \cdots & 0 \\ \vdots & & & & \\ 1 & 0 & 0 & \cdots & 0 \\ 0 & 1 & 0 & \cdots & 0 \\ \vdots & & & & \vdots \\ 0 & 0 & 0 & \cdots & 1 \end{bmatrix}, \ \mathbf{V} = \begin{bmatrix} \mathbf{V}'_{11} \\ \vdots \\ \mathbf{V}'_{1m} \\ \mathbf{V}'_{21} \\ \vdots \\ \mathbf{V}'_{K_2 m} \end{bmatrix},$$

$$\mathbf{\Pi} = \begin{bmatrix} \boldsymbol{\xi}'_1 \\ \boldsymbol{\xi}'_2 \\ \vdots \\ \boldsymbol{\xi}'_{K_2} \end{bmatrix} \tag{2.58}$$

とする. $K_2 > G$ のとき線形関係 (2.57) 式は行列 $\mathbf{\Pi}$ の階数が $G_1\ (= G-1)$ を意味する. 母数ベクトル $\boldsymbol{\xi}_\alpha$ の推定量を $\bar{\mathbf{x}}_\alpha = m^{-1} \sum_{j=1}^m \mathbf{X}_{\alpha j}$ とすると, $\mathbf{\Pi}' = (\boldsymbol{\xi}_1, \cdots, \boldsymbol{\xi}_{K_2})$ の無制約下の推定量は $(\bar{\mathbf{x}}_1, \cdots, \bar{\mathbf{x}}_{K_2})$ である. 次に二つの行列

$$\mathbf{G} = m \sum_{\alpha=1}^{K_2} \bar{\mathbf{x}}_\alpha \bar{\mathbf{x}}'_\alpha, \quad \mathbf{H} = \sum_{\alpha=1}^{K_2} \sum_{j=1}^{m} (\mathbf{x}_{\alpha j} - \bar{\mathbf{x}}_\alpha)(\mathbf{x}_{\alpha j} - \bar{\mathbf{x}}_\alpha)' \tag{2.59}$$

を定める. ここで母数ベクトルは定数倍しても (2.57) 式の意味は変わらないので規準化して $\boldsymbol{\beta}' = (1, -\boldsymbol{\beta}'_2)'$ とすると, $\boldsymbol{\beta}$ の最尤推定量はすでに議論した LIML 推定量と同一となる. また, $\bar{\mathbf{x}}_\alpha$ の最初の要素を他の変数に回帰すると TSLS 推定量と一致することがわかる. このように統計的多変量解析における線形関数関係モデルや変数誤差 (errors-in-variables) モデル, さらに因子分析 (factor analysis) モデルと呼ばれている統計モデルは本質的に構造方程式モデルと関連しているのである[*10].

2.3.3 Granger 因果性と内生性・外生性

回帰分析モデルと構造方程式モデルとの基本的相違は前者は説明変数から被説明変数への一方的因果関係を先験的 (*a priori*) に仮定していることである. 経

[*10] こうした多変量解析との関係については, 例えば Anderson (2003, 12 章) を参照されたい.

済学の議論では他の条件を理論的に (あるいは仮想的に) 所与としたときの変数間の関係を構造方程式で表現することが多い. 経済時系列の計量経済分析において Granger(1969) は, ある変数の過去の情報が他の変数の将来値の予測誤差を減少させるとき変数間に因果関係があると考えた (これを「Granger の意味で因果関係がある」という). ここでは Granger の非因果性 (すなわち Granger の意味で因果関係がないこと) を次のように定義する.

定義 2.1: G 次元内生変数 $\mathbf{y}_j = (y_{ij})$ が (2.8) 式において $\mathbf{\Pi}^* = \mathbf{0}$ となる G 次元自己回帰モデル

$$\mathbf{y}_j = \sum_{i=1}^{p} \mathbf{\Pi}_i \mathbf{y}_{j-i} + \mathbf{v}_j \tag{2.60}$$

を考察する. ここでは初期条件 $\mathbf{y}_0 \, (= (y_{i0}))$ を所与としたときの期待値, 共分散行列の存在を仮定する. 時点 j において変数 y_{ij} の (過去値を含む) 情報を用いたとき (変数 y_{kj} の情報をあわせて用いる), 変数 $y_{kj'} \, (k \neq i; j' = j+1)$ の予測の平均二乗誤差が変数 $y_{kj'} \, (k \neq i; j \leq j')$ のみの (過去値を含む) 情報を用いたときの予測の平均二乗誤差と同一であれば「変数 y_{ij} は Granger の意味で変数 y_{kj} の原因ではない」と定める.

Granger の非因果性 (non-causality) の必要十分条件は次のように与えられる.

定理 2.1: G 次元内生変数 $\mathbf{y}_j = (y_{ij})$ が G 次元自己回帰モデル (2.60) に従うとする. また初期条件 $\mathbf{y}_0$ を所与としたときの期待値, 共分散行列の存在を仮定する. 係数行列 $\mathbf{\Pi}_j = (\pi_{ki}^{(j)})$ とするとき「変数 i は変数 k に対し Granger の意味で原因でない」ための必要十分条件は

$$H_{NG,0} : \pi_{ki}^{(j)} = 0 \qquad (j = 1, \cdots, p)$$

で与えられる.

例 2.5: 内生変数が $2 \, (G = 2)$ のとき二つの変数 y_{1j}, y_{2j} とする.「変数 y_1 が変数 y_2 に対し Granger の意味で原因でない」ときには

$$y_{2j} = \sum_{i=1}^{p} \pi_{21}^{(i)} y_{1,j-i} + \sum_{i=1}^{p} \pi_{22}^{(i)} y_{2,j-i} + v_{2j} \qquad (j = 1, \cdots, T) \tag{2.61}$$

という方程式の制約条件 $H_{NG,0} : \pi_{21}^{(i)} = 0 \ (i = 1, \cdots, p)$ で与えられる．時系列 $\mathbf{y}_j = (y_{1j}, y_{2j})'$ が定常過程であれば[*11] この制約条件は通常のゼロ制約条件の検定問題となる．制約条件の下で得られた残差平方和 (RRSS), 無制約条件の下で得られた残差平方和 (URSS) を用いた統計量

$$Z_n = n\frac{RRSS - URSS}{URSS} \tag{2.62}$$

を利用すると，Z_n は標本数 (n) が大きいとき仮説の下で漸近的には $\chi^2(p)$ に従うことが利用できる．なお次数 p の選択は赤池の情報量 (AIC) 最小化, BIC 最小化などで行われることが多い (例えば山本 (1987) が詳しい).

Granger 因果性とともに計量経済分析では重要な概念である，先決性 (predeterminedness) および外生性 (exogeneity) を本書では次のように定義する．ここで変数ベクトルとして $\mathbf{z}_j = (\mathbf{y}'_{j-1}, \cdots, \mathbf{y}'_{j-p}, \mathbf{z}_j^{*'})'$ を含む変数をまとめて扱い，もともとの内生変数ベクトルを拡張した内生変数 $\mathbf{y}_j^* = (\mathbf{y}_j', \mathbf{z}_j^{*'})' \ (= (y_{ij}^*))$ についての (拡張された G^* 次元の) 構造方程式

$$\mathbf{B}\mathbf{y}_j^* = \sum_{i=1}^{p} \mathbf{B}_i \mathbf{y}_{j-i}^* + \mathbf{u}_j \tag{2.63}$$

を考える．この表現はすべての変数を同等に扱うので完備同時方程式 (complete simultaneous equations) 体系とも呼ばれている．

定義 2.2: (i) 完備同時方程式体系 (2.63) においてすべての非負整数 j' に対して y_{kj}^* が確率変数 $u_{i,j+j'}$ ($i \neq k$) と無相関であるとき，「変数 y_{kj}^* は第 i 構造方程式において先決性がある」という．

(ii) 完備同時方程式体系 (2.63) においてすべての整数 j' に対して y_{kj} が確率変数 $u_{i,j+j'}$ ($i \neq k$) と無相関であるとき，「変数 y_{kj} は第 i 構造方程式において狭義外生性 (strictly exogenous) がある」という．

例 2.6: 完備同時方程式体系 (2.63) における係数行列 $\mathbf{B} = (b_{ij})$ が条件 $b_{ij} = 0 \ (i < j; i = 1, \cdots, G^*)$ を満たすとする．このとき構造方程式体系は逐次的 (recursive) という．さらに誤差項ベクトル $\mathbf{u}_j$ の共分散についての条件

[*11] 定常過程とは限らない場合については例 4.1 の議論を参照されたい．

$\sigma_{ij} = 0$ $(i \neq j; i,j = 1, \cdots, G^*)$ が成立するとき完全逐次的 (fully recursive) システムという. 逐次的な構造方程式体系は Granger 因果性により特徴づけられ, 完全逐次的な構造方程式体系は識別可能となることが知られている.

2.4 条件付期待値変数と DSGE 方程式

これまで議論してきた計量経済学における構造方程式モデルは, 統計モデルとしては推定方程式として理解することができる. ところが近年にマクロ経済学で利用される構造方程式モデルでは, マクロ経済学の潮流とともに登場してきた背景もあり, 統計学で利用されている標準的議論とは別の用語が用いられることが少なくない. 例えばこれまでにマクロ経済学を中心としてすでに言及したように古典的マクロ計量モデルや計量モデルに基づく政策シミュレーションに関わる問題に対処するために, 条件付期待値を含む様々な構造方程式モデルが提案されている. ここで, 構造方程式モデルと同時方程式モデルに関する基本的議論は, 条件付期待値に関する時系列要素を考慮することでほとんどそのまま成り立つということが重要な視点といえよう. 確率的マクロ経済モデルについての経済学的な議論はマクロ経済学の文献に委ねるとして, ここでは構造方程式モデル, あるいは次章で説明する推定方程式の統計的問題という側面に絞って説明する.

2.4.1 条件付期待値変数を含む構造方程式モデル

時間を明示的に考慮して, 時刻 j における内生変数ベクトル $\mathbf{y}_j$, 政策変数 (外生変数) ベクトル $\mathbf{z}_j$, その他の撹乱項ベクトル $\mathbf{w}_j$ として, 構造方程式モデル

$$\sum_{i=-m}^{n} \mathbf{B}_i \mathrm{E}_j(\mathbf{y}_{j+i}) + \mathbf{\Gamma} \mathbf{z}_j = \mathbf{w}_j \tag{2.64}$$

を考察する. ここで $\mathrm{E}_j(\cdot)$ は時刻 j までの情報を所与とする条件付期待値である (例えば $\mathbf{B}_0 = \mathbf{B}, \mathbf{B}_i = \mathbf{O}$ $(-m \leq i \leq n, i \neq 0), \mathbf{w}_j = \mathbf{v}_j$ とすると (2.1) 式になる. また $\mathrm{E}_j(\mathbf{y}_{j+i}) = \mathbf{y}_{j+i}$ $(i < 0)$ である). 近年のマクロ経済学では, 経済主体の将来についての情報を含む行動を記述する場合にはある種の前向きの (forward looking) 予想 (合理的予想と呼ばれる) を条件付期待値で表現するこ

とが多い．ここでは実例として二つの古典的マクロ経済モデルに言及しておく．

例 2.7： Dornbush (1967) が導入した小国における為替レート決定モデルは次のような構造方程式モデルである．

$$\begin{aligned} m_j - p_j &= -\alpha[\mathrm{E}_j(e_{j+1}) - e_j] \\ p_j - p_{j-1} &= \beta(e_j - p_j) \end{aligned} \quad (2.65)$$

ここで e_j は邦貨立て為替レートの対数値, m_j, p_j はそれぞれ貨幣残高と物価水準の対数値，母数 $\alpha > 0, \beta > 0$ である．二つの構造方程式はそれぞれ為替市場の均衡式，国内財・貨幣市場の均衡式を表している．このモデルは変数 $y_{1j} = e_j$, $y_{2j} = p_{j-1}, z_j = m_j$ および

$$\mathbf{B}_0 = \begin{pmatrix} 1 & 0 \\ \beta & 1 \end{pmatrix}, \quad \mathbf{B}_1 = \begin{pmatrix} -1 & \frac{1}{\alpha} \\ 0 & -1-\beta \end{pmatrix}, \quad \mathbf{\Gamma} = \begin{pmatrix} -\frac{1}{\alpha} \\ 0 \end{pmatrix}$$

とすると

$$\mathbf{B}_0 \mathbf{y}_j + \mathbf{B}_1 \mathrm{E}_j[\mathbf{y}_{j+1}] + \mathbf{\Gamma} \mathbf{z}_j = \mathbf{O} \quad (2.66)$$

と表現されるので, (条件付) 誘導型は

$$\mathbf{y}_j = \mathbf{A}_1 \mathrm{E}_j(\mathbf{y}_{j+1}) + \boldsymbol{\delta} \mathbf{z}_j \quad (2.67)$$

となる．ただし係数行列は $\mathbf{A}_1 = -\mathbf{B}_0^{-1}\mathbf{B}_1, \boldsymbol{\delta} = -\mathbf{B}_0^{-1}\mathbf{\Gamma} \; (= (\delta_1, \delta_2)')$ と定める．この構造方程式モデルを標準形として理解するには予測誤差ベクトル $\mathbf{v}_{j+1} = \mathbf{y}_{j+1} - \mathrm{E}_j(\mathbf{y}_{j+1})$ とおけば, $\mathbf{B}_0\mathbf{y}_j + \mathbf{B}_1\mathbf{y}_{j+1} + \mathbf{\Gamma}\mathbf{z}_j = \mathbf{B}_1\mathbf{v}_{j+1}$ となるので標準的誘導型

$$\mathbf{y}_{j+1} = \mathbf{\Pi}_1 \mathbf{y}_j + \mathbf{\Pi}^* \mathbf{z}_j + \mathbf{v}_{j+1} \quad (2.68)$$

が得られる．ここで係数行列は $|\mathbf{B}_1| \neq 0$ であるので $\mathbf{\Pi}_1 = -\mathbf{B}_1^{-1}\mathbf{B}_0$, $\mathbf{\Pi}^* = -\mathbf{B}_1^{-1}\mathbf{\Gamma}$ で与えられる．

例 2.8： 加藤 (2007) が説明している New IS-LM モデルを例として取りあげてみよう．この構造方程式モデルは将来変数についての予想の変化を通じて，経済政策の変化を分析する典型的な例である．こうした構造方程式モデルにより構成される同時方程式モデルは，近年では DSGE (dynamic stochastic general equilibrium) モデルと呼ばれることが多くなっている. 変数 o_j を GDP (output), i_j を名目金利, π_j を期待インフレ率として, 財市場, フィリップス曲線, 金融政策の構造方程式

$$o_j = \rho \mathrm{E}_j(o_{j+1}) + (1-\rho)o_{j-1} - \sigma(i_j - \mathrm{E}_j(\pi_{j+1})) + \epsilon_j$$
$$\pi_j = \beta \mathrm{E}_j(\pi_{j+1}) + (1-\beta)\pi_{j-1} + \alpha o_j + \nu_j \qquad (2.69)$$
$$i_j = q_1 o_j + q_2 \pi_j + \eta_j$$

を考える. ここで内生変数ベクトル $\mathbf{y}'_j = (o_j, \pi_j, i_j)$, 撹乱項ベクトル $\mathbf{w}'_j = (\epsilon_j, \nu_j, \eta_j)$, 係数行列

$$\mathbf{B}_0 = \begin{pmatrix} 1 & 0 & \sigma \\ -\alpha & 1 & 0 \\ -q_1 & -q_2 & 1 \end{pmatrix}, \quad \mathbf{B}_1 = \begin{pmatrix} -\rho & -\sigma & 0 \\ 0 & -\beta & 0 \\ 0 & 0 & 0 \end{pmatrix},$$

$$\mathbf{B}_{-1} = \begin{pmatrix} -1+\rho & 0 & 0 \\ 0 & -1+\beta & 0 \\ 0 & 0 & 0 \end{pmatrix}$$

とすると,

$$\mathbf{B}_0 \mathbf{y}_j + \mathbf{B}_1 \mathrm{E}_j(\mathbf{y}_{j+1}) + \mathbf{B}_{-1} \mathbf{y}_{j-1} = \mathbf{w}_j \qquad (2.70)$$

と表現できる. したがって (条件付) 誘導型は

$$\mathbf{y}_j = \mathbf{A}_1 \mathrm{E}_j(\mathbf{y}_{j+1}) + \mathbf{A}_2 \mathbf{y}_{j-1} + \boldsymbol{\delta} \mathbf{w}_j \qquad (2.71)$$

となる. ここで $|\mathbf{B}_0| \neq 0$ を仮定すると, $\mathbf{A}_1 = -\mathbf{B}_0^{-1} \mathbf{B}_1$, $\mathbf{A}_2 = -\mathbf{B}_0^{-1} \mathbf{B}_2$, $\boldsymbol{\delta} = \mathbf{B}_0^{-1}$ である.

例 2.8 の分析も本質的には例 2.7 の場合と同様であるが, 若干記号が煩雑になる. そこで本節では分析例として例 2.7 を利用して議論しよう. (条件付) 誘導型の右辺の係数行列

$$\mathbf{A}_1 = \boldsymbol{\Pi}_1^{-1} = \begin{pmatrix} 1 & -\frac{1}{\alpha} \\ -\beta & 1+\beta+\frac{\beta}{\alpha} \end{pmatrix}$$

をみると $\alpha > 0, \beta > 0$ のとき固有方程式

$$g(\zeta) = |\zeta \mathbf{I}_2 - \mathbf{A}_1| = 0$$

の固有値を分析すると,二つの固有値 ζ_i ($i=1,2$) について $0<\zeta_1<1<\zeta_2$ となることがわかる.したがって一見すると線形解は存在しないようにみえる.ここで二つの固有値は相異なるので固有ベクトルより 2×2 行列 $\mathbf{P}=(p_{ij})$ を構成し,$\mathbf{A}_1=\mathbf{P}^{-1}\Xi\mathbf{P}$,$\Xi$ は ζ_1,ζ_2 からなる対角行列とできることに注目する.

ここで $w_j=\sum_{k=0}^{\infty}\theta_k\epsilon_{j-k}$ という線形確率過程 (ϵ_j は期待値ゼロの i.i.d. 確率変数列,$\sum_{i=0}^{\infty}\theta_i^2<\infty$) を仮定し,

$$\mathbf{y}_j=\sum_{k=0}^{\infty}\mathbf{c}_k\epsilon_{j-k} \qquad (2.72)$$

と表現できる解を考えよう.このとき確率差分方程式を満足することから

$$\mathbf{P}\mathbf{c}_{i+1}=\begin{pmatrix}\zeta_1^{-1} & 0 \\ 0 & \zeta_2^{-1}\end{pmatrix}\mathbf{P}\mathbf{c}_i=\begin{pmatrix}\zeta_1^{-i} & 0 \\ 0 & \zeta_2^{-i}\end{pmatrix}\mathbf{P}\mathbf{c}_1 \qquad (2.73)$$

と表現できる.したがって確率差分方程式の解が発散解ではないためには $p_{11}c_{j1}+p_{12}c_{j2}=0$ ($j\geq 1$) という強い条件が必要である.また初期条件は,$\mathbf{c}_1=\mathbf{A}_1\mathbf{c}_0+\delta\theta_0$ を考慮すると $\mathbf{c}_0'=(c_{10},c_{20})$,$\mathbf{c}_1'=(c_{11},c_{21})$ について三つの方程式が得られる.この例では $y_{2j}=p_{j-1}$ なので規準化 $\theta_0=1$ より $c_{20}=0$ となり,結局

$$c_{10}=\delta_1+\left(\frac{p_{12}}{p_{11}}\right)\delta_2\ ,\ c_{11}=-\left(\frac{p_{12}}{p_{11}}\right)c_{12}\ ,\ c_{21}=-\zeta_2\delta_2$$

により線形解[*12)] が一意的となる.

2.4.2 合理的定常解・非定常解・バブル解

前節では (条件付) 誘導型の定常解・線形解を例示した.近年のマクロ経済学ではこうした解を中心としてマクロ経済についての議論が行われている,非線形解まで範囲を広げるとさらに様々な様相を呈することになる.ここでは合理的泡 (bubbles, バブル) 解についても言及しておく.ここでは単純化された (条件付) 誘導型として母数 α とする一次元 (離散時間) 確率過程

[*12)] 文献では定常解が一意的に得られるというような主張も見られる.外国為替レートや物価水準などの内生変数を定常過程とみなすのは現実的とはいえないだろう.非定常解を考慮すると初期値問題も重要となる.

2.4 条件付期待値変数と DSGE 方程式

$$y_j = \alpha\, \mathrm{E}_j(y_{j+1}) + u_j \tag{2.74}$$

の解を考察しよう. 非線形過程の例として

$$y_j^{(2)} = \beta_j\, y_{j-1}^{(2)} + v_j \tag{2.75}$$

を考察する. ここで確率変数 v_j は撹乱項, 条件 $\mathrm{E}_j(v_j) = 0$, $\mathrm{E}_j(v_j^2) = \sigma_j^2$ を満たすものとする. 係数 β_j は時刻に依存し, $\beta_j = (\pi_j \alpha)^{-1} S_j$, $P(S_j = 1) = \pi_j$, $P(S_j = 0) = 1 - \pi_j$ $(0 < \pi_j < 1)$ とする. ここで状態変数 S_j は経済とは無関係な事象, 例えば太陽黒点の変動, チューリップの市場価格[*13)] などである. ここで重要な問題は, こうした一見すると経済には無関係な事象により予想変数 $\mathrm{E}_j(y_{j+1})$ が説明されるから,「自己実現的な予想の連鎖を通じて」線形差分方程式の解となる点である.

例 2.9: 例えば金融市場について, 株価を例としてきわめて基本的な経済モデルの一つを取りあげてみよう. 配当水準 X_j, 株価水準 p_j として 1 期間当たりの収益率を

$$R_{j+1} = \frac{(p_{j+1} - p_j) + X_j}{p_j} \tag{2.76}$$

と定義すると, 構造方程式モデルとしてリスク・プレミアム項 γ を用いて条件 $\mathrm{E}_j(R_{j+1}) = \gamma$ を考察する. ここで例えば市場金利とリスクプレミアムの和が一定値 $(=\gamma)$ だとすると

$$p_j = \left(\frac{1}{1+\gamma}\right) \mathrm{E}_j(p_{j+1}) + \left(\frac{1}{1+\gamma}\right) X_j \tag{2.77}$$

が得られる. 配当系列は株価水準に比べてそれほど変動しないので, 価格系列について

$$p_j^{(1)} = \sum_{i=0}^{\infty} \left(\frac{1}{1+\gamma}\right)^{i+1} \mathrm{E}_j(X_{j+i}) \tag{2.78}$$

となる将来解はしばしば基本解 (ファンダメンタル解) と呼ばれている. これに対してバブル解 $p_j^{(2)}$ は配当系列から大きく乖離する価格変動を説明する解として利用されることがある.

[*13)] これは 18 世紀のオランダで発生したバブル現象に登場した実際の投機の対象を意味する.

本節で説明したような確率的定差方程式, 構造方程式モデルを巡る議論は経済学分野における興味深い問題であるが, 経済学者, あるいは経済学とは関係のない分野の研究者には十分には理解されていないようなので言及した[*14]. なお本節で説明した期待変数を含む構造方程式モデルにより意味のある政策シミュレーションを行うには発散解を除くような制約条件を明示的に含めてデータから構造方程式モデルを推定する必要がある.

2.5 構造方程式の推測を巡る最近の展開

2.5.1 弱操作変数・多操作変数問題・パネル計量問題

a. 弱操作変数問題

近年ではミクロ計量経済分析が活発に行われているが, 例えば労働経済学における Angrist & Krueger (1991) の実証研究のように, 大量のデータを利用した構造方程式の推定問題が再び重要な課題として浮かび上がってきている. 実証研究においてはシステム全体 (K 個) での先決変数の中で構造方程式に実際に現れる K_1 は少ないが, K_2 ($= K - K_1$) が大きくなる場合がある. またミクロ経済データでは内生変数を説明する (多変量) 回帰モデルとしてみるとしばしば個々の説明変数の説明力が小さい場合がみられる. こうした状況に対応してStaiger & Stock (1997) は (2.31) 式を修正して局所仮説

$$H_l : \Pi_{2\cdot} = \frac{1}{\sqrt{n}} C_{2\cdot} \qquad (2.79)$$

の下での推定量の挙動を検討した (ここで $C_{2\cdot}$ は定行列である). この仮説は一種の局所仮説 (local alternative hypothesis) であるが, 直観的には誘導型 (2.24) を多変量線形回帰モデルとみなすとき, 「個々の操作変数の説明力がゼロではないがかなり弱い」という経験的な設定を条件としてモデル化したものと考えられる. この条件の下での構造方程式の推定問題は弱操作変数 (weak instruments) 問題と呼ばれているが, 統計的多変量解析の分布論の議論を用いると, たとえ

[*14] 例えば国友 (1988, a; b) はより詳細に様々な経済学的な例を議論している. 1980 年代後半の日本のマクロ経済や 2007 年頃の米国においては多くの人々が地価 (あるいは株価) が上昇し続けると認識していたとすると, その流れに従うことにはある種の「合理性 (rationality)」があったということになる. バブルが崩壊した後から見れば「非合理的」であろう.

誤差項の分布が非正規分布であっても, (n が大きくなるにつれ) 確率行列 **G** は G_1 次元の非心ウイッシャート行列に収束するので, 推定量は通常の大標本理論と異なる漸近的挙動を示す.

こうした弱操作変数問題では, 弱い操作変数が多数存在するという弱多操作変数問題とする解釈が自然なように考えられる. こうした操作変数の数 K, あるいは除かれた操作変数の数 K_2 が大きい場合にはむしろ標本数 n に依存させ, $K_{2n}/n^\eta \to c \, (0 < \eta \le 1)$ となる $K_2(n)$ 漸近理論を考える方が適切であると考えられる. この K_{2n} 漸近理論については, 実は初期の研究として Kunitomo (1980, 1982), Morimune (1983) などの研究があるが, より最近の研究によれば最小二乗推定 (OLS), 二段階最小二乗推定を含む操作変数法や GMM 法に比べると経験尤度 (MEL) 法が優れた性質を示し, さらに実は制限最尤推定法 (LIML) がある種の最適な漸近的性質をもつことが示されている (Anderson, Kunitomo & Matsushita, 2005; 2010). こうした最近の研究については本書の第 5〜6 章において議論する.

b. パネル計量分析

労働市場の例で言及したように, 近年の応用経済学では多数の企業や個人, さらに国や地域などに関して時間とともに観察されるデータ, パネル・データを利用する計量分析がかなり盛んである[*15]. パネル・データ解析では被説明変数 y_{ij}, 説明変数ベクトル $\mathbf{x}_{ij}$ $(i = 1, \cdots, N; j = 1, \cdots, T)$ とすると計量モデル

$$y_{ij} = \alpha_i + \boldsymbol{\beta}' \mathbf{x}_{ij} + u_{ij} \tag{2.80}$$

などにより表現する. ここで u_{ij} は期待値ゼロ, 分散 σ^2 の誤差項, α_i は観測できない個別効果 (indivisual effects) を表現している. こうしたパネル計量モデルは近年では広範に利用されているが, 基本的文献としては例えば Hsiao (2003) が挙げられる. パネル分析においても動学的構造方程式モデルに関する議論を応用できるが, 様々な課題も残されている. 例えば Akashi & Kunitomo (2010a; b) は, 右辺の説明変数ベクトル $\mathbf{x}_{ij}$ に内生変数を含むとき動的パネル

[*15] 米国をはじめとする先進諸国はもちろん途上国でも多くのパネル・データが利用可能になっている (例えば Hsiao (2003, 国友訳, 2007) を参照). 残念ながらいくつかの事情から日本でのパネル・データの蓄積はまだ多くない.

構造方程式 (dynamic panel structural equation)

$$y_{ij} = \alpha_i + \beta_0 y_{i,j-1} + \boldsymbol{\gamma}' \mathbf{x}_{ij} + u_{ij} \tag{2.81}$$

についてパネル制限情報最尤推定 (PLIML) 法を展開している.

2.5.2 非定常時系列間の関係

古典的な統計的時系列解析は，観測される時系列を確率過程の実現値と見なすことにより理論が発展した．そこで計量経済学においても時系列解析を利用して分析を進めようとしたことは当然の展開であった．しかしながらすでに言及したように 1980 年頃からマクロ時系列や金融時系列の分析が進むにつれて，対象としている時系列データを定常確率過程の実現値とみなすことには無理があり，むしろ根本的な問題をはらんでいることが明らかとなっている．

そこで観察される時系列データを非定常時系列とする分析が盛んに行われるようになっている．一般的に非定常性とは定常性が成り立たない場合であるから，非常に範囲が広い．計量経済分析において特に注目されたのが，統計的時系列解析として 1970 年代に Box-Jenkins (1970) などにより開発が進んだ和分過程 (integrated process)，さらに一般的な自己回帰和分移動平均 (autoregressive-integrated-moving average；ARIMA) 過程である．y_0 を初期条件として 1 次元の時系列 y_j $(j = 1, \cdots, T)$ が 1 次和分過程であるとは，階差系列

$$\Delta y_j = y_j - y_{j-1} \tag{2.82}$$

が (退化しない) 弱定常過程となることを意味する．

近年のマクロ経済分析やファイナンス理論ではランダム・ウォーク・モデルやマルチンゲール (martingale) に基づく理論が展開され，和分過程は応用上かなり有力な分析手段であることが認識されるようになった．和分過程に従う複数の時系列の間にある種の線形関係 (すなわち構造方程式) が成り立つとき共和分過程 (co-integrated process) と呼ぶことにする．本書では第 7~8 章でこの問題をより詳しく論じる．

chapter 3

セミ・パラメトリック推定：
GMM と経験尤度法

3.1 一般化積率法 (GMM)

計量経済分析における古典的な同時方程式の推定法や構造方程式の推定法について，よりノン・パラメトリック (non-parametric) な方法，あるいはセミ・パラメトリック (semi-parametric) な方法も開発されている．特に一般化積率法 (generalized method of moment；GMM) と経験尤度 (empirical likelihood) 法が近年よく利用されている．前者は計量経済学では Hansen (1982) に始まり，マクロ経済学をはじめとする実証的研究の中でよく用いられてきたが，最近になってノン・パラメトリック尤度に基づく後者も注目されてきている．

3.1.1 推定方程式の GMM 推定

被説明変数 (スカラー) y_{1j} に関する線形モデルにおいて，説明変数ベクトルとして $G_1 \times 1$ の内生変数ベクトルを $\mathbf{y}_{2j}$, $K_1 \times 1$ の外生変数ベクトルを $\mathbf{z}_{1j}$ とする．このとき $p \times 1$ $(p = G_1 + K_1)$ ベクトル $\mathbf{x}_j = (\mathbf{y}'_{2j}, \mathbf{z}'_{1j})'$ を用いた表現

$$u_j = y_{1j} - \mathbf{x}'_j \boldsymbol{\theta} \ (j = 1, \cdots, n) \tag{3.1}$$

を考えよう．ここで n は観測数, 誤差項 u_j の期待値 $\mathrm{E}(u_j) = 0$, 分散 $\mathrm{E}(u_j^2) = \sigma_j^2$ とする．この構造方程式に現れる外生的な説明変数 $\mathbf{z}_{1j}$ の他に当該方程式では除かれた説明変数として $K_2 \times 1$ ベクトル $\mathbf{z}_{2j}$ の情報が利用可能なことがしばしば生じる．これらの先決的変数としては例えば $(G_1 - 1) \times 1$ ベクトルの内生変数 $\mathbf{y}_{2j}$ を定める別の方程式に現れる外生的 (先決的) な説明変数として現れる場合などを挙げることができよう．こうした説明変数を合わせた全体の説

明変数 $K \times 1$ $(K = K_1 + K_2)$ ベクトル $\mathbf{z}_j$ はしばしば操作変数 (instrumental variables) と呼ばれる．これらの操作変数を用いて直交条件 (orthogonality condition)

$$\mathrm{E}[\mathbf{z}_j(y_{1j} - \mathbf{x}_j'\theta)] = \mathbf{0} \tag{3.2}$$

としよう．ここで $K \times 1$ の関数群を $h_j(\theta) = \mathbf{z}_j u_j(\theta) = \mathbf{z}_j(y_{1j} - \mathbf{x}_j'\theta)$ とおけば，より一般的な非線形関係 (直交条件)

$$\mathrm{E}[h_j(\theta)] = 0 \tag{3.3}$$

が得られる．特に条件 $L = K - p = 0$ が成り立てば方程式 (3.2) を未知母数ベクトルに関して一意に解くことができる．こうして得られる推定方法は積率法 (method of moments, モーメント法) と呼ばれている．制約条件 $L = K - (K_1 + G_1) = K_2 - G_1 > 0$ が成り立つ過剰識別な場合，データより (3.2) 式に対応する方程式を未知母数ベクトル θ について一意に解くことができないので，何らかの評価関数による最適化が必要となる．一般に (3.3) 式に対して $\mathbf{g}_n(\theta) = (1/n)\sum_{j=1}^{n} h_j(\theta)$，線形モデル (3.2) に対しては

$$\mathbf{g}_n(\boldsymbol{\theta}) = \frac{1}{n}\sum_{j=1}^{n} \mathbf{z}_j(y_{1j} - \mathbf{x}_j'\boldsymbol{\theta}) \tag{3.4}$$

とおき，評価関数として二次形式

$$\mathbf{J}(\boldsymbol{\theta}, \mathbf{W}_n) = \mathbf{g}_n(\boldsymbol{\theta})'\mathbf{W}_n\mathbf{g}_n(\boldsymbol{\theta}) \tag{3.5}$$

を最小化する $\boldsymbol{\theta}$ を GMM 推定量 $\widehat{\boldsymbol{\theta}}_n$ と呼ぶ．ここで最小化の加重行列 $\mathbf{W}_n$ は分析者が適当に選ぶことができるが，よく用いられる選択としては，$\boldsymbol{\theta}$ の初期推定値 $\widehat{\boldsymbol{\theta}}_n^{(0)}$ より残差系列を第 1 段階として求め，次に $\tilde{u}_j = y_{1j} - \mathbf{x}_j'\widehat{\boldsymbol{\theta}}^{(0)}$ より

$$\mathbf{W}_n = \left[\frac{1}{n}\sum_{j=1}^{n} \tilde{u}_j^2 \mathbf{z}_j \mathbf{z}_j'\right]^{-1} \tag{3.6}$$

を用いて構成する二段階 GMM (two-step GMM) 法がある．この推定量は

$$\left[\frac{1}{n}\sum_{j=1}^{n}\begin{pmatrix}\mathbf{z}_{1j}\\\mathbf{y}_{2j}\end{pmatrix}\mathbf{z}_j'\right]\left[\frac{1}{n}\sum_{j=1}^{n}u_j(\widehat{\boldsymbol{\theta}})^2\mathbf{z}_j\mathbf{z}_j'\right]^{-1}\left[\frac{1}{n}\sum_{j=1}^{n}\mathbf{z}_j\,y_{1j}\right] \tag{3.7}$$

$$=\left[\frac{1}{n}\sum_{j=1}^{n}\begin{pmatrix}\mathbf{z}_{1j}\\\mathbf{y}_{2j}\end{pmatrix}\mathbf{z}_j'\right]\left[\frac{1}{n}\sum_{j=1}^{n}u_j(\widehat{\boldsymbol{\theta}})^2\mathbf{z}_j\mathbf{z}_j'\right]^{-1}\left[\frac{1}{n}\sum_{j=1}^{n}\mathbf{z}_j(\mathbf{z}_{1j}',\mathbf{y}_{2j}')\right]\begin{pmatrix}\widehat{\boldsymbol{\gamma}}_1\\\widehat{\boldsymbol{\beta}}_2\end{pmatrix}$$

と表現される.こうして得られる推定量は任意の正定符号行列 $\mathbf{W}_n$ に対し漸近共分散行列をより小さくするので,最適 (optimal) GMM 推定法と呼ばれる.また,得られる $\widehat{\boldsymbol{\theta}}_n$ を効率的 (efficient) GMM 推定量,あるいは単に GMM 推定量などと呼ぶことが多い[*1].

効率的 GMM 推定量の統計的性質としては,観測データ数 n (あるいは T) が大きくなる漸近的意味でかなり一般的な正則条件の下で一致性,漸近正規性,漸近有効性があり, (3.6) 式に対しては $\sqrt{n}(\widehat{\boldsymbol{\theta}}_n - \widehat{\boldsymbol{\theta}}_0)$ の漸近共分散行列は

$$\mathrm{AGM}(\boldsymbol{\theta}) = \left[\mathbf{B}(\mathbf{x}, \mathbf{z}')(\plim_{n \to \infty} \mathbf{W}_n) \mathbf{B}(\mathbf{z}, \mathbf{x}')\right]^{-1} \tag{3.8}$$

で与えられる.ただし $\plim_{n \to \infty}$ は確率収束の意味[*2]

$$\mathbf{B}(\mathbf{x}, \mathbf{z}') = \plim_{n \to \infty} \frac{1}{n} \sum_{j=1}^{n} \mathbf{x}_j \mathbf{z}_j'$$

である.

次に GMM 推定を利用した検定問題を考察しよう.構造方程式モデルにおいては,まず母数 $\boldsymbol{\theta}$ についての線形仮説 $\delta = \delta_0$ (定ベクトル $\mathbf{c}$, $\boldsymbol{\theta}_0$ を用いて $\delta = \mathbf{c}'\boldsymbol{\theta}$, $\delta_0 = \mathbf{c}'\boldsymbol{\theta}_0$ とする) の検定方法を考察する.帰無仮説

$$H_{\delta,0} : \delta = \delta_0$$

に対する δ の推定量 $\widehat{\delta} = \mathbf{c}'\widehat{\boldsymbol{\theta}}$ の t 統計量は

$$t_\delta = \frac{\sqrt{n}(\widehat{\delta}_n - \delta_0)}{\sqrt{\mathbf{c}' \mathrm{AGM}(\widehat{\boldsymbol{\theta}}_n) \mathbf{c}}} \tag{3.9}$$

で定義できる.このとき帰無仮説 $H_{\delta,0}$ の下では漸近的に $t_\delta \Rightarrow N(0,1)$ となることが利用できる[*3].より一般的な線形帰無仮説

$$H_{R,0} : \mathbf{R}\boldsymbol{\theta} = \mathbf{c}$$

に対しては,検定統計量

[*1] 計量経済学における GMM 法の利用については Hayashi (2000) が詳しい.
[*2] 本書では確率収束 (convergence in probability) は $\xrightarrow{p}$ とも表現する.
[*3] ここでは分布の収束の意味であるが,本書では分布の意味での収束を含めて弱収束の記号 $\Rightarrow$ で表す.弱収束については巻末付録で説明する.

$$F_R = n(\mathbf{R}\boldsymbol{\theta} - \mathbf{c})' \left[\mathbf{R}' \mathrm{AGM}(\widehat{\boldsymbol{\theta}})\mathbf{R}\right]^{-1} (\mathbf{R}\boldsymbol{\theta} - \mathbf{c}) \tag{3.10}$$

が利用できる.帰無仮説 $H_{R,0}$ の下では漸近的に $F_R \Rightarrow \chi^2(r)$ となることを利用して検定が可能である (ただし r は線形制約の数を表す).

次に直交条件 (3.3) 式を検定する方法として,過剰識別の検定統計量として加重行列に推定値 $\mathbf{W}_n(\widehat{\theta}_n)$ を用いた

$$\mathbf{J}(\widehat{\boldsymbol{\theta}}, \mathbf{W}_n(\widehat{\theta}_n)) = \mathbf{g}_n(\widehat{\boldsymbol{\theta}})' \mathbf{W}_n(\widehat{\theta}_n) \mathbf{g}_n(\widehat{\boldsymbol{\theta}}) \tag{3.11}$$

が用いられることがある.このタイプの統計量は一定の正則条件を仮定すると,漸近的に仮説の下で $\chi^2(L)$ 分布 ($L = K - (K_1 + G_1) = K_2 - G_1$) に従う.この検定法は次章で議論する過剰識別性の検定 (test of overidentifying restrictions) の一種であるが,GMM 法の利用の中では Hansen の検定と呼ばれることがある.

GMM 推定法は方程式が複数ある場合や非線形の場合に拡張することが容易であり,m 個の方程式群を $h_j(\theta) = (h_{ij}(\theta))$ とすると $m \times 1$ 本の方程式群

$$\mathrm{E}[h_{ij}(\theta)] = \mathbf{0} \tag{3.12}$$

を表現して単一構造方程式の議論を拡張することができる.

3.1.2 非線形時系列構造方程式モデルと GMM

GMM 法は合理的期待 (rational expectation) 仮説に基づくマクロ計量経済分析での一般的な統計的方法として 1980 年代より経済学分野では広く用いられるようになった推定方法である.

例 3.1: ここで典型的な応用例として c_j を時刻 j における消費,R_{j+1} を時刻 $j+1$ における収益率,$\mathcal{F}_j$ を時刻 t における消費者が利用する情報,$U(\cdot)$ を (代表的家計の) 効用関数,$U'(\cdot)$ を効用関数の微係数,δ を (一定の) 割引率とすると,例えば消費者の動学的な (将来の消費についての) 最適化行動から構造方程式モデル[*4)]

$$\mathrm{E}\left[R_{j+1}\delta \frac{U'(c_{j+1})}{U'(c_j)} \bigg| \mathcal{F}_j\right] = 1 \tag{3.13}$$

[*4)] 古典派マクロ経済学では異時点間の最適化により得られる構造方程式を指してオイラー方程式という特別な名称を使うことが多い.Hayashi (2000) を参照されたい.

3.1 一般化積率法 (GMM)

などが導かれる. 撹乱項を u_j とすると構造方程式は

$$R_{j+1}\delta\frac{U^{'}(c_{j+1})}{U^{'}(c_j)} - 1 = u_j$$

と表現できる. さらに具体的に効用関数を例えばベキ効用 $U(x) = ax^b$, 指数型効用 $U(x) = ae^{bx}$ (a,b は母数) などとすれば, パラメトリック母数推定の問題に帰着できる. i 時点での過去の情報集合に含まれる変数ベクトルを $\mathbf{z}_i$ (操作変数) とすれば, 条件付期待値 (3.12) より直交条件として

$$\mathrm{E}[u_j(\boldsymbol{\theta})\mathbf{z}_j] = \mathbf{0} \tag{3.14}$$

と表現できる. こうしたマクロ経済学の実例については山本 (1987), Hayashi (2000) などを参照されたい. 古典派を中心とするマクロ経済学の実証分析ではこの種の (経済主体の最適化行動の結果として得られる) オイラー方程式を観察可能な変数と操作変数を利用して推定することが行われている.

近年では GMM 推定法による数値的最適化の計算アルゴリズムは主要な計量経済ソフトウェアや統計計算パッケージで利用可能となった. マクロ経済学の実証分析に限らず経済学分野や経営学分野でも応用されるようになり, 関連する多くの応用経済学の領域に広がって, 一般的に利用されている. なお, Hansen (1982) では直交条件式 $h_j(\theta)$ が非線形, 系列 $\mathbf{z}_j$ と u_j が定常時系列過程であるという条件下で GMM 推定量の漸近的性質を調べているが, 計量経済学における GMM に関する標準的説明としては Hayashi (2000) を挙げておく. 直交条件は時系列過程の場合には時刻 $j-1$ における利用可能な情報を σ-集合族 $\mathcal{F}_{j-1}$ で表現し, 条件付期待値を利用するとより一般的な条件付直交条件

$$\mathrm{E}[h_j(\theta)|\mathcal{F}_{j-1}] = \mathbf{0} \quad (j=1,\cdots,n) \tag{3.15}$$

と表現できる (ここで n は標本数である). この条件は $h_j(\theta)$ は離散時間でのマルチンゲール差分 (martingale differences) 系列となる条件と同等であるが[*5], マルチンゲール過程はファイナンス分野の理論的議論とある種の整合性があるので, GMM 推定法はその実証分析においても利用されている.

[*5] ここで (予測) 誤差項を $u_i = h_i(\theta) - \mathrm{E}[h_i(\theta)|\mathcal{F}_{i-1}]$ とおけば $\mathrm{E}[u_i|\mathcal{F}_{i-1}] = 0$ となる.

非線形構造方程式モデルに対しては，評価関数

$$Q(\boldsymbol{\theta}) = \sum_{j=1}^{n} h_j(\boldsymbol{\theta})' \mathbf{W}_n \sum_{j=1}^{n} h_j(\boldsymbol{\theta}) \tag{3.16}$$

を最小化する推定量 $\widehat{\boldsymbol{\theta}}_{GM}$ により推定することがよく行われる．ここで $\mathbf{W}_n$ はウエイト関数であるが，非常に簡便な方法としては例えば単位行列 $\mathbf{I}_p$ とすることなども考えられる．直観的には

$$\sum_{j=1}^{n} \frac{\partial}{\partial \theta} h_j(\boldsymbol{\theta})' \mathbf{W}_n \sum_{j=1}^{n} h_j(\widehat{\boldsymbol{\theta}}_n) = 0 \tag{3.17}$$

に対して

$$h_j(\widehat{\boldsymbol{\theta}}_n) \sim h_j(\boldsymbol{\theta}_0) + \frac{\partial}{\partial \theta} h_j(\widehat{\boldsymbol{\theta}}_n - \boldsymbol{\theta})$$

を代入すると，

$$\left[\sum_{j=1}^{n} \frac{\partial}{\partial \theta} h_j(\boldsymbol{\theta}_0)' \mathbf{W}_n \sum_{j=1}^{n} \frac{\partial}{\partial \theta} h_j(\boldsymbol{\theta}_0) \right] (\widehat{\boldsymbol{\theta}}_n - \boldsymbol{\theta}_0)$$

$$\cong - \sum_{j=1}^{n} \frac{\partial}{\partial \theta} h_j(\boldsymbol{\theta}_0)' \mathbf{W}_n \sum_{j=1}^{n} h_j(\boldsymbol{\theta}_0) \tag{3.18}$$

となる．したがって GMM 推定法に関しては標本数が大きい場合にはある種の正当化が可能である．標準的な仮定の下で標本数 n が大きいとき推定量 $\widehat{\boldsymbol{\theta}}_{GM}$ は漸近的に正規分布に従い

$$\sqrt{n}\left[\widehat{\boldsymbol{\theta}}_{GM} - \boldsymbol{\theta} \right] \Rightarrow N(\mathbf{0}, \mathbf{A})$$

となる．例えば $(\mathbf{x}_j', \mathbf{z}_j')$ $(j = 1, \cdots, n)$ が互いに独立・同一の分布に従うときには漸近共分散は

$$\mathbf{A} = \left[\mathrm{E}\left(\frac{\partial h_j'}{\partial \boldsymbol{\theta}} \right) \mathbf{W}_n \mathrm{E}\left(\frac{\partial h_j}{\partial \boldsymbol{\theta}} \right) \right]^{-1} \left[\mathrm{E}\left(\frac{\partial h_j'}{\partial \boldsymbol{\theta}} \right) \mathbf{W}_n \mathrm{E}(h_j' h_j) \mathbf{W}_n \mathrm{E}\left(\frac{\partial h_j}{\partial \boldsymbol{\theta}} \right) \right]$$

$$\times \left[\mathrm{E}\left(\frac{\partial h_j'}{\partial \boldsymbol{\theta}} \right) \mathbf{W}_n \mathrm{E}\left(\frac{\partial h_j}{\partial \boldsymbol{\theta}} \right) \right]^{-1}$$

となる[6]．特に $\mathbf{W}_n = \left[\mathrm{E}(h_j' h_j) \right]^{-1}$ とおけば

---

[6] より正確には，ここでは例えば $n^{-1} \sum_{j=1}^{n} \left(\frac{\partial h_j'}{\partial \boldsymbol{\theta}} \right) \xrightarrow{p} \mathrm{E}\left(\frac{\partial h_j'}{\partial \boldsymbol{\theta}} \right)$ など，右辺が意味をもつ条件を仮定している．

$$\mathbf{A} = \left[\mathrm{E}\left(\frac{\partial h_j^{'}}{\partial \boldsymbol{\theta}}\right) [\mathrm{E}(h_i^{'} h_j)]^{-1} \mathrm{E}\left(\frac{\partial h_j}{\partial \boldsymbol{\theta}}\right) \right]^{-1}$$

となる.

3.2 推定方程式と経験尤度法

統計学上の一般的問題としては方程式 (3.2) あるいは直交条件 (3.3) は推定方程式 (estimating equation) の問題と解釈できる. 誤差項が独立・同一分布に従う場合に推定方程式論として Godambe (1960) は漸近的に効率的な推定方法を提案している. この方法は本質的には計量経済学において GMM 推定と呼ばれている方法と同一と解釈することが可能であるが, 数理統計学や生物統計学などではよく用いられている. 推定方程式の統計的問題は 1990 年代には時系列へも拡張されている. 前節で説明したように GMM 法は二次形式を最小化するという距離最小化の推定方法であるが, 分散均一の場合には二段階最小二乗 (TSLS) 推定法に対応しているので, 分散不均一な場合への TSLS 推定の拡張とも理解できる.

ここで撹乱項の分散が不均一な場合について最尤推定法はどのようになるだろうか? そこでまずデータが互いに独立な確率変数の実現値である場合にノン・パラメトリック尤度関数を考察しよう. ベクトル列 $\mathbf{y}_j$ $(j=1,\cdots,n)$ がある確率分布 $F(\mathbf{y})$ から独立な標本, $P(\mathbf{y}=\mathbf{y}_j)=p_j$ $(j=1,\cdots,n)$ であるとしよう. このときノン・パラメトリック尤度関数は

$$L(F) = \prod_{j=1}^{n} p_j \tag{3.19}$$

と表現できる. この尤度関数を確率としての制約条件 $p_j \geq 0, \sum_{j=1}^{n} p_j = 1$ の下で最大化すると, 解は $p_j = 1/n$ $(j=1,\cdots,n)$ となる.

次に構造方程式モデル

$$\mathrm{E}[g(\mathbf{y}_j, \mathbf{z}_j|\boldsymbol{\theta})] = 0 \tag{3.20}$$

を考察しよう. (3.20) 式における $\boldsymbol{\theta}$ は母数ベクトル, 構造方程式モデルに現れる変数 $\mathbf{y}_j, \mathbf{z}_j$ をまとめて $\mathbf{x}_j = (\mathbf{y}_j^{'}, \mathbf{z}_j^{'})^{'}$ とおく. ここでの期待値操作をデータ

上の分布，すなわち経験分布で置き換えると

$$\sum_{j=1}^{n} p_j \, g(\mathbf{y}_j, \mathbf{z}_j | \boldsymbol{\theta}) = 0 \tag{3.21}$$

という制約条件が得られる．この制約条件および確率 $p_j \geq 0, \sum_{j=1}^{n} p_j = 1$ の下でノン・パラメトリック尤度関数を最大化して母数 $\boldsymbol{\theta}$ を推定する方法を経験尤度 (empirical likelihood) 推定と呼ぶ．経験尤度関数の利用はノン・パラメトリックな検定方法として Owen (1988, 2001) が導入した方法であるが，その後，GMM 推定法に関して知られていたいくつかの問題を解決するために Qin & Lawless (1994) により推定方程式モデル，すなわち構造方程式モデルの推定に拡張されている．

経験尤度推定は一般に非線形関係 $g(\mathbf{y}_j, \mathbf{z}_j | \boldsymbol{\theta})$ に対して適用可能であるが，ここでは線形構造方程式モデルに適用してみよう．ラグランジュ形式を

$$\begin{aligned}
&L_n(\boldsymbol{\lambda}, \boldsymbol{\theta}) \\
&= \sum_{j=1}^{n} \log(np_j) - \mu \left(\sum_{j=1}^{n} p_j - 1 \right) - n\boldsymbol{\lambda}' \sum_{j=1}^{n} p_j \, \mathbf{z}_j \left[y_{1j} - \boldsymbol{\gamma}_1' \mathbf{z}_{1j} - \boldsymbol{\beta}_1' \mathbf{y}_{2j} \right]
\end{aligned} \tag{3.22}$$

とおく．ここで μ と $\boldsymbol{\lambda}$ はラグランジュ乗数，p_j $(j=1, \cdots, n)$ は確率推定値である．制約条件下でのノン・パラメトリック尤度 $L = \prod_{j=1}^{n} p_j$ の最大化問題の解は

$$L_n^*(\boldsymbol{\lambda}, \boldsymbol{\theta}) = -\sum_{j=1}^{n} \log \left\{ 1 + \boldsymbol{\lambda}' \mathbf{z}_j \left[y_{1j} - \boldsymbol{\gamma}_1' \mathbf{z}_{1j} - \boldsymbol{\beta}_1' \mathbf{y}_{2j} \right] \right\} \tag{3.23}$$

を最適化することで得られる．ここで (3.22) 式を p_j $(j=1, \cdots, n)$ で微分すると

$$\frac{1}{p_j} - \mu - n\boldsymbol{\lambda}' \mathbf{z}_j \left[y_{1j} - \boldsymbol{\gamma}_1' \mathbf{z}_{1j} - \boldsymbol{\beta}_1' \mathbf{y}_{2j} \right] = 0 \tag{3.24}$$

となる．両辺に p_j を乗じて和をとると確率の制約条件より条件 $\widehat{\mu} = n$ が得られる．したがって最大化の条件は

$$[n\widehat{p}_j]^{-1} = 1 + \boldsymbol{\lambda}' \mathbf{z}_j [y_{1j} - \boldsymbol{\gamma}_1' \mathbf{z}_{1j} - \boldsymbol{\beta}_1' \mathbf{y}_{2j}] \tag{3.25}$$

である．評価関数を $\boldsymbol{\lambda}$ について最大化すると条件

$$\sum_{j=1}^{n}\widehat{p}_j\mathbf{z}_j\left[y_{1j}-\widehat{\boldsymbol{\gamma}}'_1\mathbf{z}_{1j}-\widehat{\boldsymbol{\beta}}'_2\mathbf{y}_{2j}\right]=\mathbf{0} \tag{3.26}$$

が得られる.さらに $\widehat{p}_j\ (j=1,\cdots,n)$ の関係 $\widehat{p}_j=(1/n)[1+\widehat{\boldsymbol{\lambda}}'\mathbf{z}_j u_j(\widehat{\boldsymbol{\theta}})]^{-1}$ より $(1/n)=\widehat{p}_j+\widehat{p}_j\boldsymbol{\lambda}'\mathbf{z}_j$ を代入して $\boldsymbol{\lambda}$ について解くと

$$\widehat{\boldsymbol{\lambda}}=\left[\sum_{j=1}^{n}\widehat{p}_j u_j^2(\widehat{\boldsymbol{\theta}})\mathbf{z}_j\mathbf{z}'_j\right]^{-1}\left[\frac{1}{n}\sum_{j=1}^{n}u_j(\widehat{\boldsymbol{\theta}})\mathbf{z}_j\right] \tag{3.27}$$

となる.ただし $u_j(\widehat{\boldsymbol{\theta}})=y_{1j}-\widehat{\boldsymbol{\gamma}}'_1\mathbf{z}_{1j}-\widehat{\boldsymbol{\beta}}'_2\mathbf{y}_{2j}$, $\widehat{\boldsymbol{\theta}}'=(\widehat{\boldsymbol{\gamma}}'_1,\widehat{\boldsymbol{\beta}}'_2)$ である.したがって未知母数ベクトル $\boldsymbol{\theta}$ について最適化した方程式

$$\widehat{\boldsymbol{\lambda}}'\sum_{j=1}^{n}\widehat{p}_j\mathbf{z}_j\left[y_{1j}-\widehat{\boldsymbol{\gamma}}'_1\mathbf{z}_{1j}-\widehat{\boldsymbol{\beta}}'_2\mathbf{y}_{2j}\right]=\mathbf{0} \tag{3.28}$$

を整理すると,未知母数ベクトル $\boldsymbol{\theta}$ の最大経験尤度 (MEL) 推定量

$$\left[\sum_{j=1}^{n}\widehat{p}_j\begin{pmatrix}\mathbf{z}_{1j}\\\mathbf{y}_{2j}\end{pmatrix}\mathbf{z}'_j\right]\left[\sum_{j=1}^{n}\widehat{p}_j u_j(\widehat{\boldsymbol{\theta}})^2\mathbf{z}_j\mathbf{z}'_j\right]^{-1}\left[\frac{1}{n}\sum_{j=1}^{n}\mathbf{z}_j\,y_{1j}\right] \tag{3.29}$$

$$=\left[\sum_{j=1}^{n}\widehat{p}_j\begin{pmatrix}\mathbf{z}_{1j}\\\mathbf{y}_{2j}\end{pmatrix}\mathbf{z}'_j\right]\left[\sum_{j=1}^{n}\widehat{p}_j u_j(\widehat{\boldsymbol{\theta}})^2\mathbf{z}_j\mathbf{z}'_j\right]^{-1}\left[\frac{1}{n}\sum_{j=1}^{n}\mathbf{z}_j(\mathbf{z}'_{1j},\mathbf{y}'_{2j})\right]\begin{pmatrix}\widehat{\boldsymbol{\gamma}}_1\\\widehat{\boldsymbol{\beta}}_2\end{pmatrix}$$

と表現される.ここで $u_j(\widehat{\boldsymbol{\theta}})=y_{1j}-\widehat{\boldsymbol{\gamma}}'_1\mathbf{z}_{1j}-\widehat{\boldsymbol{\beta}}'_2\mathbf{y}_{2j}$, GMM 推定量は $p_j=1/n\ (j=1,\cdots,n)$ のとき得られる.したがって MEL 推定量は GMM 推定の一般化となっていることがわかる.

経験尤度推定法は $K\times 1$ の関数群

$$h_j(\theta)=\mathbf{z}_j u_j(\theta)=\mathbf{z}_j(y_{1j}-\mathbf{x}'_j\theta)$$

とおけばより一般的な非線形関係 (直交条件) の下で未知母数を推定することができる.こうした一般的な非線形の場合について Qin & Lawless (1994) は漸近的な経験尤度推定量の性質を調べ,観測データ数 n が大きくなる漸近的意味でかなり一般的な正則条件の下で一致性,漸近的正規性,漸近的有効性があることを示している.例えば線形モデルの場合には $\sqrt{n}(\widehat{\boldsymbol{\theta}}_n-\boldsymbol{\theta}_0)$ の漸近共分散行列は

$$
\begin{aligned}
\text{AEL}(\boldsymbol{\theta}) &= \text{AGM}(\boldsymbol{\theta}) \\
&= \left[\plim_{n\to\infty} \left[\frac{1}{n}\sum_{j=1}^{n}\begin{pmatrix}\mathbf{z}_{1j}\\ \mathbf{y}_{2j}\end{pmatrix}\mathbf{z}_j'\right]\left[\plim_{n\to\infty}\frac{1}{n}\sum_{j=1}^{n}u_j^2\mathbf{z}_j\mathbf{z}_j'\right]^{-1} \right. \\
&\quad \left. \times \left[\plim_{n\to\infty}\frac{1}{n}\sum_{j=1}^{n}\mathbf{z}_j(\mathbf{z}_{1j}',\mathbf{y}_{2j}')\right]\right]^{-1}
\end{aligned}
$$

で与えられる.

なお, 経験尤度推定量の漸近分布は古典的な状況では GMM 推定法における効率的 GMM 推定量と同等である. すでに GMM 推定法で議論したのと同様に, 経験尤度推定量に基づく検定統計量の利用が可能である. ノンパラメトリック尤度関数に基づく χ^2 検定を最初に考察したのは Owen (1988) であり, 経験尤度推定を巡る様々な論点については Owen (2001) が詳しい. 近年では経験尤度推定法は Kitamura (1997) によりブロック推定のアイデアを利用して時系列に拡張されたり, 大偏差の意味での最適性などの推定や検定に際していくつかの望ましい性質をもつことなどが示されている. こうしたノン・パラメトリック法, セミ・パラメトリック法の様々な状況における妥当性については未知の事柄も少なくないので理論的研究が必要である. 例えば Anderson, Kunitomo & Matsushita (2005, 2010), Kunitomo & Matsushita (2009) などが検討しているが, 本書の第 5 章ではその一端を紹介する.

構造方程式が非線形の場合にも経験尤度推定を利用することができる. 構造方程式についての推定量を $\widehat{\boldsymbol{\theta}}_{EL}$ とすると, 標本数 n が大きいとき $\widehat{\boldsymbol{\theta}}_{EL}$ は漸近的に

$$\sqrt{n}\left[\widehat{\boldsymbol{\theta}}_{EL} - \boldsymbol{\theta}\right] \Rightarrow N(\mathbf{0}, \mathbf{A}) \tag{3.30}$$

となる. ここで経験尤度推定量の漸近共分散 $\mathbf{A}$ は GMM 推定量の漸近共分散と同様である. したがって, 漸近的には二つの推定方法は同等となる.

part II

構造方程式モデルの展開

chapter 4

構造方程式モデルの検定問題

4.1 識別性・外生性・係数の有意性の仮説

4.1.1 制約条件の定式化

本章では構造方程式モデルの推測問題で重要とされている三つの検定問題について議論しよう. 内生変数の数 $G\,(=1+G_1)$ として (2.3) 式と (2.24) 式で表現される多変量回帰モデル

$$\mathbf{Y} = \mathbf{Z}\mathbf{\Pi}' + \mathbf{V} \tag{4.1}$$

において特定の構造方程式モデルの母数が識別される仮説を考察しよう. ここで制約条件 (あるいは階数条件)

$$H_\xi : \boldsymbol{\xi} = \mathbf{\Pi}_{2\cdot}\boldsymbol{\beta} = \mathbf{0} \tag{4.2}$$

を扱うが, $\nu_G \geq \cdots \geq \nu_1 \geq 0$ を固有方程式

$$\left| \frac{1}{n}\boldsymbol{\Theta}_n - \nu\boldsymbol{\Omega} \right| = 0 \tag{4.3}$$

を満足する固有根としよう. ただし

$$\boldsymbol{\Theta}_n = \mathbf{\Pi}_{2\cdot}' \mathbf{A}_{22\cdot 1} \mathbf{\Pi}_{2\cdot} \tag{4.4}$$

$$\mathbf{A}_{22\cdot 1} = \mathbf{Z}_2'\mathbf{Z}_2 - \mathbf{Z}_2'\mathbf{Z}_1\left(\mathbf{Z}_1'\mathbf{Z}_1\right)^{-1}\mathbf{Z}_1'\mathbf{Z}_2 \tag{4.5}$$

である. したがって (4.2) 式より識別性条件とは固有値に関する仮説

$$H_\nu : \nu_1 = 0 < \nu_2 \leq \cdots \leq \nu_{G_1}$$

と同等となる．このゼロ制約条件 $\boldsymbol{\xi} = \boldsymbol{0}$ を満たすベクトル $\boldsymbol{\beta}$ が存在することと仮説 H_ν は同等である．

次に考察する仮説は構造方程式モデルの内生変数の一部分が誤差項と無相関となる条件である．この条件を表現するために内生変数からなる $n \times (1 + G_{11} + G_{12})$ 行列

$$\mathbf{Y} = (\mathbf{y}_1, \mathbf{Y}_{21}, \mathbf{Y}_{22}) = (\mathbf{Y}_1, \mathbf{Y}_{22})$$

を $G_*\,(= 1 + G_{11})$ 個の変数 ($\mathbf{Y}_1 = (\mathbf{y}_1, \mathbf{Y}_{21})$ に対応する) と $n \times G_{12}$ 行列 $\mathbf{Y}_{22}$ に分割し ($G_1 = G_{11} + G_{12}$ とする)，$\mathbf{Y}$ の第 j 行を $\mathbf{y}_j = \left(y_{1j}, \mathbf{y}_{2j}^{(1)'}, \mathbf{y}_{2j}^{(2)'} \right)'$ とする．誤差行列は $\mathbf{V} = (\mathbf{v}_1, \mathbf{V}_2^{(1)}, \mathbf{V}_2^{(2)})$ でその第 j 行を $\mathbf{v}_j = \left(v_{1j}, \mathbf{v}_{2j}^{(1)'}, \mathbf{v}_{2j}^{(2)'} \right)'$，さらに $(G_* + G_{12}) \times (G_* + G_{12})$ 行列

$$\boldsymbol{\Omega} = \begin{pmatrix} \boldsymbol{\Omega}_{11}^* & \boldsymbol{\Omega}_{12}^* \\ \boldsymbol{\Omega}_{21}^* & \boldsymbol{\Omega}_{22}^* \end{pmatrix} = \begin{pmatrix} \boldsymbol{\omega}_{11} & \boldsymbol{\omega}_{12}^{(1)} & \boldsymbol{\omega}_{12}^{(2)} \\ \boldsymbol{\omega}_{21}^{(1)} & \boldsymbol{\Omega}_{11}^{(2)} & \boldsymbol{\Omega}_{12}^{(2)} \\ \boldsymbol{\omega}_{21}^{(2)} & \boldsymbol{\Omega}_{12}^{(2)} & \boldsymbol{\Omega}_{22}^{(2)} \end{pmatrix} \tag{4.6}$$

と分割する ($G_* = 1 + G_{11}, \boldsymbol{\Omega}_{22}^* = \boldsymbol{\Omega}_{22}^{(2)}$ とする)．このとき $\mathbf{v}_{2j}^{(2)}$ と u_j の共分散ベクトルは

$$\boldsymbol{\eta} = \mathrm{Cov}(\mathbf{v}_{2j}^{(2)}, u_j) = (\boldsymbol{\Omega}_{21}^*, \boldsymbol{\Omega}_{22}^*)\boldsymbol{\beta} \tag{4.7}$$

となる．そこで計量的先決性 (econometric predeterminedness) を一部の内生変数と構造方程式の誤差項との共分散に関する仮説

$$H_\eta \,:\, \boldsymbol{\eta} = \boldsymbol{0}$$

と定義する．実用上はある変数を内生変数，あるいは外生変数として扱うか否か，という問題が重要となるがこのときには $G_{12} = 1$ とすればよい．さらに二つの仮説 H_ξ および仮説 H_η は第三の仮説

$$H_{\xi,\eta} : \boldsymbol{\xi} = \boldsymbol{0} \,,\, \boldsymbol{\eta} = \boldsymbol{0}$$

を意味する．もし構造方程式の誤差項の分布が多次元正規分布に従えば，無相関性は (4.1) 式における説明変数 $\mathbf{Y}_{22}$ と誤差項の独立性を意味する．このことから先決性仮説の検定問題は独立性検定 (test of independence) と呼ばれることがある．ここで扱われる先決性仮説は計量的外生性 (econometric exogeneity)

や特定化検定 (specification test) などいくつかの検定法と関連している．実際，これまでしばしば先決性の検定方法は弱外生性 (weak exogeneity) の検定，外生性の検定と呼ばれている．前者の検定は一定の条件の下では後者の検定となっている．

次に構造方程式の部分体系における識別性仮説と先決性仮説に対する検定統計量を検討する．これら二つの仮説をより一般化した仮説に対する尤度比検定 (likelihood ratio (LR) test)，ラグランジュ乗数検定 (Lagrange multiplier (LM) test)，ワルド検定 (Wald test) については誤差項が正規分布に従うなどの標準的な仮定の下で導くことができる．

a. 識別性の検定

母集団についての方程式 (4.3) に対する標本の方程式を考えよう．誘導型方程式の母数 $\boldsymbol{\Pi}'$ に対する最小二乗推定量 $\widehat{\boldsymbol{\Pi}}' = (\mathbf{Z}'\mathbf{Z})^{-1}\mathbf{Z}\mathbf{Y}$ を用いると

$$\widehat{\boldsymbol{\Pi}}'_{2\cdot}\mathbf{A}_{22\cdot 1}\widehat{\boldsymbol{\Pi}}_{2\cdot} = \mathbf{Y}'\mathbf{Z}\left(\mathbf{Z}'\mathbf{Z}\right)^{-1}\mathbf{J}\mathbf{Z}'_2\bar{\mathbf{P}}_{Z_1}\mathbf{Z}_2\mathbf{J}'\left(\mathbf{Z}'\mathbf{Z}\right)^{-1}\mathbf{Z}'\mathbf{Y} \qquad (4.8)$$
$$= \mathbf{Y}'(\mathbf{P}_Z - \mathbf{P}_{Z_1})\mathbf{Y}$$

となる．ただし $\mathbf{J} = (\mathbf{0}, \mathbf{I}_{K_2})'$ は $K \times K_2$ の選択行列，$\mathbf{P}_Z = \mathbf{Z}\left(\mathbf{Z}'\mathbf{Z}\right)^{-1}\mathbf{Z}'$ は $\mathbf{Z}$ の列ベクトルによって張られる空間への射影行列である．さらに共分散行列 $\boldsymbol{\Omega}$ の推定量として行列 $(1/n)\mathbf{Y}'\bar{\mathbf{P}}_Z\mathbf{Y}$ を用いれば方程式 (4.3) の標本統計量は

$$\left|\mathbf{Y}'(\mathbf{P}_Z - \mathbf{P}_{Z_1})\mathbf{Y} - \lambda\mathbf{Y}'\bar{\mathbf{P}}_Z\mathbf{Y}\right| = 0 \qquad (4.9)$$

で与えられる．ただし任意の線形独立の列ベクトルからなる行列 $\mathbf{Z}$ に対して $\bar{\mathbf{P}}_Z = \mathbf{I}_T - \mathbf{P}_Z$ である．次に固有方程式 (4.9) の根を $\lambda_G \geq \cdots \geq \lambda_1 \geq 0$ とすれば，この固有根は母集団の固有方程式 (4.3) に対する固有値に対応している．母集団において帰無仮説 $H_\xi : \boldsymbol{\xi} = \mathbf{0}$ は固有値についての仮説 $H_\nu : \nu_1 = 0$, $0 < \nu_2 \leq \cdots \leq \nu_G$ と同等であるから，検定統計量としては最小固有値の関数を利用することが自然であろう．

統計量の例を挙げておこう．誤差項 $\{\mathbf{v}_t\}$ は分散均一であり正規分布に従うという仮定の下で検定問題 $H_\xi : \boldsymbol{\xi} = \mathbf{0}$ 対 $H_A : \boldsymbol{\xi} \neq \mathbf{0}$ に対する $(-2)\times$(対数尤度比) は次節で導出するように

$$LR_1 = n\log(1+\lambda_1) \tag{4.10}$$

で与えられる.この尤度比統計量 LR_1 はもともと Anderson & Rubin (1959) によって導かれたが,制限情報最尤推定量に対応する最小固有値の関数になっている.

第 2 番目の例としてラグランジュ乗数統計量 (Lagrange multiplier (LM) statistic) を挙げておく.この統計量は統計学においてはラオのスコア統計量 (Rao's score statistic) としても知られているが,検定問題 $H_\xi : \boldsymbol{\xi} = \mathbf{0}$ 対 $H_A : \boldsymbol{\xi} \neq \mathbf{0}$ については

$$LM_1 = n\frac{\lambda_1}{1+\lambda_1} \tag{4.11}$$

となる.より一般的には多変量解析においてよく知られている Bartlett-Nanda-Pillai 統計量に対応している.

さらにこの検定統計量のクラスで最も単純な関数型として

$$W_1' = n\lambda_1 \tag{4.12}$$

が考えられる.この統計量は検定問題 $H_\xi : \boldsymbol{\xi} = \mathbf{0}$ 対 $H_A : \boldsymbol{\xi} \neq \mathbf{0}$ におけるワルド統計量 (Wald statistic) と解釈できる.ここで固有方程式の根を用いて W_1' を書き直すと

$$W_1' = \widehat{\sigma}_H^{-2}[\widehat{\boldsymbol{\beta}}_H' \mathbf{Y}'(\mathbf{P}_Z - \mathbf{P}_{Z_1})\mathbf{Y}\widehat{\boldsymbol{\beta}}_H] \tag{4.13}$$

となる.ここで

$$\widehat{\sigma}_H^2 = \widehat{\boldsymbol{\beta}}_H' \widehat{\Omega}_H \widehat{\boldsymbol{\beta}}_H = \frac{1}{n}\widehat{\boldsymbol{\beta}}_H' \mathbf{Y}' \bar{P}_{Z_1} \mathbf{Y}\widehat{\boldsymbol{\beta}}_H \tag{4.14}$$

であり,$\widehat{\boldsymbol{\beta}}_H$ および $\widehat{\Omega}_H$ は帰無仮説 $H_\xi : \boldsymbol{\xi} = \mathbf{0}$ の下で行列 $\boldsymbol{\beta}$ および $\boldsymbol{\Omega}$ の制限情報最尤推定量である.推定量 $\widehat{\boldsymbol{\beta}}_H$ を構成するために固有方程式

$$[\mathbf{Y}'(\mathbf{P}_Z - \mathbf{P}_{Z_1})\mathbf{Y} - \lambda_i \mathbf{Y}'\bar{P}_Z\mathbf{Y}]\mathbf{c}_1 = 0 \tag{4.15}$$

を満足する固有ベクトルを $\mathbf{c}_1$ として基準化則としては第一要素を 1 とする方法 ($\boldsymbol{\beta}' = (1, -\boldsymbol{\beta}_2')$ に対応する),あるいは $\mathbf{c}_1'\mathbf{Y}'\bar{P}_Z\mathbf{Y}\mathbf{c}_1 = n$ とする方法がある.この種の統計量 W_1 は多変量解析においてよく知られている Lawley–Hotelling 統計量タイプに対応する.

ここで行列 $\mathbf{Y}=(\mathbf{y}_1,\mathbf{Y}_2)$ を $n\times(1+G_1)$ に分割すれば，帰無仮説 $H_\xi:\boldsymbol{\xi}=\mathbf{0}$ の下で二段階最小二乗推定量 (two-stage least squares estimator) $\widehat{\boldsymbol{\beta}}_{TS}$ は $\widehat{\boldsymbol{\beta}}_{TS}=\left(1,-\widehat{\boldsymbol{\beta}}'_{2TS}\right)'$ および

$$\widehat{\boldsymbol{\beta}}_{2TS}=\left[\mathbf{Y}'_2(\mathbf{P}_Z-\mathbf{P}_{Z_1})\mathbf{Y}_2\right]^{-1}\mathbf{Y}'_2(\mathbf{P}_Z-\mathbf{P}_{Z_1})\mathbf{y}_1 \qquad (4.16)$$

となる．帰無仮説 $H_\xi:\boldsymbol{\xi}=\mathbf{0}$ の下で $\sqrt{n}(\widehat{\boldsymbol{\beta}}_H-\widehat{\boldsymbol{\beta}}_{TS})\xrightarrow{p}0$ となるので，推定量 $\widehat{\boldsymbol{\beta}}_H$ は漸近的に推定量 $\widehat{\boldsymbol{\beta}}_{TS}$ と同等である．したがって分散 σ^2 の推定に際して $\widehat{\boldsymbol{\beta}}_{TS}$ を $\widehat{\boldsymbol{\beta}}_H$ の代用とすることができる．このとき統計量は W'_1

$$W_1=\widehat{\sigma}_{TS}^{2-1}\left[\widehat{\boldsymbol{\beta}}'_{TS}\mathbf{Y}'(\mathbf{P}_Z-\mathbf{P}_{Z_1})\mathbf{Y}\widehat{\boldsymbol{\beta}}_{TS}\right] \qquad (4.17)$$

と変形できる．

ここで σ^2 の推定量として $(1/n)\mathbf{y}'_1\bar{P}_Z\mathbf{y}$，あるいは $(1/n)\mathbf{y}'_1\bar{P}_{Z_1}\mathbf{y}_1$ を用いることもできる．

b. 無制約条件に対する先決性仮説の検定

計量的先決性の検定を考える場合には，一般性を失うことなく $\boldsymbol{\Omega}^*_{22}(=\boldsymbol{\Omega}^{(2)}_{22})$ が正則行列となることを仮定する．帰無仮説 $H_\eta:\boldsymbol{\eta}=\mathbf{0}$ を書き直して

$$\mathbf{0}=\left(\boldsymbol{\Omega}^*_{21},\boldsymbol{\Omega}^*_{22}\right)\begin{pmatrix}\boldsymbol{\beta}^{(1)}\\ \boldsymbol{\beta}^{(2)}\end{pmatrix}=\boldsymbol{\Omega}^*_{22}\left(\boldsymbol{\rho}\boldsymbol{\beta}^{(1)}-\boldsymbol{\beta}^{(2)}\right) \qquad (4.18)$$

としよう．ここで $\boldsymbol{\rho}=\boldsymbol{\Omega}^{*-1}_{22}\boldsymbol{\Omega}^*_{21}$，$(G_*+G_{12})\times 1$ ベクトル $\boldsymbol{\beta}'=(\boldsymbol{\beta}^{(1)'},-\boldsymbol{\beta}^{(2)'})$ とする．このとき仮説 H_η の下で $\boldsymbol{\beta}^{(2)}=\boldsymbol{\rho}\boldsymbol{\beta}^{(1)}$ となる．次に誘導型を分割して

$$(\mathbf{Y}_1,\mathbf{Y}_{22})=(\mathbf{Z}_1,\mathbf{Z}_2)\begin{bmatrix}\boldsymbol{\Pi}^{**}_{11} & \boldsymbol{\Pi}^{**}_{12}\\ \boldsymbol{\Pi}^{**}_{21} & \boldsymbol{\Pi}^{**}_{22}\end{bmatrix}+(\mathbf{V}_1,\mathbf{V}_2) \qquad (4.19)$$

とおくと，右から行列 $(\mathbf{I}_{G_*},-\boldsymbol{\rho})'$ を乗じて

$$\mathbf{Y}_1=(\mathbf{y}_1,\mathbf{Y}_{21})=(\mathbf{Y}_{22},\mathbf{Z})\begin{bmatrix}\boldsymbol{\rho}\\ \boldsymbol{\Pi}^{**'}_1\end{bmatrix}+\mathbf{V}^*_1 \qquad (4.20)$$

と変形できる．ここで

$$\mathbf{V}^*_1=\mathbf{V}_1-\mathbf{V}_2\boldsymbol{\rho}, \qquad (4.21)$$

$$\boldsymbol{\Pi}^{**}_1=\begin{pmatrix}\boldsymbol{\Pi}^{**}_{1\cdot}\\ \boldsymbol{\Pi}^{**}_{2\cdot}\end{pmatrix}=\begin{pmatrix}\boldsymbol{\Pi}^{**}_{11}-\boldsymbol{\Pi}^{**}_{12}\boldsymbol{\rho}\\ \boldsymbol{\Pi}^{**}_{21}-\boldsymbol{\Pi}^{**}_{22}\boldsymbol{\rho}\end{pmatrix} \qquad (4.22)$$

である.行列 $\mathbf{V}_1^*$ の各行の共分散行列は

$$\Omega_{11.2}^* = \Omega_{11}^* - \Omega_{12}^*\Omega_{22}^{*-1}\Omega_{21}^* \tag{4.23}$$

で与えられる.ここで二つの行列 $\mathbf{V}_1^*$ および $\mathbf{V}_2$ の各列ベクトルが無相関となっていることに注目する.(4.20) 式は内生変数 $\mathbf{y}_{2j}$ を条件付けとした誘導型モデルとみなすことができるので,帰無仮説 $H_\xi : \boldsymbol{\xi} = \mathbf{0}$ は条件

$$H_\zeta : \boldsymbol{\zeta} = \boldsymbol{\Pi}_{2\cdot}^{**}\boldsymbol{\beta}^{(1)} = \mathbf{0} \tag{4.24}$$

となる.この仮説の下では母集団の固有方程式に対応する標本から作られる方程式は

$$|\mathbf{Y}_1'(\mathbf{P}_{Y_{22},Z} - \mathbf{P}_{Y_{22},Z_1})\mathbf{Y}_1 - \lambda^* \mathbf{Y}_1 \bar{\mathbf{P}}_{Y_{22},Z}\mathbf{Y}_1| = 0 \tag{4.25}$$

で与えられる.ここで $\lambda_{G_1}^* \geq \cdots \geq \lambda_1^* \geq 0$ を固有方程式 (4.25) の根とすると,仮説 $H_{\xi,\eta} : \boldsymbol{\xi} = \mathbf{0}, \boldsymbol{\eta} = \mathbf{0}$ 対 $H_A : \boldsymbol{\xi} \neq \mathbf{0}, \boldsymbol{\eta} \neq \mathbf{0}$ の検定問題では統計量として (4.25) 式の最小固有値を使った関数とするのが自然であろう.

この種の検定統計量の例をいくつか挙げておくと,無制約条件 H_A に対する帰無仮説 $H_{\xi,\eta}$ の検定問題における $(-2) \times$ (対数尤度比) の基準は

$$LR_2 = n \log(1 + \lambda_i^*) \tag{4.26}$$

となる.同様に,$H_{\xi,\eta}$ 対 H_A の検定問題におけるラグランジュ乗数統計量は

$$LM_2 = n \frac{\lambda_1^*}{1 + \lambda_1^*} \tag{4.27}$$

で与えられる.$H_{\xi,\eta}$ 対 H_A の検定問題における修正ワルド統計量は

$$W_2 = n\lambda_i^* \tag{4.28}$$

により与えられる.統計量 W_2 は Revankar & Hartley (1973) が導いた統計量である.

c. 識別性仮説に対する先決性仮説の検定

帰無仮説 $H_{\xi,\eta}$ に対する対立仮説として構造方程式の識別性仮説 H_ξ を考えよう.この場合には仮説 $H_{\xi,\eta}$ は対立仮説 H_ξ にさらに条件を制約し,検定する

仮説が入れ子 (nested) 仮説になっている．そこで検定問題 $H_{\xi,\eta}$ 対 H_ξ における統計量として検定問題 $H_{\xi,\eta}$ 対 H_A における統計量と検定問題 H_ξ 対 H_A における統計量の差を考察しよう．検定統計量として

$$T_3 = n[f(\lambda_1^*) - f(\lambda_1)] \tag{4.29}$$

を定義しよう．ここで λ_1^* および λ_1 はそれぞれ固有方程式 (4.9) と (4.25) の最小固有値である．この種の統計量の例としては尤度比統計量が考えられる．検定問題 $H_{\xi,\eta}$ 対 H_ξ に対する尤度比は検定問題 $H_{\xi,\eta}$ 対 H_A における尤度比の対数値から検定問題 H_ξ 対 H_A における尤度比の対数値を引いた量

$$LR_3 = n\log\left(\frac{1+\lambda_1^*}{1+\lambda_1}\right) \tag{4.30}$$

で与えられる統計量に一致する．

仮説 $H_{\xi,\eta}$ に対する仮説 H_ξ の検定問題におけるラグランジュ乗数検定は尤度比検定に比べてより複雑となる．検定統計量は

$$LM_3 = [\widehat{\boldsymbol{\beta}}_\eta^{(1)'}\mathbf{Y}_1'\left(\mathbf{P}_X - \mathbf{P}_{R\widehat{F}}\right)\mathbf{Y}_1\widehat{\boldsymbol{\beta}}_\eta^{(1)}]\widehat{\sigma}_\eta^{-2}] \tag{4.31}$$

で与えられる．ただし $\widehat{\boldsymbol{\beta}}_\eta^{(1)}$ は制約条件下での LIML 推定量，行列 $\mathbf{R} = (\mathbf{Y}_{22}, \mathbf{Z})$, $\mathbf{X} = (\mathbf{Y}_{22}, \mathbf{Z}_1, \bar{P}_Z\mathbf{Y}_{22})$, $\boldsymbol{\rho} = \boldsymbol{\Omega}_{22}^{*-1}\boldsymbol{\Omega}_{21}^*$, $\mathbf{J}_1 = (\mathbf{O}, I_{G_*})'$,

$$\mathbf{F} = \left[\begin{pmatrix} \boldsymbol{\rho} \\ \boldsymbol{\Pi}_{1\cdot} - \boldsymbol{\Pi}_{2\cdot}\boldsymbol{\rho})\mathbf{J}_1 \end{pmatrix}, \begin{pmatrix} I_{G_{12}+K_1} \\ 0 \end{pmatrix}\right] \tag{4.32}$$

であって，しかも仮説 $H_{\xi,\eta}$ の下での最尤推定量で評価される．ここで $P_{RF} = P_{Y_{22},Z_1}$ となるので

$$LM_3 = \left[\mathbf{Y}_1'\left(\bar{\mathbf{P}}_{Y_{22},Z_1} - \bar{\mathbf{P}}_X\right)\mathbf{Y}_1\right]\widehat{\sigma}^{-2} \tag{4.33}$$
$$= n\frac{\lambda_1^{**}}{1+\lambda_1^{**}}$$

となる．ただし λ_1^{**} は方程式

$$|\mathbf{Y}_1'(\mathbf{P}_X - \mathbf{P}_{Y_{22},Z_1})\mathbf{Y}_1 - \lambda^{**}\mathbf{Y}_1'\bar{\mathbf{P}}_X\mathbf{Y}_1| = 0 \tag{4.34}$$

の最小固有値であり，$T \times (G_{12} + K_1 + G_{12})$ の行列 $\mathbf{X} = (\mathbf{Y}_{22}, \mathbf{Z}_1, \bar{P}_Z\mathbf{Y}_{22})$ である．以上で説明した LM 検定統計量においては分散 σ^2 の推定量は帰無仮説

の下での最尤推定量であって

$$\widehat{\sigma}_\eta^2 = \widehat{\boldsymbol{\beta}}_\eta^{(1)'}\widehat{\Omega}_{11\cdot 2}\widehat{\boldsymbol{\beta}}_\eta^{(1)} = \frac{1}{n}\widehat{\boldsymbol{\beta}}_\eta^{(1)'}\mathbf{Y}_1'\bar{P}_{Y_{22},Z_1}\mathbf{Y}_1\widehat{\boldsymbol{\beta}}_\eta^{(1)} \tag{4.35}$$

で与えられる.ところで,分散 σ について他の推定量を用いることも可能である.例えば

$$\widehat{\sigma}^2 = \frac{1}{n-2G_{12}-K_1}\widehat{\boldsymbol{\beta}}_\eta^{(1)'}\mathbf{Y}_1'\bar{P}_X\mathbf{Y}_1\widehat{\boldsymbol{\beta}}_\eta^{(1)} \tag{4.36}$$

を用いると,Wu (1973) の統計量に一致する.また Hausman (1978) の特定化検定 (specification test) と呼ばれる検定統計量は LM_3 に一致する.つまり Hausman 検定は構造方程式モデルに関する仮説検定として解釈できるのである.

4.1.2 係数の有意性と t 検定

構造方程式モデルの分析を利用する経済学者は特に母係数の有意性について関心がある.構造方程式モデルは標準的な線形回帰モデルとは異なり,誤差項について標準的仮定をおいたとしても推定量の標本分布は簡単ではないが,その性質については第5章でより詳しく議論する.実用上では t 統計量がよく用いられているが,標準的な仮定の下でも t 分布に従うわけではないことに注意する必要がある.ここで線形回帰モデルとの類推から帰無仮説 $H_0 : \beta_i = \beta_{i0}$ (β_{i0}は定数) に対する t 統計量を

$$t = \frac{\widehat{\beta}_i - \beta_{i0}}{\sqrt{\text{AV}(\widehat{\beta}_i)}} \tag{4.37}$$

により定義しよう.ここで $\widehat{\beta}_i$ は標準的な仮定の下での β_i の有効推定量 (LIML推定量,TSLS 推定量,GMM 推定量,MEL 推定量など) であり,$\text{AV}(\widehat{\beta}_i)$ は係数推定量の漸近分散の一致推定量を意味する.一般的な仮定の下で係数推定量は漸近的に正規分布に従うので,帰無仮説の下で漸近的に $N(0,1)$ となることを利用して検定する方法は t 検定と呼ばれている.母数ベクトル $\boldsymbol{\theta} = (\boldsymbol{\gamma}_1', \boldsymbol{\beta}_2')'$,推定量ベクトル $\widehat{\boldsymbol{\theta}} = (\widehat{\boldsymbol{\gamma}}_1', \widehat{\boldsymbol{\beta}}_2')'$ とすると,撹乱項が分散均一である場合には一定の仮定の下で,LIML 推定量,TSLS 推定量は $n \to \infty$ のとき漸近的に

$$\sqrt{n}\left[\widehat{\boldsymbol{\theta}} - \boldsymbol{\theta}\right] \Rightarrow N_{K_1+G_1}\left(\mathbf{0}, \sigma^2\boldsymbol{\Psi}\right) \tag{4.38}$$

となる. ただしここで

$$\frac{1}{n}\begin{bmatrix} \mathbf{Z}_1' \\ \mathbf{\Pi}_{2\cdot}'\mathbf{Z}' \end{bmatrix}[\mathbf{Z}_1, \mathbf{Z}\mathbf{\Pi}_{2\cdot}] \xrightarrow{p} \mathbf{\Psi}^{-1} > 0 \qquad (4.39)$$

である. 例えば誘導型母数 $\mathbf{\Pi}_{2\cdot}$ は制約のない最小二乗推定を利用して $\widehat{\mathbf{\Pi}}_{2\cdot} = \mathbf{P}_2$ とすればよい. 特に内生変数の係数ベクトルが下方 G_1 個の係数に対応するので, $n \to \infty$ のとき漸近的に

$$\sqrt{n}\left[\widehat{\boldsymbol{\beta}} - \boldsymbol{\beta}\right] \Rightarrow N_{G_1}\left(\mathbf{0}, \sigma^2 \mathbf{\Phi}_{22\cdot 1}^{-1}\right) \qquad (4.40)$$

ただし

$$\frac{1}{n}\widehat{\mathbf{\Pi}}_{22}' \mathbf{A}_{22\cdot 1} \widehat{\mathbf{\Pi}}_{22} \xrightarrow{p} \mathbf{\Phi}_{22\cdot 1} \qquad (4.41)$$

である. ここで

$$\widehat{\mathbf{\Phi}}_{22\cdot 1} = \frac{1}{n}\widehat{\mathbf{\Pi}}_{22}' \mathbf{A}_{22\cdot 1} \widehat{\mathbf{\Pi}}_{22} \qquad (4.42)$$

により分散共分散行列, 第 i 番目の係数推定量はその第 (i, i) 要素により推定できる. したがって帰無仮説の下で $n \to \infty$ のとき分布収束

$$t \Rightarrow N(0, 1) \qquad (4.43)$$

を用いればよい.

4.2　尤度比検定と制限情報最尤推定法

構造方程式モデルの応用では推定された係数の有意性を調べる検定問題が重要である. 本節では 2.2 節で説明した制限情報推定の枠組みと表現・記号を利用して誤差項が正規分布に従うときの尤度関数に基づく検定統計量と推定量の構成を考えよう. 例えば構造方程式の係数の帰無仮説として $H_0: \mathbf{\Pi}_{2\cdot}\boldsymbol{\beta}_0 = \mathbf{0}$ ($\boldsymbol{\beta}_0$ は母数ベクトル $\boldsymbol{\beta}$ がとる定数ベクトル) が意味をもつためには, この構造方程式が識別可能である必要がある. この識別条件は行列 $\mathbf{\Pi}_{2\cdot}$ の階数が G_1 と同値であるがこれを仮説 $H_1: \mathrm{rank}(\mathbf{\Pi}_{2\cdot}) = G_1$ と表現する. ここで帰無仮説 H_1, 対立仮説 $H_a: \mathrm{rank}(\mathbf{\Pi}_{2\cdot}) = 1 + G_1$ の尤度比検定を導く.

多変量回帰モデルにおいて撹乱項が正規分布に従うとき, 2.2 節の記号 ((2.34),

(2.43) 式) などを利用して尤度関数を次のように変形する.

$$
\begin{aligned}
L(\mathbf{\Pi}, \mathbf{\Omega}) & \quad (4.44)\\
&= (2\pi)^{-\frac{1}{2}nG}|\mathbf{\Omega}|^{-\frac{1}{2}n}\exp\left\{-\frac{1}{2}\mathrm{tr}(\mathbf{Y}-\mathbf{Z}\mathbf{\Pi}')'(\mathbf{Y}-\mathbf{Z}\mathbf{\Pi}')\mathbf{\Omega}^{-1}\right\}\\
&= (2\pi)^{-\frac{1}{2}nG}|\mathbf{\Omega}|^{-\frac{1}{2}n}\exp\left\{-\frac{1}{2}\mathrm{tr}\left[(\mathbf{P}-\mathbf{\Pi}')'\mathbf{A}(\mathbf{P}-\mathbf{\Pi}')+\mathbf{H}\right]\mathbf{\Omega}^{-1}\right\}\\
&= (2\pi)^{-\frac{1}{2}nG}|\mathbf{\Omega}|^{-\frac{1}{2}n}\exp\left\{-\frac{1}{2}\mathrm{tr}\left[(\mathbf{P}^*-\mathbf{\Pi}^*)'\mathbf{A}^*(\mathbf{P}^*-\mathbf{\Pi}^*)+\mathbf{H}\right]\mathbf{\Omega}^{-1}\right\}\\
&= (2\pi)^{-\frac{1}{2}nG}|\mathbf{\Omega}|^{-\frac{1}{2}T}\exp\left\{-\frac{1}{2}\mathrm{tr}\left[(\mathbf{P}_1^*-\mathbf{\Pi}_{1\cdot}^*)'\mathbf{A}_{11}(\mathbf{P}_1^*-\mathbf{\Pi}_{1\cdot}^*)\right.\right.\\
&\qquad\qquad\qquad\qquad\left.\left.+(\mathbf{P}_2^*-\mathbf{\Pi}_{2\cdot})'\mathbf{A}_{22.1}(\mathbf{P}_2^*-\mathbf{\Pi}_{2\cdot})+\mathbf{H}\right]\mathbf{\Omega}^{-1}\right\}
\end{aligned}
$$

ここで 2.2 節で定義した分割行列 $\mathbf{\Pi}_{1\cdot}^* = (\boldsymbol{\pi}_{11}^*, \mathbf{\Pi}_{12}^*)$, $\mathbf{\Pi}_{2\cdot} = (\boldsymbol{\pi}_{21}, \mathbf{\Pi}_{22})$ を用いた. 最後の式変形より尤度関数 $L(\mathbf{\Pi}, \mathbf{\Omega})$ は母数行列 $\mathbf{\Pi}_{1\cdot}^*$ が $\mathbf{\Pi}_{1\cdot}^* = \mathbf{P}_1^*$ のとき最大となる. このとき尤度関数は

$$
\begin{aligned}
&L(\mathbf{\Pi}_{2\cdot}, \mathbf{\Omega})\\
&= (2\pi)^{-\frac{1}{2}nG}|\mathbf{\Omega}|^{-\frac{1}{2}n}\exp\left\{-\frac{1}{2}\mathrm{tr}\left[(\mathbf{P}_2^*-\mathbf{\Pi}_{2\cdot})'\mathbf{A}_{22.1}(\mathbf{P}_2^*-\mathbf{\Pi}_{2\cdot})+\mathbf{H}\right]\mathbf{\Omega}^{-1}\right\}
\end{aligned}
$$

となる ($\mathbf{P}_2^*$ は (2.34) 式で与えられる). 次に尤度関数 $L(\mathbf{\Pi}_{2\cdot}, \mathbf{\Omega})$ を共分散行列 $\mathbf{\Omega}$ について最大化すると

$$
L(\mathbf{\Pi}_{2\cdot}) = (2\pi)^{-\frac{1}{2}nG}n^{\frac{1}{2}nG}\left|(\mathbf{P}_2^*-\mathbf{\Pi}_{2\cdot})'\mathbf{A}_{22.1}(\mathbf{P}_2^*-\mathbf{\Pi}_{2\cdot})+\mathbf{H}\right|^{-\frac{1}{2}n}e^{-\frac{1}{2}nG} \quad (4.45)
$$

となる. ここで行列 $\mathbf{\Pi}_{2\cdot}$ について制約条件を課さなければ尤度関数 $L(\mathbf{\Pi}_{2\cdot})$ の最大化は

$$
\mathrm{L}_{H_a} = (2\pi)^{-\frac{1}{2}nG}n^{\frac{1}{2}nG}|\mathbf{H}|^{-\frac{1}{2}n}e^{-\frac{1}{2}nG} \quad (4.46)
$$

となる. この値は尤度関数を母係数行列 $\mathbf{\Pi}$ および母共分散行列に何も制約条件を課さない場合に最大化を行って得られる結果に対応するが, この多変量回帰モデルにおける仮説を

$$
H_1 : \mathrm{rank}(\mathbf{\Pi}_{2\cdot}) = G_1
$$

とおく.

次に尤度関数を識別条件 $\mathbf{H}_1$ (すなわちある $\boldsymbol{\beta}$ に対して $\boldsymbol{\Pi}_{2\cdot}\boldsymbol{\beta} = \mathbf{0}$ となる階数条件) の下で最大化することを考えよう. ここで母数行列 $\boldsymbol{\Pi}_{2\cdot}$ の階数は G_1 であるので一般性を失うことなく

$$\boldsymbol{\Pi}_{2\cdot} = \boldsymbol{\mu}\boldsymbol{\Xi}' \tag{4.47}$$

と表現できる. ここで $\boldsymbol{\mu}$ は $K_2 \times G_1$ 行列でその階数 G_1, $\boldsymbol{\Xi}$ は $(1+G_1) \times G_1$ 行列で階数は G_1, 条件

$$\boldsymbol{\Xi}'\boldsymbol{\beta} = \mathbf{0} \tag{4.48}$$

を満たすとする. このとき次の結果が成り立つ.

補題 4.1: 行列式

$$\left| (\mathbf{P}_{2\cdot} - \boldsymbol{\mu}\boldsymbol{\Xi}')' \mathbf{A}_{22\cdot 1} (\mathbf{P}_{2\cdot} - \boldsymbol{\mu}\boldsymbol{\Xi}') + \mathbf{H} \right| \tag{4.49}$$

を母数行列 $\boldsymbol{\mu}$ について最小化すると

$$|\mathbf{H}| \left[1 + \frac{\boldsymbol{\beta}'\mathbf{G}\boldsymbol{\beta}}{\boldsymbol{\beta}'\mathbf{H}\boldsymbol{\beta}} \right] \tag{4.50}$$

となる. ただし行列 $\mathbf{G}$, $\mathbf{H}$ は (2.43) 式, $\mathbf{P}_{2\cdot}$ は (2.25) 式で与えられ,

$$\mathbf{G} = \mathbf{P}_{2\cdot}' \mathbf{A}_{22\cdot 1} \mathbf{P}_{2\cdot} \tag{4.51}$$

である.

証明: 行列式 (4.49) を書き直すと

$$|\mathbf{H}| \left| (\boldsymbol{\mu}\boldsymbol{\Xi}' - \mathbf{P}_{2\cdot})\mathbf{H}^{-1}(\boldsymbol{\Xi}\boldsymbol{\mu}' - \mathbf{P}_{2\cdot}')\mathbf{A}_{22\cdot 1} + \mathbf{I}_{K_2} \right| \tag{4.52}$$

となるが, 二次形式なので

$$\widehat{\boldsymbol{\mu}} = \mathbf{P}_{2\cdot}\mathbf{H}^{-1}\boldsymbol{\Xi}\left(\boldsymbol{\Xi}'\mathbf{H}^{-1}\boldsymbol{\Xi}\right)^{-1} \tag{4.53}$$

となるとき最小化される. したがって行列式 (4.49) は

$$\left| \left[\mathbf{P}_{2\cdot} - \mathbf{P}_{2\cdot}\mathbf{H}^{-1}\boldsymbol{\Xi}\left(\boldsymbol{\Xi}'\mathbf{H}^{-1}\boldsymbol{\Xi}\right)^{-1}\boldsymbol{\Xi}' \right]' \mathbf{A}_{22\cdot 1} \right. \tag{4.54}$$
$$\left. \times \left[\mathbf{P}_{2\cdot} - \mathbf{P}_{2\cdot}\mathbf{H}^{-1}\boldsymbol{\Xi}\left(\boldsymbol{\Xi}'\mathbf{H}^{-1}\boldsymbol{\Xi}\right)^{-1}\boldsymbol{\Xi}' \right] + \mathbf{H} \right|$$

4.2 尤度比検定と制限情報最尤推定法

$$
\begin{aligned}
&= \left| \left[\mathbf{I}_{1+G_1} - \mathbf{\Xi} \left(\mathbf{\Xi}'\mathbf{H}^{-1}\mathbf{\Xi} \right)^{-1} \mathbf{\Xi}'\mathbf{H}^{-1} \right] \right. \\
&\qquad \left. \times \mathbf{G} \left[\mathbf{I}_{1+G_1} - \mathbf{H}^{-1}\mathbf{\Xi} \left(\mathbf{\Xi}'\mathbf{H}^{-1}\mathbf{\Xi} \right)^{-1} \mathbf{\Xi}' \right] + \mathbf{H} \right| \\
&= |\mathbf{H}| \left| \left[\mathbf{I}_{1+G_1} - \mathbf{H}^{-1/2}\mathbf{\Xi} \left(\mathbf{\Xi}'\mathbf{H}^{-1}\mathbf{\Xi} \right)^{-1} \mathbf{\Xi}'\mathbf{H}^{-1/2} \right] (\mathbf{H}^{-1/2}\mathbf{G}\mathbf{H}^{-1/2}) \right. \\
&\qquad \left. \times \left[\mathbf{I}_{1+G_1} - \mathbf{H}^{-1/2}\mathbf{\Xi} \left(\mathbf{\Xi}'\mathbf{H}^{-1}\mathbf{\Xi} \right)^{-1} \mathbf{\Xi}'\mathbf{H}^{-1/2} \right] + \mathbf{I}_{1+G_1} \right| \\
&= |\mathbf{H}| \left| \left[\mathbf{I}_{1+G_1} - \mathbf{Q}(\mathbf{Q}'\mathbf{Q})^{-1}\mathbf{Q}' \right] \mathbf{H}^{-1/2}\mathbf{G}\mathbf{H}^{-1/2} \right. \\
&\qquad \left. \times \left[\mathbf{I}_{1+G_1} - \mathbf{Q}(\mathbf{Q}'\mathbf{Q})^{-1}\mathbf{Q}' \right] + \mathbf{I}_{1+G_1} \right|
\end{aligned}
$$

と変形できる．ここで $\mathbf{Q} = \mathbf{H}^{-1/2}\mathbf{\Xi}$ である．さらに行列 $\mathbf{Q}(\mathbf{Q}'\mathbf{Q})^{-1}\mathbf{Q}'$ はベキ等行列で階数は G_1，行列 $\mathbf{I}_{1+G_1} - \mathbf{Q}(\mathbf{Q}'\mathbf{Q})^{-1}\mathbf{Q}'$ もベキ等行列で階数は $1 + G_1 - G_1 = 1$ である．したがって，$\mathbf{x} = \mathbf{H}^{1/2}\boldsymbol{\beta}$ とすると $\mathbf{I}_{1+G_1} - \mathbf{Q}(\mathbf{Q}'\mathbf{Q})^{-1}\mathbf{Q}' = \mathbf{x}(\mathbf{x}'\mathbf{x})^{-1}\mathbf{x}'$，$\mathbf{Q}'\mathbf{x} = \mathbf{0}$ となるので，行列式 (4.52) は

$$|\mathbf{H}| \left| \mathbf{x}(\mathbf{x}'\mathbf{x})^{-1}\mathbf{x}'\mathbf{H}^{-1/2}\mathbf{G}\mathbf{H}^{-1/2}\mathbf{x}(\mathbf{x}'\mathbf{x})^{-1}\mathbf{x}' + \mathbf{I}_{1+G_1} \right| \qquad (4.55)$$

$$= |\mathbf{H}| \left[1 + \frac{\boldsymbol{\beta}'\mathbf{G}\boldsymbol{\beta}}{\boldsymbol{\beta}'\mathbf{H}\boldsymbol{\beta}} \right]$$

となる．　　　　　　　　　　　　　　　　　　　　　　　　　　　　　　□

最後に尤度関数を構造方程式の母数ベクトル $\boldsymbol{\beta}$ について最大化すると

$$
\begin{aligned}
\mathrm{L}_{H_1} &= \max_{\boldsymbol{\beta}} (2\pi e)^{-\frac{1}{2}nG} n^{\frac{1}{2}nG} |\mathbf{H}|^{-\frac{1}{2}n} \left[1 + \frac{\boldsymbol{\beta}'\mathbf{G}\boldsymbol{\beta}}{\boldsymbol{\beta}'\mathbf{H}\boldsymbol{\beta}} \right]^{-\frac{1}{2}n} \quad (4.56) \\
&= (2\pi e)^{-\frac{1}{2}nG} n^{\frac{1}{2}nG} |\mathbf{H}|^{-\frac{1}{2}n} \left[1 + \min_{\boldsymbol{\beta}} \frac{\boldsymbol{\beta}'\mathbf{G}\boldsymbol{\beta}}{\boldsymbol{\beta}'\mathbf{H}\boldsymbol{\beta}} \right]^{-\frac{1}{2}n} \\
&= (2\pi e)^{-\frac{1}{2}nG} n^{\frac{1}{2}nG} |\mathbf{H}|^{-\frac{1}{2}n} \left[1 + \frac{\widehat{\boldsymbol{\beta}}'\mathbf{G}\widehat{\boldsymbol{\beta}}}{\widehat{\boldsymbol{\beta}}'\mathbf{H}\widehat{\boldsymbol{\beta}}} \right]^{-\frac{1}{2}n}
\end{aligned}
$$

と評価できる．ここで $\widehat{\boldsymbol{\beta}}$ は固有方程式

$$\mathbf{G}\widehat{\boldsymbol{\beta}} = \lambda_1 \mathbf{H}\widehat{\boldsymbol{\beta}} \qquad (4.57)$$

を満足するベクトルである. (非負) 実数 λ_1 は固有方程式

$$|\mathbf{G} - \lambda \mathbf{H}| = 0 \tag{4.58}$$

の最小根である.「識別制約の下で尤度関数を最大化する」という意味で (ベクトル) 推定量 $\widehat{\boldsymbol{\beta}}$ は母数ベクトル $\boldsymbol{\beta}$ に対する制限情報最尤推定量 (limited information maximum likelihood estimator；LIML) に対応する. さらに構造方程式の母数ベクトルについて仮説 $H_0 : \boldsymbol{\beta} = \boldsymbol{\beta}_0$ の下で尤度関数を最大化すると

$$\mathrm{L}_{H_0} = (2\pi e)^{-\frac{1}{2}nG} n^{\frac{1}{2}nG} |\mathbf{H}|^{-\frac{1}{2}n} \left[1 + \frac{\boldsymbol{\beta}_0' \mathbf{G} \boldsymbol{\beta}_0}{\boldsymbol{\beta}_0' \mathbf{H} \boldsymbol{\beta}_0}\right]^{-\frac{1}{2}n} \tag{4.59}$$

となる. 以上で説明した導出を次のようにまとめておく.

定理 4.1： (i) 帰無仮説 $H_0 : \boldsymbol{\Pi}_{2\cdot}$ の階数は G_1 (階数条件), $\boldsymbol{\Pi}_{2\cdot} \boldsymbol{\beta}_0 = \mathbf{0}$ ($\boldsymbol{\beta}_0$ は特定の定ベクトル), 対立仮説 $H_1 : \boldsymbol{\Pi}_{2\cdot}$ の階数 G_1 (階数条件), に対する尤度比検定統計量は

$$\begin{aligned}
\frac{\mathrm{L}_{H_0}}{\mathrm{L}_{H_1}} &= \left[\frac{1 + \frac{\widehat{\boldsymbol{\beta}}' \mathbf{G} \widehat{\boldsymbol{\beta}}}{\widehat{\boldsymbol{\beta}}' \mathbf{H} \widehat{\boldsymbol{\beta}}}}{1 + \frac{\boldsymbol{\beta}_0' \mathbf{G} \boldsymbol{\beta}_0}{\boldsymbol{\beta}_0' \mathbf{H} \boldsymbol{\beta}_0}}\right]^{\frac{1}{2}n} = \left[\frac{1 + \min_{\mathbf{b}} \frac{\mathbf{b}' \mathbf{G} \mathbf{b}}{\mathbf{b}' \mathbf{H} \mathbf{b}}}{1 + \frac{\boldsymbol{\beta}_0' \mathbf{G} \boldsymbol{\beta}_0}{\boldsymbol{\beta}_0' \mathbf{H} \boldsymbol{\beta}_0}}\right]^{\frac{1}{2}n} \\
&= \left[\frac{1 + \nu_1}{1 + \frac{\boldsymbol{\beta}_0' \mathbf{G} \boldsymbol{\beta}_0}{\boldsymbol{\beta}_0' \mathbf{H} \boldsymbol{\beta}_0}}\right]^{\frac{1}{2}n}
\end{aligned} \tag{4.60}$$

で与えられる (行列 $\mathbf{G}, \mathbf{H}$ は (2.43) 式で定める).

(ii) 帰無仮説 $H_0 : \boldsymbol{\Pi}_{2\cdot}$ の階数は G_1, $\boldsymbol{\Pi}_{2\cdot} \boldsymbol{\beta}_0 = \mathbf{0}$, 対立仮説 $H_a : \boldsymbol{\Pi}_{2\cdot}$ の階数は $1 + G_1$ (識別不能条件), に対する尤度比検定統計量は

$$\frac{\mathrm{L}_{H_0}}{\mathrm{L}_{H_a}} = \left[1 + \frac{\boldsymbol{\beta}_0' \mathbf{G} \boldsymbol{\beta}_0}{\boldsymbol{\beta}_0' \mathbf{H} \boldsymbol{\beta}_0}\right]^{-\frac{1}{2}n} \tag{4.61}$$

で与えられる.

(iii) 帰無仮説 $H_1 : \boldsymbol{\Pi}_{2\cdot}$ の階数は G_1, $\boldsymbol{\Pi}_{2\cdot} \boldsymbol{\beta}_0 = \mathbf{0}$, 対立仮説 $H_a : \boldsymbol{\Pi}_{2\cdot}$ の階

数は $1+G_1$ (識別不能条件), に対する尤度比検定統計量は

$$\frac{L_{H_1}}{L_{H_a}} = \left[1 + \min_{\mathbf{b}} \frac{\mathbf{b}'\mathbf{G}\mathbf{b}}{\mathbf{b}'\mathbf{H}\mathbf{b}}\right]^{-\frac{1}{2}n} \tag{4.62}$$

で与えられる.

上で導出した検定方式について注意事項を述べておく. (ii) で導かれた検定方式は統計量

$$AR = \frac{\boldsymbol{\beta}_0'\mathbf{G}\boldsymbol{\beta}_0/K_2}{\boldsymbol{\beta}_0'\mathbf{H}\boldsymbol{\beta}_0/(n-G_1-K_1)} \tag{4.63}$$

と同等である. この統計量は誤差項が正規分布に従うとき, 構造方程式モデルの係数についての帰無仮説の下で $F(K_2, n-G_1-K_1)$ に従うことがわかる. 誤差項に正規分布を仮定しなければ $(n-G_1-K_1)AR$ は帰無仮説の下で漸近的に $\chi^2(K_2)$ に従うことがわかる. この統計量は Anderson & Rubin (1949, 1950) の古典的論文により導かれたので Anderson-Rubin 統計量と呼ばれ, もっともよく知られている統計量である. ただし, 自由度 K_2 が除かれた外生変数の数に依存しているので外生変数の数が多い場合には検出力が大きくないことが予想され, 近年での応用を巡り様々な議論の元となっている.

次に (iii) で導かれた検定方式を -2 倍して対数をとると統計量

$$LR = n\log[1+\lambda_1] \tag{4.64}$$

が導かれる. ここで λ_1 は固有方程式 (4.58) の最小固有根である. この検定統計量は過剰識別性 (over-identifying restrictions) の尤度比検定統計量であるが, 帰無仮説の下で漸近的に $\chi^2(K_2-G_1)$ に従う.

最後に (i) より導かれる検定方式はある数値 $c(K_2, n-K)$ をとり

$$\frac{1+\dfrac{\widehat{\boldsymbol{\beta}}'\mathbf{G}\widehat{\boldsymbol{\beta}}}{\widehat{\boldsymbol{\beta}}'\mathbf{H}\widehat{\boldsymbol{\beta}}}}{1+\dfrac{\boldsymbol{\beta}_0'\mathbf{G}\boldsymbol{\beta}_0}{\boldsymbol{\beta}_0'\mathbf{H}\boldsymbol{\beta}_0}} < c(K_2, n-K) \tag{4.65}$$

となるときに帰無仮説 $H_0 : \boldsymbol{\beta} = \boldsymbol{\beta}_0$ を棄却することと同等となる. この統計量は尤度比検定統計量と同等であるが Anderson & Kunitomo (2008) は修正

Anderson–Rubin (RAAR) 基準と呼んでいる.

　構造方程式モデルにおける統計的仮説検定問題についていくつか重要な点を列挙しておく.

　(1)　構造方程式モデルでは識別性の問題があるため, これまで提案されている検定方式について必ずしも帰無仮説と対立仮説が明確でないこともあった. ここでは無条件の多変量回帰モデル, 識別されている構造方程式モデル, 構造方程式モデルの係数の有意性を認識して検定方式を扱うことが重要である.

　(2)　正規性の仮定の下では十分統計量は行列 $\mathbf{P}$ と $\mathbf{H}$ ((2.25), (2.26) 式で定まる) であり, 尤度比検定統計量は十分統計量の関数になっている.

　(3)　尤度比検定統計量は構造方程式の母数の規準化規則に依存しない. 例えば比 $\boldsymbol{\beta}_0' \mathbf{P}_{2\cdot}' \mathbf{A}_{22\cdot 1} \mathbf{P}_{2\cdot} \boldsymbol{\beta}_0 / \boldsymbol{\beta}_0' \mathbf{H} \boldsymbol{\beta}_0$ は $\boldsymbol{\beta}_0$ を定数倍しても変わらない. 同様に比 $\widehat{\boldsymbol{\beta}}' \mathbf{P}_{2\cdot}' \mathbf{A}_{22\cdot 1} \mathbf{P}_{2\cdot} \widehat{\boldsymbol{\beta}} / \widehat{\boldsymbol{\beta}}' \mathbf{H} \widehat{\boldsymbol{\beta}}$ は LIML 推定量を定数倍しても変わらない.

　(4)　尤度比検定基準は線形変換 $\mathbf{Y}_1 \to \mathbf{Y}_1 \mathbf{C}$, $\boldsymbol{\beta}_0 \to \mathbf{C}^{-1} \boldsymbol{\beta}_0$ および $\mathbf{Z}_2 \to \mathbf{Z}_2 \mathbf{D}$ (ただし $\mathbf{C}$ と $\mathbf{D}$ は正則行列) によっても変わらない.

　比率 $\boldsymbol{\beta}_0' \mathbf{G} \boldsymbol{\beta}_0 / \boldsymbol{\beta}_0' \mathbf{H} \boldsymbol{\beta}_0$ および $\widehat{\boldsymbol{\beta}}' \mathbf{G} \widehat{\boldsymbol{\beta}} / \widehat{\boldsymbol{\beta}}' \mathbf{H} \widehat{\boldsymbol{\beta}}$ が不変となるのは $\boldsymbol{\beta}_0' \mathbf{G} \boldsymbol{\beta}_0 / \boldsymbol{\beta}_0' \mathbf{H} \boldsymbol{\beta}_0$ および固有方程式の根である.

　(5)　検定問題 (i) における尤度比の (-2) 対数値は

$$-2 \log \frac{\mathrm{L}_{H_0}}{\mathrm{L}_{H_1}} = -n \left[\log \left(1 + \frac{\widehat{\boldsymbol{\beta}}' \mathbf{G} \widehat{\boldsymbol{\beta}}}{\widehat{\boldsymbol{\beta}}' \mathbf{H} \widehat{\boldsymbol{\beta}}} \right) - \log \left(1 + \frac{\boldsymbol{\beta}_0' \mathbf{G} \boldsymbol{\beta}_0}{\boldsymbol{\beta}_0' \mathbf{H} \boldsymbol{\beta}_0} \right) \right] \quad (4.66)$$

であるが, 近似的には

$$\frac{\boldsymbol{\beta}_0' \mathbf{G} \boldsymbol{\beta}_0}{\boldsymbol{\beta}_0' \frac{1}{n} \mathbf{H} \boldsymbol{\beta}_0} - \min_{\mathbf{b}} \frac{\mathbf{b}' \mathbf{G} \mathbf{b}}{\mathbf{b}' \frac{1}{n} \mathbf{H} \mathbf{b}} \quad (4.67)$$

となる.

　なお Moreira (2003) はこの統計量に類似した統計量を別の視点より $G_1 = 1$ の場合に導いており, 条件付尤度比統計量 (conditional likelihood statistic) と呼んでいる. Moreira (2003) は次節で説明する弱操作変数の状況を想定して, 帰無仮説の下で (シミュレーションを利用した) ある種の条件付分布による検定

を提唱している.なお,帰無分布はかなり複雑になり,特に $G_1 > 1$ の場合には
その計算は容易ではない.

4.3 統計量の極限分布

4.3.1 標準的場合

前節では二つの仮説 $H_0 : \boldsymbol{\beta} = \boldsymbol{\beta}_0$ および $H_1 : \mathrm{rank}(\boldsymbol{\Pi}_{2\cdot}) = G_1$ を巡る尤度比検定を撹乱項行列 $\mathbf{V}$ の各行が互いに独立に $N(\mathbf{0},\boldsymbol{\Omega})$ に従うと仮定して導いた.ここでは元の統計量を (-2) 倍の対数変換した統計量の極限分布を導くために説明変数 (あるいは操作変数) 行列 $\mathbf{Z} = (\mathbf{z}_1,\cdots,\mathbf{z}_n)'$ の各行 $\mathbf{z}_i' = (\mathbf{z}_{1i}', \mathbf{z}_{2i}')(1 \times (K_1 + K_2))$ が次の条件を満たすものとする.

$$(\mathrm{I}) \qquad \frac{1}{n}\sum_{i=1}^n \mathbf{z}_i \mathbf{z}_i' \xrightarrow{p} \mathbf{M} = \begin{bmatrix} \mathbf{M}_{11} & \mathbf{M}_{12} \\ \mathbf{M}_{21} & \mathbf{M}_{22} \end{bmatrix} \quad (n \to \infty)$$

$$(\mathrm{II}) \qquad \frac{1}{n}\max_{1 \le i \le n} \|\mathbf{z}_i\|^2 \xrightarrow{p} 0 \quad (n \to \infty)$$

ただし $\mathbf{M}$ は $(K_1 + K_2) \times (K_1 + K_2)$ (定) 行列である.

次に $\mathbf{Z}$ および $\mathbf{V}$ についての条件を考える.説明変数 (操作変数) $\mathbf{z}_i$ の要素には $\mathbf{y}_{i-1},\cdots,\mathbf{y}_1$ の要素を含むこともでき,撹乱項 $\mathbf{v}_i$ は $\mathbf{z}_i,\cdots,\mathbf{z}_0$ にも依存する状況を考える.ここで $\mathcal{F}_i$ を確率変数 $\mathbf{z}_0, \mathbf{v}_0,\cdots,\mathbf{z}_i,\mathbf{v}_i$, $i=1,\cdots,n$ により生成される σ-集合体,$\mathcal{F}_0$ は確率変数 $\mathbf{y}_0$ より生成される初期 σ-集合体とする[*1].$(1+G_1)$-確率ベクトル $\mathbf{v}_i' = (v_{1i}, \mathbf{v}_{2i}')$ $(i=1,\cdots,n)$ を分割し,条件付期待値および条件付共分散 $\mathrm{E}(\mathbf{v}_i|\mathcal{F}_{i-1}) = \mathbf{0}$ (a.s.), $\mathrm{E}(\mathbf{v}_i\mathbf{v}_i'|\mathcal{F}_{i-1}) = \boldsymbol{\Omega}_i$ (a.s.) とするが,一般に $\boldsymbol{\Omega}_i$ は確率変数列 $\mathbf{z}_1,\mathbf{v}_1,\cdots,\mathbf{z}_{i-1},\mathbf{v}_{i-1},\mathbf{z}_i$ の関数である.ここで $u_i = \mathbf{v}_i'\boldsymbol{\beta}$ であるので $\mathrm{E}(u_i|\mathcal{F}_{i-1}) = \mathbf{0}$ (a.s.), $\mathrm{E}(u_i^2|\mathcal{F}_{i-1}) = \sigma_i^2 = \boldsymbol{\beta}'\boldsymbol{\Omega}_i\boldsymbol{\beta}$ (a.s.) となる.以下の条件

$$(\mathrm{III}) \qquad \frac{1}{n}\sum_{i=1}^n \boldsymbol{\Omega}_i \otimes \mathbf{z}_i\mathbf{z}_i' \xrightarrow{p} \boldsymbol{\Omega} \otimes \mathbf{M} \quad (\text{as } n \to \infty)$$

$$(\mathrm{IV}) \qquad \frac{1}{n}\sum_{i=1}^n \boldsymbol{\Omega}_i \xrightarrow{p} \boldsymbol{\Omega} \quad (n \to \infty)$$

[*1] これらの用語については巻末付録 A を参照.

$$(\mathbf{V}) \qquad \sup_{i \geq 1} \mathrm{E}[\mathbf{v}_i'\mathbf{v}_i I(\mathbf{v}_i'\mathbf{v}_i > c)|\mathcal{F}_{i-1}] \xrightarrow{p} 0 \quad (c \to \infty)$$

を仮定しよう.ただし $I(\cdot)$ は指標関数 (indicator function), $\mathbf{M}$ と $\boldsymbol{\Omega}$ は (一定の) 正則行列とする.この条件 (IV) および (V) より

$$\frac{1}{n}\sum_{i=1}^n \mathbf{v}_i\mathbf{v}_i' \xrightarrow{p} \boldsymbol{\Omega} \quad (\text{as } n \to \infty) \tag{4.68}$$

が成り立つ.ここで $\sigma^2 = \boldsymbol{\beta}'\boldsymbol{\Omega}\boldsymbol{\beta} \, (>0)$ である.

ここで述べた条件については次のような注意事項がある.

(1) 撹乱項はある種の分散不均一性があってもよく,二次積率の存在を仮定している.こうしたことは最小限の条件として必要である.

(2) 条件 (I) および (II) は説明変数にラグ付き内生変数を含んでいてもよいが,ここでは例えば定常自己回帰過程に従う場合などが含まれる.

構造方程式モデルにおける検定問題では識別条件が重要な役割を果たしているので,識別条件を少し一般化して局所的識別条件を考察する.そこで誘導型係数を標本数 n に依存させて $\boldsymbol{\Pi}^{(n)}$ として階数条件を修正し

$$\begin{bmatrix} \boldsymbol{\pi}_{11}^{(n)} & \boldsymbol{\Pi}_{12}^{(n)} \\ \boldsymbol{\pi}_{21}^{(n)} & \boldsymbol{\Pi}_{22}^{(n)} \end{bmatrix} \boldsymbol{\beta}_0 = \begin{bmatrix} \boldsymbol{\gamma}_1 \\ \mathbf{0} \end{bmatrix} + \frac{1}{\sqrt{n}} \begin{bmatrix} \boldsymbol{\xi}_1 \\ \boldsymbol{\xi}_2 \end{bmatrix} \tag{4.69}$$

となる場合を考察する.ここで $\boldsymbol{\xi}_i$ は $K_i \times 1$ の定数ベクトル $(i = 1, 2)$ であり, $(\text{rank}(\boldsymbol{\Pi}_{2\cdot}) = G_1) \lim_{n \to \infty} \boldsymbol{\Pi}_{2\cdot}^{(n)} = \boldsymbol{\Pi}_{2\cdot}$.および極限において $\boldsymbol{\Pi}_{2\cdot}\boldsymbol{\beta}_0 = \mathbf{0}$ $(n \to \infty)$ とする.このとき統計量の極限分布について次のようになる.

定理 4.2: 条件 (I)–(V) を仮定する.

(i) 局所識別条件の下で $n \to \infty$ のとき

$$LR = -2\log\frac{\mathrm{L}_{H_0}}{\mathrm{L}_{H_1}} = n\left[\log\left(1 + \frac{\boldsymbol{\beta}_0'\mathbf{G}\boldsymbol{\beta}_0}{\boldsymbol{\beta}_0'\mathbf{H}\boldsymbol{\beta}_0}\right) - \log\left(1 + \min_{\mathbf{b}}\frac{\mathbf{b}'\mathbf{G}\mathbf{b}}{\mathbf{b}'\mathbf{H}\mathbf{b}}\right)\right] \tag{4.70}$$

の極限分布は自由度 G_1 の非心 χ^2 分布に従い,非心度は $\kappa_1 = \theta_1\sigma^{-2}$, $\sigma^2 = \boldsymbol{\beta}_0'\boldsymbol{\Omega}\boldsymbol{\beta}_0$, $\mathrm{M}_{22.1} = \mathrm{M}_{22} - \mathrm{M}_{21}\mathrm{M}_{11}^{-1}\mathrm{M}_{12}$,

$$\theta_1 = \boldsymbol{\xi}_2'\mathbf{M}_{22.1}\boldsymbol{\Pi}_{22}(\boldsymbol{\Pi}_{22}'\mathbf{M}_{22.1}\boldsymbol{\Pi}_{22})^{-1}\boldsymbol{\Pi}_{22}'\mathbf{M}_{22.1}\boldsymbol{\xi}_2 \tag{4.71}$$

ただし $\mathbf{\Pi}_{22}$ の階数は G_1 と仮定する.

(ii) 局所識別条件の下で $n \to \infty$ のとき

$$LR = -2\log \frac{\mathrm{L}_{H_0}}{\mathrm{L}_{H_a}} = n\left[\log\left(1 + \min_{\mathbf{b}} \frac{\mathbf{b}'\mathbf{Gb}}{\mathbf{b}'\mathbf{Hb}}\right)\right] \tag{4.72}$$

の極限分布は自由度 $K_2 - G_1$ の非心 χ^2 分布に従い, 非心度は $\kappa_1 = \theta_1 \sigma^{-2}$ で与えられる.

定理 4.2 の証明のために次の二つの補題を用意する.

補題 4.2: 定理 4.2 の仮定の下で任意の $0 \le \epsilon < 1$ に対して $n \to \infty$ のとき

$$n^\epsilon \lambda_1 \xrightarrow{p} 0 \tag{4.73}$$

補題 4.2 の証明: 任意の定ベクトル $\boldsymbol{\beta}_0$ に対し, $n^{-1}\mathbf{H} \xrightarrow{p} \boldsymbol{\Omega}$, 8.4 節の補題 8.1 を利用すると, $\mathbf{Y}'(P_Z - P_{Z_1})\mathbf{Y} = \mathbf{Y}'\bar{P}_{Z_1}\mathbf{Z}_2(\mathbf{Z}_2'\bar{P}_{Z_1}\mathbf{Z}_2)^{-1}\mathbf{Z}_2'\bar{P}_{Z_1}\mathbf{Y}$ より

$$\boldsymbol{\beta}_0'\mathbf{G}\boldsymbol{\beta}_0 = \boldsymbol{\beta}_0'\mathbf{V}'\mathbf{Z}_{2.1}\mathbf{A}_{22.1}^{-1}\mathbf{Z}_{2.1}\mathbf{V}\boldsymbol{\beta}_0 + \frac{2}{\sqrt{n}}\boldsymbol{\beta}_0'\mathbf{V}'\mathbf{Z}_{2.1}\boldsymbol{\xi}_2 + \frac{1}{n}\boldsymbol{\xi}_2'\mathbf{Z}_{2.1}'\mathbf{A}_{22.1}^{-1}\mathbf{Z}_{2.1}\boldsymbol{\xi}_2$$

となる. ここで $\boldsymbol{\beta}_0'\mathbf{G}\boldsymbol{\beta}_0$ は $n \to \infty$ のときある極限確率変数に収束する. したがって任意の $0 \le \epsilon < 1$ に対し

$$0 \le n^\epsilon \min_{\mathbf{b}} \frac{\mathbf{b}'\mathbf{Gb}}{\mathbf{b}'\mathbf{Hb}} \le \frac{1}{n^{1-\epsilon}} \frac{\boldsymbol{\beta}_0'\mathbf{G}\boldsymbol{\beta}_0}{\boldsymbol{\beta}_0'\frac{1}{n}\mathbf{H}\boldsymbol{\beta}_0} \xrightarrow{p} 0$$

$\square$

補題 4.3: 確率変数

$$LR_d = n\left[\frac{\boldsymbol{\beta}_0'\mathbf{G}\boldsymbol{\beta}_0}{\boldsymbol{\beta}_0'\mathbf{H}\boldsymbol{\beta}_0} - \min_{\mathbf{b}} \frac{\mathbf{b}'\mathbf{Gb}}{\mathbf{b}'\mathbf{Hb}}\right] \tag{4.74}$$

を定義する. このとき定理 4.2 の仮定の下で ($n \to \infty$ のとき)

$$LR_1 - LR_d \xrightarrow{p} 0 \tag{4.75}$$

補題 4.3 の証明: テーラー展開を利用すると

$$|n\log(1 + \lambda_1) - n\lambda_1| \le \frac{1}{2}\left[n^{1/2}\lambda_1\right]^2$$

であるが,右辺は補題 4.2 より $n \to \infty$ のときゼロに確率収束する. □

定理 4.2 の証明: 補題 4.2 より $n \to \infty$ のとき $\widehat{\boldsymbol{\beta}} \xrightarrow{p} \boldsymbol{\beta}_0$ となる.したがって $n^{-1}\mathbf{G} \xrightarrow{p} \boldsymbol{\Pi}_{2\cdot}^{'} \mathbf{M}_{22.1} \boldsymbol{\Pi}_{2\cdot}$ である.ここで $n^{-1/2}\mathbf{G}\boldsymbol{\beta}_0 = O_p(1)$ となることに注意し,関係 $\boldsymbol{\Pi}_{2\cdot}^{'} \mathbf{M}_{22.1} \boldsymbol{\Pi}_{2\cdot}$ を固有方程式 $[\mathbf{G} - \lambda_1 \mathbf{H}]\widehat{\boldsymbol{\beta}} = \mathbf{0}$ に代入すると,

$$\frac{1}{\sqrt{n}}\mathbf{G}\boldsymbol{\beta}_0 + \boldsymbol{\Pi}_{2\cdot}^{'} \mathbf{M}_{22.1} \boldsymbol{\Pi}_{2\cdot} \begin{bmatrix} 0 \\ -\sqrt{n}\left(\widehat{\boldsymbol{\beta}}_2 - \boldsymbol{\beta}_2\right) \end{bmatrix} = o_p(1) \qquad (4.76)$$

が得られる.次に行列 $(0, \mathbf{I}_{G_1})$ を左から乗じると,

$$\sqrt{n}\left(\widehat{\boldsymbol{\beta}}_2 - \boldsymbol{\beta}_2\right)$$
$$= \left[(0, \mathbf{I}_{G_1})\boldsymbol{\Pi}_{2\cdot}^{'} \mathbf{M}_{22.1} \boldsymbol{\Pi}_{2\cdot} \begin{pmatrix} \mathbf{0}^{'} \\ \mathbf{I}_{G_1} \end{pmatrix}\right]^{-1} (0, \mathbf{I}_{G_1}) \frac{1}{\sqrt{n}}\mathbf{G}\boldsymbol{\beta}_0 + o_p(1) \qquad (4.77)$$

が得られる.さらに $n^{-1}\mathbf{H} = \boldsymbol{\Omega} + O_p(n^{-1/2})$ となるので,方程式 $[\mathbf{G} - \lambda_1 \mathbf{H}]\widehat{\boldsymbol{\beta}} = \mathbf{0}$ を書き直して

$$\mathbf{G}\boldsymbol{\beta}_0 - n\lambda_1 \left[\boldsymbol{\Omega} + O_p(n^{-1/2})\right]\boldsymbol{\beta}_0$$
$$- \left[\mathbf{G} - n\nu_1\left(\boldsymbol{\Omega} + O_p(n^{-1/2})\right)\right] \begin{bmatrix} 0 \\ -\left(\widehat{\boldsymbol{\beta}}_2 - \boldsymbol{\beta}_2\right) \end{bmatrix} = \mathbf{0}$$

とする.左より行列 $\boldsymbol{\beta}_0^{'}$ を乗じると,

$$\boldsymbol{\beta}_0^{'}\mathbf{G}\boldsymbol{\beta}_0 - n\lambda_1 \boldsymbol{\beta}_0^{'}\boldsymbol{\Omega}\boldsymbol{\beta}_0 - \frac{1}{\sqrt{n}}\boldsymbol{\beta}_0^{'}\mathbf{G}\begin{bmatrix} 0 \\ -\left(\widehat{\boldsymbol{\beta}}_2 - \boldsymbol{\beta}_2\right) \end{bmatrix} = o_p(1) \qquad (4.78)$$

$$\boldsymbol{\beta}_0^{'}\mathbf{G}\boldsymbol{\beta}_0 - n\lambda_1 \boldsymbol{\beta}_0^{'}\boldsymbol{\Omega}\boldsymbol{\beta}_0$$
$$= \frac{1}{\sqrt{n}}\boldsymbol{\beta}_0^{'}\mathbf{G}\begin{bmatrix} \mathbf{0}^{'} \\ \mathbf{I}_{G_1} \end{bmatrix}\left[(0, \mathbf{I}_{G_1})\boldsymbol{\Pi}_{2\cdot}^{'} \mathbf{M}_{22.1} \boldsymbol{\Pi}_{2\cdot}\begin{pmatrix} \mathbf{0}^{'} \\ \mathbf{I}_{G_1} \end{pmatrix}\right]^{-1} [0, \mathbf{I}_{G_1}]\frac{1}{\sqrt{n}}\mathbf{G}\boldsymbol{\beta}_0$$
$$+ o_p(1) \qquad (4.79)$$

が得られる.ここで統計量の極限分布は $n \to \infty$ のとき $\boldsymbol{\beta}_0^{'}\boldsymbol{\Omega}\boldsymbol{\beta}_0 \times LR_d$ の極限

分布と同一である．局所的仮説は

$$\mathbf{Y}\boldsymbol{\beta}_0 = \mathbf{Z}_1\left(\boldsymbol{\gamma}_1 + \frac{1}{\sqrt{n}}\boldsymbol{\xi}_1\right) + \mathbf{V}\boldsymbol{\beta}_0 + \frac{1}{\sqrt{n}}\mathbf{Z}_2\boldsymbol{\xi}_2$$

を意味するので

$$\frac{1}{\sqrt{n}}\mathbf{G}\boldsymbol{\beta}_0 = \frac{1}{\sqrt{n}}\boldsymbol{\Pi}_{2.}'\mathbf{Z}_{2.1}'\mathbf{A}_{22.1}^{-1}\mathbf{Z}_{2.1}\boldsymbol{\Pi}_{2.}\boldsymbol{\beta}_0 + \frac{1}{\sqrt{n}}\boldsymbol{\Pi}_{2.}'\mathbf{Z}_{2.1}'\mathbf{V}\boldsymbol{\beta}_0 + o_p(1)$$
$$= \frac{1}{\sqrt{n}}\boldsymbol{\Pi}_{2.}'\mathbf{Z}_{2.1}'\mathbf{V}\boldsymbol{\beta}_0 + \boldsymbol{\Pi}_{2.}'\mathbf{M}_{22.1}\boldsymbol{\xi}_2 + o_p(1) \qquad (4.80)$$

となる．さらに Lindeberg 型の中心極限定理 (巻末付録を参照) を第 1 項に適用すると結果が得られる． □

ここで係数ベクトル $\boldsymbol{\beta} = (1, -\boldsymbol{\beta}_2')'$ (基準化) とおく．このとき $n \to \infty$ の極限における条件は

$$\mathbf{0} = \boldsymbol{\Pi}_{2.}\boldsymbol{\beta} = (\boldsymbol{\pi}_{21}, \boldsymbol{\Pi}_{22})\begin{pmatrix} 1 \\ -\boldsymbol{\beta}_2 \end{pmatrix} = \boldsymbol{\pi}_{21} - \boldsymbol{\Pi}_{22}\boldsymbol{\beta}_2 \qquad (4.81)$$

より，$\boldsymbol{\Pi}_{2.}$ の階数は G_1 である．非心度はある種の変換に対して不変であることを注意しておく．

ここでの結果よりかなり一般的な撹乱項の仮定の下で，帰無仮説 $H_0: \boldsymbol{\xi} = \mathbf{0}$ が成り立つとき統計量 LR_1 の極限分布は自由度 G_1 の χ^2 分布となることがわかる．したがって χ^2 分布を利用することにより n が大きいときには棄却域として

$$\frac{\boldsymbol{\beta}_0'\mathbf{G}\boldsymbol{\beta}_0}{\boldsymbol{\beta}_0'\mathbf{H}\boldsymbol{\beta}_0} > [1+\lambda_1]e^{\frac{1}{n}\chi_{G_1}^2(\epsilon)} - 1 \qquad (4.82)$$

をとり，自由度 G_1 の χ^2 分布を用いればよい．また局所対立仮説 (4.69) の下で検出力を調べることができる．

4.3.2 弱操作変数の場合

次に弱操作変数 (*weak* instruments) と呼ばれている状況を考察する．一定値からなる行列 $\mathbf{C}$ と $\delta > 0$ に対して系列 $\boldsymbol{\Pi}_n = (1/n^\delta)\mathbf{C}$ をとると，標本数 n が大きくなるにつれて回帰係数 $\boldsymbol{\Pi}_n$ がある意味で小さくなる状況が表現できる．これはミクロ経済データの実証分析ではしばしば個々の操作変数の影響が非常

に小さく計測されることから，Staiger & Stock (1997) などにより考察されている定式化 ($\delta = 0.5$ としている) や局所的対立仮説に関連する．ここで改めて $(K_1 + K_2) \times (1 + G_1)$ 行列 $\mathbf{\Pi}_n'$ および $\mathbf{C}$ に対して条件 (I) を

$$(\mathrm{I}') \qquad \frac{1}{n^{1-2\delta}} \sum_{i=1}^{n} \mathbf{\Pi}_n \mathbf{z}_i \mathbf{z}_i' \mathbf{\Pi}_n' \xrightarrow{p} \mathbf{C}' \mathbf{M} \mathbf{C} \ (\text{as } n \to \infty)$$

と表現しておく．誘導型は

$$(\mathbf{y}_1^{(n)}, \mathbf{Y}_2^{(n)}) = \left(\mathbf{Z}_1^{(n)}, \mathbf{Z}_2^{(n)} \right) \begin{bmatrix} \boldsymbol{\pi}_{11}^{(n)} & \mathbf{\Pi}_{12}^{(n)} \\ \boldsymbol{\pi}_{21}^{(n)} & \mathbf{\Pi}_{22}^{(n)} \end{bmatrix} + \left(\mathbf{v}_1^{(n)}, \mathbf{V}_2^{(n)} \right), \quad (4.83)$$

である．ここで

$$\mathbf{G}^{(n)} = \mathbf{P}_{2\cdot}^{(n)'} \mathbf{A}_{22.1} \mathbf{P}_{2\cdot}^{(n)},$$

$$\mathbf{H}^{(n)} = \mathbf{Y}^{(n)'} \mathbf{Y}^{(n)} - \mathbf{P}_{2\cdot}^{(n)'} \mathbf{A}_{22.1} \mathbf{P}_{2\cdot}^{(n)},$$

$\lambda_1^{(n)}$ を固有方程式 $\left| \mathbf{G}^{(n)} - \lambda^{(n)} \mathbf{H}(n) \right| = 0$ の最小根，すなわち

$$\lambda_1^{(n)} = \min_{\mathbf{b}} \frac{\mathbf{b}' \mathbf{G}^{(n)} \mathbf{b}}{\mathbf{b}' \mathbf{H}^{(n)} \mathbf{b}} = \frac{\widehat{\boldsymbol{\beta}}^{(n)'} \mathbf{G}^{(n)} \widehat{\boldsymbol{\beta}}^{(n)}}{\widehat{\boldsymbol{\beta}}^{(n)'} \mathbf{H}^{(n)} \widehat{\boldsymbol{\beta}}^{(n)}} \qquad (4.84)$$

とすると LIML 推定量 $\widehat{\boldsymbol{\beta}}^{(n)} = (1, -\widehat{\boldsymbol{\beta}}_2^{(n)'})'$ は方程式

$$\left(\mathbf{G}^{(n)} - \lambda_1^{(n)} \mathbf{H}^{(n)} \right) \widehat{\boldsymbol{\beta}}^{(n)} = \mathbf{0}$$

を満足する．

ここでの弱操作変数の場合は δ の値の設定により微妙に標準的な場合と結果が異なり，統計量 LR_1 の極限分布は δ の設定に依存する．条件 $0 < \delta < 1/2$ の下では次の結果が得られる．

定理 4.3：　定数からなる $K \times G$ 行列 $\mathbf{C}$ ($\mathbf{C} = (\mathbf{C}_{1\cdot}', \mathbf{C}_{2\cdot}')$), $0 < \delta < 1/2$ に対し，条件 $(1/n^\delta) \mathbf{\Pi}_n = \mathbf{C}$, (I)–(V) を仮定する．$n \to \infty$ のとき統計量 LR_1 の漸近分布は自由度 G_1 の非心 χ^2 分布，非心度は $\kappa_2 = \theta_2 \sigma^{-2}$ で与えられる．ただし $\sigma^2 = \boldsymbol{\beta}_0^{(n)'} \mathbf{\Omega} \boldsymbol{\beta}_0^{(n)}$,

$$\theta_2 = \boldsymbol{\xi}_2' \mathbf{M}_{22.1} \mathbf{C}_{2\cdot} \left[\mathbf{C}_{2\cdot}' \mathbf{M}_{22.1} \mathbf{C}_{2\cdot} \right]^{-1} \mathbf{C}_{2\cdot}' \mathbf{M}_{22.1} \boldsymbol{\xi}_2 \qquad (4.85)$$

さらに
$$\begin{bmatrix} \boldsymbol{\pi}_{11}^{(n)} & \boldsymbol{\Pi}_{12}^{(n)} \\ \boldsymbol{\pi}_{21}^{(n)} & \boldsymbol{\Pi}_{22}^{(n)} \end{bmatrix} \boldsymbol{\beta}_0^{(n)} = \begin{bmatrix} \boldsymbol{\gamma}_1 \\ \mathbf{0} \end{bmatrix} + \frac{1}{n^\eta} \begin{bmatrix} \boldsymbol{\xi}_1 \\ \boldsymbol{\xi}_2 \end{bmatrix} \tag{4.86}$$

$\eta > 1/2$ であれば, 統計量 LR_1 の極限分布は自由度 G_1 の χ^2 分布となる.

ここで定理 4.3 の非心度は定理 4.2 の非心度に対応し, $\boldsymbol{\Pi}_n = (1/n)^\delta \mathbf{C}$ である. δ が大きければ, $\boldsymbol{\Pi}_n$ (固定された $\mathbf{C}$) の値は小さく, θ_2 も小さくなる. 帰無仮説の下では統計量 LR_1 の極限分布は定理 4.2 と同一である.

Staiger & Stock (1997) は構造方程式 (2.1), (2.2) および操作変数について固定された $\mathbf{C}$ に対し条件 $\boldsymbol{\Pi}_n = (1/n^{1/2})\mathbf{C}$ を仮定して分析している. この場合には検定統計量の漸近分布は χ^2 タイプの分布ではないので問題が複雑化する.

4.3.3 多操作変数の場合

標本数 $n \to \infty$ につれて操作変数の数 $K_2 \to \infty$ となる場合を多弱操作変数 (*many weak* instruments) と呼ぼう. ここで多弱操作変数の場合には行列 $\boldsymbol{\Pi}$ の各要素と行列の大きさが n に依存する. K_2 と K をそれぞれ K_{2n}, K_n と表現し, $K_n \times G$ 行列の数列 ($K_n = K_1 + K_{2n}, n \geq 3$) を $\boldsymbol{\Pi}_n$, $(K_1 + K_{2n}) \times (1 + G_1)$ 分割行列,

$$\boldsymbol{\Pi}_n^{'} = \begin{bmatrix} \boldsymbol{\pi}_{11}^{(n)} & \boldsymbol{\Pi}_{12}^{(n)} \\ \boldsymbol{\pi}_{21}^{(n)} & \boldsymbol{\Pi}_{22}^{(n)} \end{bmatrix}$$

とする. ここで

$$(\mathbf{VI}) \qquad \frac{K_n}{n} \longrightarrow 0$$

を仮定する. 条件 (I)–(III) の代わりに

$$(\mathbf{I}^{''}) \qquad \frac{1}{n} \sum_{i=1}^n \boldsymbol{\Pi}_n^{'} \mathbf{z}_i^{(n)} \mathbf{z}_i^{(n)'} \boldsymbol{\Pi}_n \xrightarrow{p} \boldsymbol{\Phi} \quad (n \to \infty)$$

$$(\mathbf{II}^{''}) \qquad \frac{1}{n} \max_{1 \leq i \leq n} \|\boldsymbol{\Pi}_n^{'} \mathbf{z}_i^{(n)}\|^2 \xrightarrow{p} 0 \quad (n \to \infty)$$

$$(\mathbf{III}^{''}) \qquad \frac{1}{n} \sum_{i=1}^n \boldsymbol{\Omega}_i \otimes \boldsymbol{\Pi}_n^{'} \mathbf{z}_i^{(n)} \mathbf{z}_i^{(n)'} \boldsymbol{\Pi}_n \xrightarrow{p} \boldsymbol{\Omega} \otimes \boldsymbol{\Phi} \quad (n \to \infty)$$

行列 $\mathbf{\Omega}$ は正定符号行列, $\mathbf{\Phi}$ は非負定符号行列は階数 G_1, $\mathbf{z}_t^{(n)}$ は $K_n \times 1$ 操作変数ベクトルとした.

ここで一般には n, K_n および $\mathbf{\Pi}_n$ の相対的大きさについて様々な状況があり得る. 条件 (VI) は次の結果についての必要十分条件である. 多弱操作変数の場合は K および K_2 が固定された標準的状況と異なる結果が得られるので次のようにまとめておく.

定理 4.4: $\mathbf{z}_i^{(n)}$ ($i = 1, \cdots, n$) を $K_n \times 1$ の操作変数ベクトルとする. $K_n \times G$ 係数行列 $\mathbf{\Pi}_n$, $n < K_n$ に対して条件 (I″)–(III″), (IV)–(VI) を仮定する. 局所対立仮説

$$\mathbf{\Pi}_n \boldsymbol{\beta}_0^{(n)} = \begin{bmatrix} \boldsymbol{\gamma}_1 \\ \mathbf{0} \end{bmatrix} + \frac{1}{\sqrt{n}} \begin{bmatrix} \boldsymbol{\xi}_1 \\ \boldsymbol{\xi}_{2n} \end{bmatrix} \tag{4.87}$$

の下で, $n \to \infty$ につれて統計量 LR_1 の極限分布は自由度 G_1 の非心 χ^2 分布, 非心母数 $\kappa_3 = \theta_3 \sigma^{-2}$ で与えられる. ただし

$$\theta_3 = \left[\plim_{n \to \infty} \frac{1}{n} \boldsymbol{\xi}_{2n}' \mathbf{A}_{22.1} \mathbf{\Pi}_{2\cdot}^{(n)} \right] \left[\plim_{n \to \infty} \frac{1}{n} \mathbf{\Pi}_{2\cdot}^{(n)'} \mathbf{A}_{22.1} \mathbf{\Pi}_{2\cdot}^{(n)} \right]^{-1}$$
$$\times \left[\plim_{n \to \infty} \frac{1}{n} \mathbf{\Pi}_{2\cdot}^{(n)'} \mathbf{A}_{22.1} \boldsymbol{\xi}_{2n} \right] \tag{4.88}$$

の確率極限が存在し, さらに $K_{2n} \times 1$ ベクトル列 $\boldsymbol{\xi}_{2n}$, ベクトル $\mathbf{z}_i^{(n)}$ の $K_{2n} \times 1$ 部分ベクトル $\mathbf{z}_{2i}^{(n)}$, $K_{2n} \times K_{2n}$ 行列

$$\mathbf{A}_{22.1} = \sum_{i=1}^n \mathbf{z}_{2i}^{(n)} \mathbf{z}_{2i}^{(n)'} - \sum_{i=1}^n \mathbf{z}_{2i}^{(n)} \mathbf{z}_{1i}' \left[\sum_{i=1}^n \mathbf{z}_{1i} \mathbf{z}_{1i}' \right]^{-1} \sum_{i=1}^n \mathbf{z}_{1i} \mathbf{z}_{2i}^{(n)'}$$

および θ_3 が正となることを仮定する.

したがって自由度 G_1 の χ^2 分布に基づく棄却域と信頼域は弱操作変数の場合や多弱操作変数の場合でもある程度まで正当化できることがわかる. 例えば弱操作変数の場合において $\boldsymbol{\xi}_2 = \mathbf{C}_{2\cdot} \boldsymbol{\beta}^{(0)} = \mathbf{0}$ や定理 4.3 における $\theta_3 = 0$ の場合が対応する.

4.4 縮小階数回帰問題

これまでに説明した尤度比規準の議論はより一般の統計的多変量解析モデル,例えば変数誤差モデル (errors-in-variable model) や線形関数関係モデル (linear functional relationship model) などへ拡張が可能であり, 縮小階数 (reduced rank) 回帰問題と本質的に同一である. そこで構造方程式の組 (ブロック構造方程式と呼ばれている) を

$$\mathbf{YB} = \mathbf{Z}_1 \mathbf{\Gamma}_1 + \mathbf{U} \tag{4.89}$$

と表そう. ここで $\mathbf{B}$ は $G \times r$ 行列で階数は r, $\mathbf{\Gamma}_1$ は $K_1 \times r$ 行列, 撹乱項 $\mathbf{U}$ は $n \times r$ 行列であり, 条件 (2.30) は

$$\begin{bmatrix} \mathbf{\Gamma}_1 \\ \mathbf{0} \end{bmatrix} = \begin{bmatrix} \mathbf{\Pi}_{11} & \mathbf{\Pi}_{12} \\ \mathbf{\Pi}_{21} & \mathbf{\Pi}_{22} \end{bmatrix} \mathbf{B} = \begin{bmatrix} \mathbf{\Pi}_{1.}\mathbf{B} \\ \mathbf{\Pi}_{2.}\mathbf{B} \end{bmatrix} \tag{4.90}$$

と拡張される. この方程式の下方部分 $\mathbf{\Pi}_{2.}\mathbf{B} = \mathbf{O}$ となる行列 $\mathbf{B}$ が右からの変換を除いて一意的に定まるには行列 $\mathbf{\Pi}_{2.}$ の階数が $G-r$ となる必要がある. この条件が成り立つときブロック構造方程式はブロック識別される (block-identified) という.

ここで帰無仮説として

$$H_0': \quad \mathbf{\Pi}_{2.}\mathbf{B}_0 = \mathbf{O} \tag{4.91}$$

を考察しよう. ただし $\mathbf{B}_0$ は定数からなる $G \times r$ 行列で階数は r $(1 \leq r < G)$ とする. 対立仮説 H_a' として制約条件のない $K_2 \times G$ 行列 $\mathbf{\Pi}_{21}$ をとると, 尤度比規準は

$$\frac{\mathrm{L}_{H_0'}}{\mathrm{L}_{H_a'}} = \left[\frac{\left| \mathbf{B}_0'(\mathbf{G} + \mathbf{H})\mathbf{B}_0 \right|}{\left| \mathbf{B}_0'\mathbf{H}\mathbf{B}_0 \right|} \right]^{-n/2} \tag{4.92}$$

で与えられる.

次に帰無仮説

$$H_1': \quad \mathrm{rank}(\mathbf{\Pi}_{21}) = G - r \tag{4.93}$$

と対立仮説 H_a' に対する尤度比検定は

$$\frac{\mathrm{L}_{H_1'}}{\mathrm{L}_{H_a'}} = \left[\min_{\mathbf{B}} \frac{|\mathbf{B}'(\mathbf{G}+\mathbf{H})\mathbf{B}|}{|\mathbf{B}'\mathbf{H}\mathbf{B}|}\right]^{-n/2} = \prod_{i=1}^{r}(1+\lambda_i)^{-n/2} \quad (4.94)$$

で与えられるが，ここで $\lambda_1, \cdots, \lambda_r$ は対応する固有方程式 (4.58) の根の中で小さい方から r 個の根であり $0 \leq \lambda_1 \leq \cdots \leq \lambda_G$ となる．

最後に帰無仮説 H_0' と対立仮説 H_1' に対する尤度比検定は

$$\frac{\mathrm{L}_{H_0'}}{\mathrm{L}_{H_1'}} = \left[\frac{\min_{\mathbf{B}} \frac{|\mathbf{B}'(\mathbf{G}+\mathbf{H})\mathbf{B}|}{|\mathbf{B}'\mathbf{H}\mathbf{B}|}}{\frac{|\mathbf{B}_0'(\mathbf{G}+\mathbf{H})\mathbf{B}_0|}{|\mathbf{B}_0'\mathbf{H}\mathbf{B}_0|}}\right]^{n/2} = \left[\frac{\prod_{i=1}^{r}(1+\lambda_i)}{\frac{|\mathbf{B}_0'(\mathbf{G}+\mathbf{H})\mathbf{B}_0|}{|\mathbf{B}_0'\mathbf{H}\mathbf{B}_0|}}\right]^{n/2} \quad (4.95)$$

で与えられる．この尤度比規準は母数行列 $\mathbf{B}$ がブロック識別可能な条件の下での帰無仮説 $H_0' : \mathbf{B} = \mathbf{B}_0$ の検定方式である．したがって統計量

$$LR_2 = -2\log\frac{\mathrm{L}_{H_0'}}{\mathrm{L}_{H_1'}} \quad (4.96)$$

$$= n\log\frac{|\mathbf{B}_0'(\mathbf{G}+\mathbf{H})\mathbf{B}_0|}{|\mathbf{B}_0'\mathbf{H}\mathbf{B}_0|} - n\sum_{i=1}^{r}\log(1+\lambda_i)$$

と定義すると，帰無仮説 H_0 が正しいとき，右辺第 1 項の極限分布は自由度 $K_2 r$ の χ^2-分布，右辺第 2 項の極限分布は自由度 $[K_2 - (G-r)]r$ の χ^2-分布となる．このことは統計量 LR_2 の極限分布が χ^2-分布であり，その自由度が $K_2 r - [K_2 - (G-r)]r = (G-r)r$ となることを意味している．したがって 4.3 節の議論は $r = 1$ の場合に対応することを確認できる．

回帰行列 $\mathbf{\Pi}_{2\cdot}$ が縮小階数であるとは $\mathbf{\Pi}_{2\cdot} = \boldsymbol{\mu}\boldsymbol{\Xi}'$ と表現でき，$\boldsymbol{\mu}$ および $\boldsymbol{\Xi}$ の階数は K_2 および G 以下である．こうした場合には $\mathbf{\Pi}_{2\cdot}'$ の列ベクトルは $\boldsymbol{\Xi}$ の列ベクトルが張る空間 (G 次元) の $(G-r)$ 次元部分空間となることに対応するが，この部分空間は $\boldsymbol{\Xi}'\mathbf{B} = \mathbf{O}$ となる $\mathbf{B}$ の列ベクトルからなる r-次元部分空間である．$\boldsymbol{\Xi}$-空間は行列 $\boldsymbol{\Xi}\mathbf{A}$ の列ベクトルが張る空間と同等である．なお $\mathbf{A}$ は $(G-r) \times (G_1-r)$ 行列で階数 $G-r$ であり，$\mathbf{B}$-空間は $\mathbf{B}\mathbf{C}$ の列ベクトルがある空間と同等となる ($\mathbf{C}$ は $r \times r$ 行列で階数 r である)．

4.5 共 和 分 問 題

経済時系列分析における共和分 (co-integration) 問題は縮小階数回帰問題として定式化することができる.すなわち共和分関係とは多次元時系列を定常要素と (非定常) ランダム・ウオーク要素で構成されているとき,線形関係,構造方程式を推測する問題ととらえることができる.

G 次元時系列 $\{\mathbf{y}_j\}$ が自己回帰モデル

$$\Delta \mathbf{y}_j = [\mathbf{B}_2, \cdots, \mathbf{B}_{p-1}] \begin{bmatrix} \Delta \mathbf{y}_{j-1} \\ \vdots \\ \Delta \mathbf{y}_{j-p} \end{bmatrix} + \mathbf{B}_1 \mathbf{y}_{j-1} + \mathbf{v}_j \quad (4.97)$$

$$= \mathbf{\Pi}'_{(1)} \mathbf{z}_{1j} + \mathbf{\Pi}'_{(2)} \mathbf{z}_{2j} + \mathbf{v}_j$$

に従うとする.ただし $\Delta \mathbf{y}_j = \mathbf{y}_j - \mathbf{y}_{j-1}$ は階差ベクトル,$\mathbf{\Pi}'_{(1)} = (\mathbf{B}_2, \cdots, \mathbf{B}_{p-1})$, $\mathbf{\Pi}'_{(2)} = \mathbf{B}_1$ はそれぞれ $G \times [G(p-1)]$, $G \times G$ 係数行列,多変量回帰表現での変数ベクトル $\mathbf{z}'_{1j} = (\Delta \mathbf{y}'_{j-1}, \cdots, \Delta \mathbf{y}'_{j-p})$, $\mathbf{z}'_{2j} = \mathbf{y}'_{j-1}$, 誤差項は $\mathrm{E}(\mathbf{v}_j) = \mathbf{0}$, $\mathrm{E}(\mathbf{v}_j \mathbf{v}'_j) = \mathbf{\Omega}$ を満たす確率変数列とする.この自己回帰モデルは左辺の行列 $\Delta \mathbf{Y}$, 操作変数の行列 $\mathbf{Z} = (\mathbf{Z}_1, \mathbf{Z}_2)$, $\mathbf{\Pi} = (\mathbf{\Pi}'_{(1)}, \mathbf{\Pi}'_{(2)})$ とすれば $\Delta \mathbf{Y}$ についての誘導型表現が得られる.$\Delta \mathbf{Y}$ 行列の j 行は $\Delta \mathbf{y}'_j$, $\mathbf{Z}_2$ の j 行は $\mathbf{y}'_{j-1}$ $(j = 1, \cdots, n)$ である.

ここで共和分関係より行列 $\mathbf{\Pi}_{(2)}$ の階数 $G - r$ とすると,$\mathbf{\Pi}_{(2)} = \boldsymbol{\mu} \mathbf{\Xi}'$ と表現できる.$\boldsymbol{\mu}$ は $G \times (G - r)$, $\mathbf{\Xi}$ は $G \times (G - r)$ の行列,$G_0 = G - r$ としたが,行列 $\boldsymbol{\mu}$ は右から任意の正則行列,行列 $\mathbf{\Xi}'$ は左から任意の正則行列を乗じても不変である[*2].

帰無仮説 $H''_0 : \mathbf{\Xi} = \mathbf{\Xi}^{(0)}$, 対立仮説 $H''_1 : \operatorname{rank} \mathbf{\Xi} = G - r$ に対する尤度比規準は 4.4 節の帰無仮説 $H'_0 : \mathbf{\Pi}_2.\mathbf{B}_0 = \mathbf{O}$ ($\mathbf{B}_0$ は $G \times r$ 行列で $\mathbf{\Xi}'_0 \mathbf{B}_0 = \mathbf{O}$ を満足する) に対する尤度比規準と数理的には同等であり,

$$LR_3 = n \log \left[\frac{|\mathbf{\Xi}'_0 (\mathbf{G} + \mathbf{H})^{-1} \mathbf{\Xi}_0|}{|\mathbf{\Xi}'_0 \mathbf{H}^{-1} \mathbf{\Xi}_0|} \right] - n \sum_{i=1}^{G-r} \log \xi_i \quad (4.98)$$

[*2] ここで用いた行列 $\mathbf{\Xi} \boldsymbol{\mu}'$ は,例えば Johansen (1991) の記号では $\boldsymbol{\alpha} \boldsymbol{\beta}'$ に対応する.

で与えられる. ここで $\xi_{G+1-i} = 1/(1+\lambda_i)$ $(i=1,\cdots,G)$ は固有方程式

$$\left|(\mathbf{G}+\mathbf{H})^{-1} - \xi\mathbf{H}^{-1}\right| = 0 \tag{4.99}$$

を満たす固有値 ($\xi_1 \leq \xi_2 \leq \cdots \leq \xi_G$) である.

共和分問題では確率過程 $\Delta \mathbf{y}_i$ が弱定常過程, $\mathbf{y}_i$ が和分過程 $I_G(1)$ が主要な状況となる. 特に固有方程式

$$(\mathbf{VI}) \quad \left|(\zeta-1)\zeta^p \mathbf{I}_G - \zeta^p \mathbf{B}_1 - (\zeta-1)\sum_{j=2}^{p-1} \zeta^{p-j}\mathbf{B}_j\right| = 0$$

のすべての固有値が $(-1,1]$ に含まれる (あるいは絶対値は $[0,1)$ に含まれる) を用いると, 次の結果が成り立つ (証明は省略する).

定理 4.5: 撹乱項 $\{\mathbf{v}_i\}$ は i.i.d. 確率ベクトル, $\mathrm{E}(\mathbf{v}_i) = \mathbf{0}$, $\mathrm{E}(\mathbf{v}_i\mathbf{v}_i') = \mathbf{\Omega}$, および条件 (VI) を仮定する. 階数条件 $H_0'' : \mathrm{rank}(\mathbf{\Pi}_{(2)}) = G - r$, $\mathbf{\Xi} = \mathbf{\Xi}_0$ の下では $n \to \infty$ のとき統計量 LR_3 は自由度 $r(G-r)$ の χ^2 分布に従う.

ここで行列 $\mathbf{\Xi}_0$ (すなわち共和分ベクトル) を直交変換しても検定方法や信頼域の構成は不変であることに注意する. なお共和分問題の統計的分析法については第7~8章でより詳しく議論する.

例 4.1: 例 2.5 を再び取りあげる. $G = 2$ のとき時系列 $\mathbf{y}_j = (y_{1j}, y_{2j})'$ に共和分関係があるとき Toda & Yamamoto (1985) は方程式

$$\Delta y_{2j} = \sum_{i=1}^{p} \pi_{21}^{(i)} \Delta y_{1,j-i} + \sum_{i=1}^{p} \pi_{22}^{(i)} \Delta y_{2,j-i} + \pi_{21}^{(p+1)} y_{1,j-p} + \pi_{22}^{(p+1)} y_{2,j-p} + v_{2j}$$
$$(j = 1, \cdots, T) \tag{4.100}$$

における制約条件 $H_{G0} : \pi_{21}^{(i)} = 0$ $(i = 1, \cdots, p)$ を提案している. ここで差分系列 $\Delta y_{1j} = y_{1j} - y_{1,j-1}, \Delta y_{2j} = y_{2j} - y_{2,j-1}$ である. このとき例 2.5 で説明した統計量 Z_n は帰無仮説 H_{G0} の下で漸近的に $\chi^2(p)$ となることを Toda & Yamamoto (1985) は示している. ただし検出力はあまり高くないことが知られている.

chapter 5

推定量の小標本特性

5.1 母数の表現とシミュレーションの方法

a. 分布の基準化

本章では構造方程式モデルの推定法として提案されている主要な推定量の小標本特性について議論する．構造方程式モデルの推定法は一般に統計学でよく知られている回帰分析における最小二乗法などよりも複雑であるため，その小標本特性は自明ではない．そこで本章ではシミュレーションに基づく推定量の分布関数の評価，分布関数に関する漸近展開による近似などに基づいた知見を説明する．構造方程式モデルの古典的な推定方法についての小標本特性は 1970 年代頃から研究されているが，そうした研究の一例として Anderson, Kunitomo & Sawa (1982) を挙げておく．ここでは古典的研究に加えて，第 3 章で説明した GMM 法や MEL 法など近年になりしばしば利用されている推定法についても同時に考慮すること，さらに弱操作変数問題・多変数問題などを踏まえることなどが新しい視点である．本章では古典的研究との整合性を踏まえ，比較的簡単な構造方程式モデルの内生変数の係数の推定量について比較した結果をまとめておく．推定量を基準化して分布関数

$$F(\mathbf{x}) = \Pr\left(\frac{1}{\sigma}(\mathbf{\Pi}'_{22}\mathbf{A}_{22.1}\mathbf{\Pi}_{22})^{1/2}(\widehat{\boldsymbol{\beta}}_2 - \boldsymbol{\beta}_2) \leq \mathbf{x}\right) \quad (5.1)$$

を考察する ($\mathbf{x} = (x_1, \cdots, x_{G_1})'$) とする．ここで (例えば (2.22) 式で表される) ある構造方程式の誤差項の分散が均一であるという古典的な仮定 ($\mathrm{E}(u_j^2) = \sigma^2$) の下では標本数 n が大きくなるとき効率的な推定量の極限分布は $N_{G_1}(\mathbf{0}, \mathbf{I}_{G_1})$ となる．本章では特に $G_1 = 1$ として推定量の小標本特性を分析する．このと

き非心度は
$$\delta^2 = \Omega_{22}^{-1} \Pi'_{22} \mathbf{A}_{22.1} \Pi_{22} \tag{5.2}$$
により定める．また母係数を基準化して
$$\alpha = \frac{1}{\sqrt{\omega_{11.2}}} \Omega_{22}^{1/2} (\beta_2 - \Omega_{22}^{-1} \omega_{21}) \tag{5.3}$$
とする．ここで $\omega_{11.2} = \omega_{11} - \omega_{12} \Omega_{22}^{-1} \omega_{21}$ である．

本章で扱うような (例えば (2.22) 式で表される) 構造方程式の場合には，推定量を基準化して分布関数を考察することが特に有効な分析手段である．例えば構造方程式の最小二乗推定量，LIML 推定量，二段階最小二乗推定量などは誤差項が分散均一的で正規分布に従う場合には鍵となる母数として K_2, $n-K$, α および δ^2 のみに依存する．また $\Omega_{22}^{-1} \omega_{21}$ は撹乱項 v_{1j} の v_{2j} への回帰係数であり，$\omega_{11.2}$ は v_{2j} を所与とするときの v_{1j} の条件付分散になっている．
$$\eta = \frac{-\alpha}{\sqrt{1+\alpha^2}} = \frac{\omega_{12} - \Omega_{22}\beta_2}{[\sigma\sqrt{\Omega_{22}}]} \tag{5.4}$$
は撹乱項 u_j と v_{2j} (あるいは y_{2j}) の相関係数に対応し，構造方程式モデルにおける同時性を示す係数を意味する．非心度 δ^2 の分子は構造方程式における変数 $\mathbf{z}_{1j}$ に加えて内生変数 $\mathbf{y}_{2j}$ により得られる説明力を表し，分子は変数 $\mathbf{y}_{2j}$ の誤差分散を表す．したがって，非心度 δ^2 は同時方程式の中での構造方程式の説明力を表現する．第 2 章で説明したように $\mathbf{H}$ の自由度 $n-K$ は LIML 法における共分散行列 $\mathbf{\Omega}$ の推定に利用される．したがって，(5.1) 式で利用する基準化は
$$\left[\frac{\delta^2}{1+\alpha^2} \right] \times \left[\frac{\Omega_{22}}{\omega_{11.2}} \right]^{1/2} \tag{5.5}$$
と書き直せる．基準化した推定量の分布は内生変数 y_{1j}, y_{2j} の計測単位に依存しない．

近年の計量経済学で関心がもたれている弱操作変数 (many weak instruments) の場合は，K_2 はかなり大きいが非心度 δ^2 はそれほど大きくなく，n が大きいときに $\delta^2/n \to 0$, $\delta^2/K_2 \to a \, (>0)$ という状況と解釈することがある．こうした場合の数値例も統一的に議論できる．

b. 推定量の分布のシミュレーション

ここではモンテカルロ法を利用して内生変数の係数推定量の経験分布を求めるが，その具体的手続きは次のようである．まず乱数を利用して構造方程式モデル

$$y_{1j} = \boldsymbol{\beta}_2 \mathbf{y}_{2j} + \gamma_1 z_{1j} + u_j \qquad (j=1,\cdots,n), \tag{5.6}$$

$$\mathbf{y}_{2j} = \boldsymbol{\Pi}'_{(2)} \mathbf{z}_j + \mathbf{v}_{2j} \tag{5.7}$$

に従う内生変数の乱数の系列を ((5.7) 式より (5.6) 式を用いて) 発生させる．ここでは主に正規乱数を利用し，$\mathbf{z}_j \sim N(0, \mathbf{I}_K)$, $u_j \sim N(0, \sigma^2)$, $\boldsymbol{\Pi}_{(2)}$ は $K \times G_1$ の係数行列，$v_{2j} \sim N_{G_1}(0, \boldsymbol{\Omega}_{22})$, $\mathrm{E}(u_j \mathbf{v}_{2j}) = \boldsymbol{\omega}_{21} - \boldsymbol{\Omega}_{22} \boldsymbol{\beta}_2$ $(j=1,\cdots,n)$ と設定した．構造方程式モデル (5.6), (5.7) 式が整合的であるために，誤差項 $u_j = v_{1j} - \boldsymbol{\beta}'_2 \mathbf{v}_{2j}$, $\sigma^2 = \omega_{11} - 2\boldsymbol{\beta}'_2 \boldsymbol{\omega}_{12} + \boldsymbol{\beta}'_2 \boldsymbol{\Omega}_{22} \boldsymbol{\beta}_2$, $\mathbf{z}_j$ は (分散均一の場合には) 撹乱項 u_j, $\mathbf{v}_{2j}$ $(j=1,\cdots,n)$ と互いに独立に乱数を発生させた．母数の真の値として $\boldsymbol{\beta}_2$, $\boldsymbol{\gamma}_1$, σ^2, $\boldsymbol{\Omega}$ に対し，$\boldsymbol{\alpha}$ の値を所与として制約条件を満たすように設定し，非心度 δ^2 は $(1+K_2) \times 1$ ベクトル，行列 $\boldsymbol{\Pi}_{(2)} = (\boldsymbol{\pi}_{2j})$ の真値を設定するようにシミュレーションを設計した．こうした状況設定は Anderson et al. (1982) による古典的研究に対応している．

経験尤度推定量 (MEL) については Owen (2001) の説明に従い，ノン・パラメトリック尤度関数の最大化は二段階で行った．すなわち第 3 章で説明したように内ループでは制約条件付きの尤度関数に基づきラグランジュ乗数を数値的に最適化し，外ループでは未知母数についての最適化を行った．経験尤度推定の最適化では非心度が小さいときには収束の保証は自明でないので，数値的最適化において問題が生じなかった範囲内の結果のみを利用した．GMM 推定量の計算では第 3 章で説明したように MEL 推定量の計算途中で $p_j = 1/n$ $(j=1,\cdots,n)$ として推定量が求められる．次に推定量を真値の周り $(\widehat{\boldsymbol{\beta}}_2 - \boldsymbol{\beta}_2)$ として，第 2 章で説明した二つの確率行列 $\mathbf{G}$, $\mathbf{H}$ を利用してシミュレーションを行った．

シミュレーションではまず毎回撹乱項と外生変数の乱数を発生させ，経験分布を計算し，その操作を繰り返した (繰り返し数は 5,000 とした)．経験分布による推定誤差を減じるために多項スプライン関数を用いてスムージングを行い，最終的な分布関数の推定値とした．なお，この方法の妥当性についてはすでに

Anderson et al. (1982), Anderson, Kunitomo & Matsushita (2008) が議論しているが,例えば GMM 推定量については分散均一な場合には TSLS 推定量に近いことから平均的には数値的に 0.005 程度,すなわち 2 桁の数値的精度を確保できる.ここでは代表的な場合に限り,設定を様々に変更した例をいくつか示しておく.多次元の場合,誤差が不均分散となる場合,非線形構造方程式の推定の場合など,様々な状況でのシミュレーション結果については Anderson et al. (2008) を参照されたい.

5.2 推定量の標本分布の図

本節では推定量の有限標本の分布関数を図 5.1〜図 5.4 として例示する.より詳細な数値的分析については Anderson et al. (2008), Kunitomo & Matsushita (2008) が議論している.

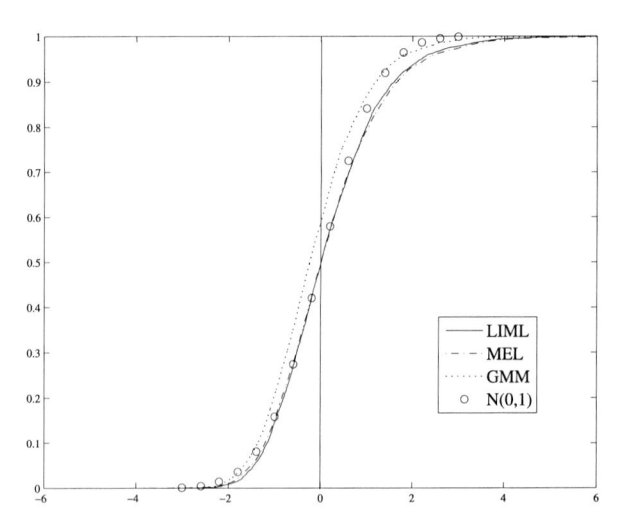

図 5.1 推定量の分布 ($n - K = 50, K_2 = 3, \alpha = 1, \delta^2 = 30$)

5.2 推定量の標本分布の図

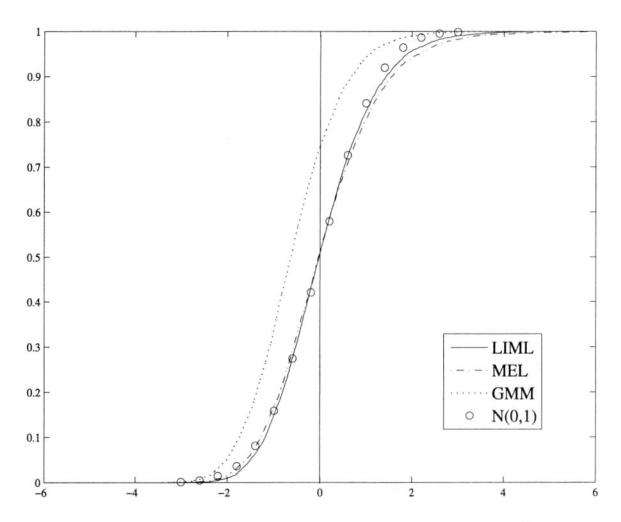

図 5.2 推定量の分布 ($n - K = 100, K_2 = 10, \alpha = 1, \delta^2 = 90$)

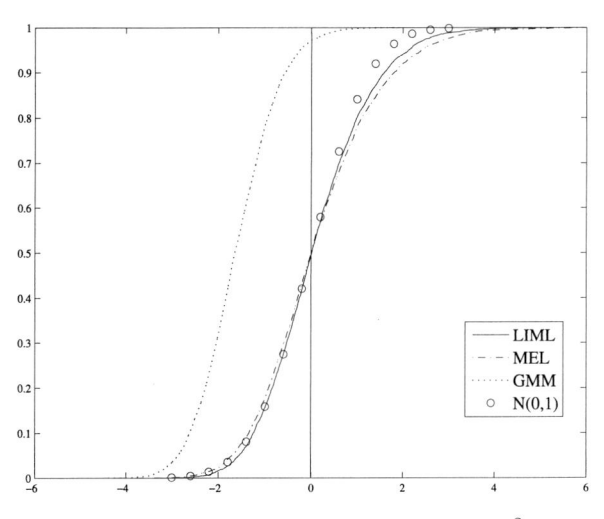

図 5.3 推定量の分布 ($n - K = 300, K_2 = 30, \alpha = 1, \delta^2 = 90$)

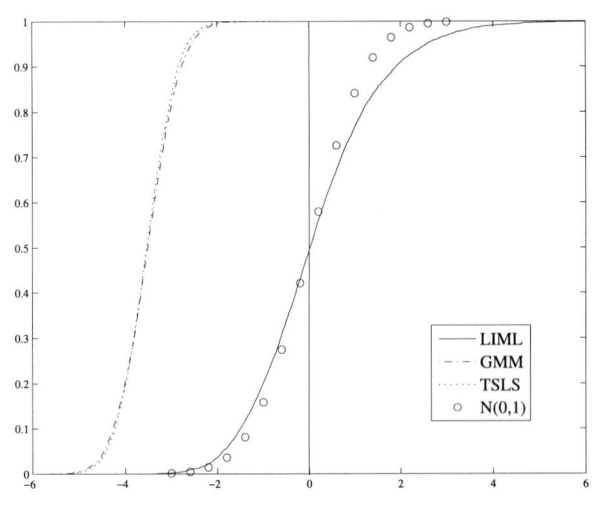

図 5.4 推定量の分布 ($n-K=1000$, $K_2=100$, $\alpha=1$, $\delta^2=90$, $u=\|z\|w, w \sim N(0,1)$)

5.3　経験尤度推定量と LIML 推定量

　基準化した母係数 $\alpha=0$ のときは LIML 推定量と MEL 推定量の密度関数は原点に対して非常に対称的である．α の値が増加するにつれてほんの少し非対称的になるが，中央値 (median) は非常にゼロに近い．また α, δ^2, n などの値を固定するとこうした非対称性は K_2 とともに増加する．いずれにしても，もっとも重要なことは MEL 推定量と LIML 推定量は真の値の周りでかなり対称的であり，K_2 がかなり大きい場合を含めて真の値の周りでほぼ中央値不偏となっているとともに分布の裾はかなり厚くなっていることである．$\delta^2 \to \infty$ につれて分布は標準正規分布に近づくが，非心度 δ^2 が大きくない場合には特に漸近分布に基づく標準誤差 ASD (asymptotic standard deviation) の 3〜4 倍の外にも無視できない確率がある．さらに MEL 推定量と LIML 推定量を比べると LIML 推定量の方が少しだけ裾が薄いことがわかる．

5.4 GMM 推定量と TSLS 推定量

　GMM 推定量と TSLS 推定量の分布を調べてみると,ほとんどの場合では二つの推定量の差は小さく無視して差し支えない程度である.GMM 推定量と TSLS 推定量の分布についてもっとも顕著なことは,$\alpha > 0$ のときには左側に($\alpha < 0$ のときは右側に) 分布が歪んでいて,その歪みは α および K_2 が大きくなるにつれて非常に大きくなり,バイアスが無視できないことである.例えば $K_2 = 10, 30$ 程度であっても,このバイアスは大きく,中央値は LIML 推定量で量った ASD の -1.0 を超えている.K_2 がある程度大きい場合には,GMM 推定量や TSLS 推定量のバイアスは非常に大きいので,こうした状況では LIML 推定量や MEL 推定量の優位性が大きいといえる.ただし K_2 が小さく 3 程度であれば,GMM 推定量と TSLS 推定量の分布は MEL 推定量や LIML 推定量の分布とそれほど大きな違いはなく,また後者よりも裾は薄いこともわかっている.

　MEL 推定量と LIML 推定量の漸近分布への収束は GMM 推定量や TSLS 推定量と比較するとかなり速いが,これは主として後者のバイアス効果のためである.例えば $\alpha \neq 0$ および $K_2 = 10 \sim 100$ 程度であると,GMM 推定量については漸近分布を利用した標準正規分布の分位点 1.96 は実際の 95% 点とはかなりずれている.したがって,こうした状況では GMM 推定に基づく仮説検定や信頼域による推定結果はバイアスが大きく,信頼できないものとなっている.こうした数値に比べると MEL 推定や LIML 推定では漸近分布に基づく 5% 点や 95% 点といった数値は K_2 がある程度大きい場合を含めてはるかに信頼できるものと判断される.こうした MEL 推定と GMM 推定についての結果は Anderson et al. (1982) や Morimune (1983) などが報告している LIML 推定と TSLS 推定の結果に対応するが,これまで十分認識されていなかった,という意味では興味深い.

5.5 非正規性・分散不均一性・非線形性の影響

構造方程式モデルの推定法としては，初期の実証研究では同時性を無視して最小二乗法をそのまま適用することなどがあった．形式的には構造方程式に現れる内生変数を無視すると

$$\begin{pmatrix} \widehat{\boldsymbol{\beta}}_2 \\ \widehat{\boldsymbol{\gamma}}_1 \end{pmatrix} = \left[\sum_{i=1}^n \begin{pmatrix} \mathbf{y}_{2i} \\ \mathbf{z}_{1i} \end{pmatrix} \left(\mathbf{y}'_{2i}, \mathbf{z}'_{1i} \right) \right]^{-1} \sum_{i=1}^n \begin{pmatrix} \mathbf{y}_{2i} \\ \mathbf{z}_{1i} \end{pmatrix} y_{1i} \qquad (5.8)$$

により推定することが考えられる．計量経済学における標準的な教科書では最小二乗法は漸近的にも推定バイアスは解消されないので，その利用を正当化することはできないということが説明されている．したがって一昔前までの計量経済学の教科書では最小二乗法の問題を解決する手段として二段階最小二乗 (TSLS) 法を説明していることが多かった．

より最近の計量経済分析では GMM 推定法がよく利用されている．近年では世界的に流布している計量経済分析の計算パッケージでは標準的に装備されていることもあり，実証分析での応用例は非常に多い．実は多くの場合に GMM 推定の結果は TSLS 推定の結果と大差ない．

推定量の小標本分布は撹乱項の分布に依存しているので，非正規性と分散不均一性

$$\mathrm{E}(u_i^2) = \sigma^2(\mathbf{z}_i) \qquad (5.9)$$

の影響について検討する必要がある．分散不均一性下の標準的仮定の下では MEL 推定量と GMM 推定量は標本が大きいときには漸近的下限を達成するが，他方，この場合には LIML 推定量や TSLS 推定量の漸近共分散行列は MEL 推定量と GMM 推定量の漸近共分散行列より大きくなる可能性がある．こうした不均一分散モデルの例として $(\sigma^2(\mathbf{z}_i) = \|\mathbf{z}_i\|^2)$ などの例がある．また撹乱項に非正規分布を用いた場合にも撹乱項の分布が正規分布からずれても，推定量の分布への影響は比較的軽微であることがわかっている．

他方，操作変数の数が多いときには標準的な議論の様相は大幅に変更する必要がある．次章で議論するように一定の条件下で理論的には LIML 推定量は漸

近的によい性質があることを Anderson, Kunitomo & Matsushita (2010) が指摘している. 確かに図 5.4, 図 5.5 によれば LIML 推定量の分布の頑健性に比べて, GMM 推定量のバイアスは非常に大きくなっている.

これまで本書の大部分で議論されている構造方程式モデルは線形モデルを例として説明してきた. 近年の実証分析では例えば 3.1 節の例が示すように推定する構造方程式が非線形であることが少なくない. GMM 推定, MEL 推定はこうした非線形構造方程式において適用可能である, という点がその普及に大きく貢献しているようである. 非線形 LIML 推定, MEL 推定, GMM 推定を用いて比較した実験においてももっとも重要な点は, 線形モデルにおける LIML 推定, MEL 推定, GMM 推定の分布についての比較結果と, 質的にはほとんど同一の結果が確認されたことである. 線形モデルは非線形モデルの特殊ケースとみることができることから, 当然の結果といえよう.

5.6 積率の非存在・小標本分布の近似・漸近展開

5.6.1 標本分布の漸近展開

本節では構造方程式の推定量の性質を分析する際に推定量の分布関数そのものを用いていることについて改めて説明しておく. 統計学における標準的議論では, 推定量のバイアスや MSE (平均二乗誤差) などを比較して結論を導いている場合が少なくない. ここで構造方程式モデルの推定問題では標準的仮定の下で推定量の積率が存在するとは限らないことに注意する必要がある. ある確率変数 X の期待値が存在しない (あるいは分散が無限大) とは, 任意の実数 c に対して正実数 a が存在し

$$\int_{-a}^{a} |x| dF(x) > c$$

となることを意味する. ここで $F(\cdot)$ は確率変数 X の分布関数である. この場合には期待値 $E(X)$ は有限値としては定まらない. むろんこの場合にもモンテカルロ実験を行い, 観察される標本バイアスや標本 MSE は有限値となる. しかしながらこうした標本値は真の分布の性質を表す量としては不安定であり, 統計的には信頼がおけないことになる. 一例を挙げると, 母集団分布 $N(\theta^{-1}, 1)$

(ただし $\theta \neq 0$) より独立に得られる標本より,母数の推定量として $\widehat{\theta} = \bar{X}_n^{-1}$ ($\bar{X}_n = n^{-1}\sum_{i=1}^n X_i$) を用いることが自然であろう.この場合には漸近的には $\sqrt{n}\left[\theta^{-2}\right]\left[\bar{X}_n^{-1} - \theta\right] \xrightarrow{d} N(0,1)$ である.容易に想像されるようにモンテカルロ実験より計算される標本バイアスや MSE は安定的ではなくなる.このことは実験的にも容易に確かめることができるが,こうした基本的問題を無視した既存の研究も少なからず存在していることに注意しておく.この簡単な例示で述べた議論をより一般化し,LIML 推定量について積率が存在しないことは Mariano & Sawa (1972) により既に示されている.ここで重要な問題は,確率分布の積率 (モーメント) が分布関数の性質を示す唯一無二の統計量ではなく,積率が存在しない可能性がある場合には分布関数そのものの性質を調べる必要がある,という点である.積率が存在しない場合には簡単な補正により積率を保証することが可能なこともあり,例えば LIML 推定については Fuller (1977) による補正が知られている (例えば森棟 (1985) を参照).

一般に推定量の分布関数は複雑なことが多いが,他方,大標本の漸近分布では評価が大雑把すぎることが多い.そこでより精緻化するための方法として,分布の漸近展開を利用した近似理論を考えることができる.推定量の分布関数の漸近展開も一般の場合 ($G_1 \geq 1$) には複雑に見えるが,特に内生変数が 2 個で撹乱項が正規分布に従う場合には結果は非常に簡単化され,見通しのよい議論が可能となる[*1].標準的な漸近理論 の仮定の下では非心度を標本数で割った量がある種の極限に収束する場合が扱いやすい.ここで非心度

$$\mu^2 = (1+\alpha^2)\frac{\Pi_{22}'\mathbf{A}_{22.1}\Pi_{22}}{\omega_{22}} = (1+\alpha^2)\delta^2 \tag{5.10}$$

母数 (semi-parametric 母数)

$$\tau = 2\frac{1+\alpha^2}{\omega_{22}}(1,\mathbf{0})Q_{11}^{-1}\mathbf{QD}'\mathbf{FDQ}Q_{11}^{-1}\begin{pmatrix}1\\\mathbf{0}\end{pmatrix} \tag{5.11}$$

により定める.ただし $\mathbf{Q} = (\mathbf{D}'\mathbf{MD})^{-1}$, $Q_{11} = \left(\Pi_{22}'\mathbf{M}_{22.1}\Pi_{22}\right)^{-1}$, $\mathbf{M}_{22.1} = \text{plim}_{n\to\infty} n^{-1}\mathbf{A}_{22.1}$, $\mathbf{M} = \text{plim}_{n\to\infty} n^{-1}\sum_{i=1}^n \mathbf{z}_i\mathbf{z}_i'$, $\mathbf{F} = \text{plim}_{n\to\infty} n^{-1}\sum_{i=1}^n \mathbf{z}_i\mathbf{z}_i'\left[\mathbf{M}^{-1} - \mathbf{D}(\mathbf{D}'\mathbf{MD})^{-1}\mathbf{D}'\right]\mathbf{z}_i\mathbf{z}_i'$, $(K_1+K_2)\times(G_1+$

[*1] より一般的な結果は Kunitomo & Matsushita (2009) が説明している.

K_1) 係数行列 $\mathbf{D} = \left[\mathbf{\Pi}_2, (\mathbf{I}_{G_1}, \mathbf{O})'\right]$ により与える.

GMM 推定量の漸近展開は撹乱項が正規分布に従うときには表現が簡単となり $n \to \infty$ (K_2 は固定) のとき

$$\mathbf{P}\left(\frac{\sqrt{\mathbf{\Pi}'_{22}\mathbf{A}_{22.1}\mathbf{\Pi}_{22}}}{\sigma}(\widehat{\beta}_{2.GMM} - \beta_2) \leq x\right) \tag{5.12}$$

$$= \Phi(x) + \left\{-\frac{\alpha}{\mu}[x^2 - (K_2-1)]\right.$$
$$\left.-\frac{1}{2\mu^2}[(\tau + (K_2-1)^2\alpha^2 - (K_2-1))x + (1-2K_2\alpha^2)x^3 + \alpha^2 x^5]\right\}\phi(x)$$
$$+O(\mu^{-3})$$

で与えられる. MEL 推定量については同様に

$$\mathbf{P}\left(\frac{\sqrt{\mathbf{\Pi}'_{22}\mathbf{A}_{22.1}\mathbf{\Pi}_{22}}}{\sigma}(\widehat{\beta}_{2.MEL} - \beta_2) \leq x\right) \tag{5.13}$$

$$= \Phi(x) + \left\{-\frac{\alpha}{\mu}x^2 - \frac{1}{2\mu^2}[(\tau+K_2-1)x + (1-2\alpha^2)x^3 + \alpha^2 x^5]\right\}\phi(x)$$
$$+O(\mu^{-3})$$

となる. ここで $\Phi(\cdot)$ および $\phi(\cdot)$ はそれぞれ標準正規分布の分布関数と密度関数を表している.

ここで注目すべき事実としては TSLS 推定量と LIML 推定量の漸近展開は上式においてセミ・パラメトリック因子である $\tau = 0$ とおいた結果に対応することである. これら TSLS 推定量と LIML 推定量についての古典的結果は Anderson (1977) などが説明している. より一般的な非正規誤差の場合についても Kunitomo & Matsushita (2009) が結果を得ているが, 古典的な推定量についての Fujikoshi et al. (1982) の結果に対応している. 一般的には $\tau > 0$ であるから, 漸近 MSE などはセミ・パラメトリック推定の小さな影響があり, 追加的な誤差から生じる変動部分があることが重要である. ここで有限標本における推定量の分布関数の近似精度を示すために数値的な比較の図 (図 5.5〜図 5.7) を示しておく.

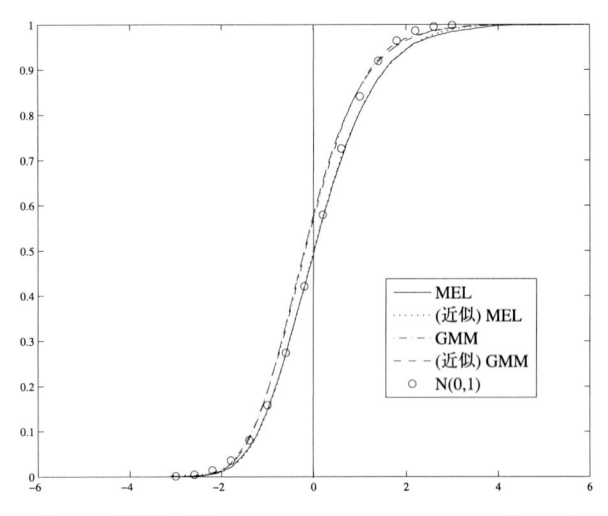

図 5.5 推定量の分布 ($n - K = 50, K_2 = 3, \alpha = 1, \delta^2 = 50$)

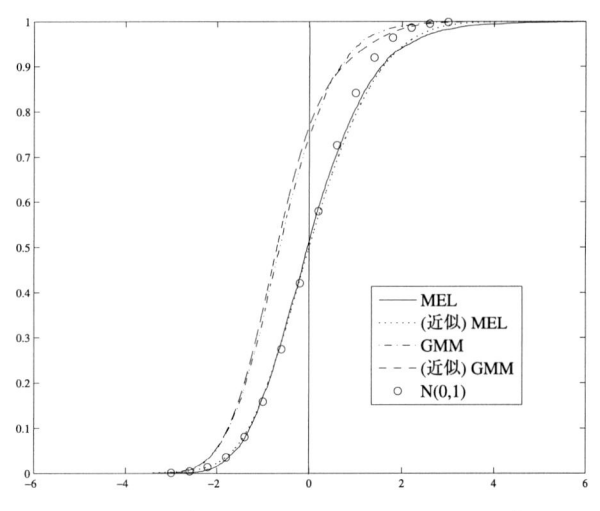

図 5.6 推定量の分布 ($n - K = 100, K_2 = 10, \alpha = 1, \delta^2 = 90$)

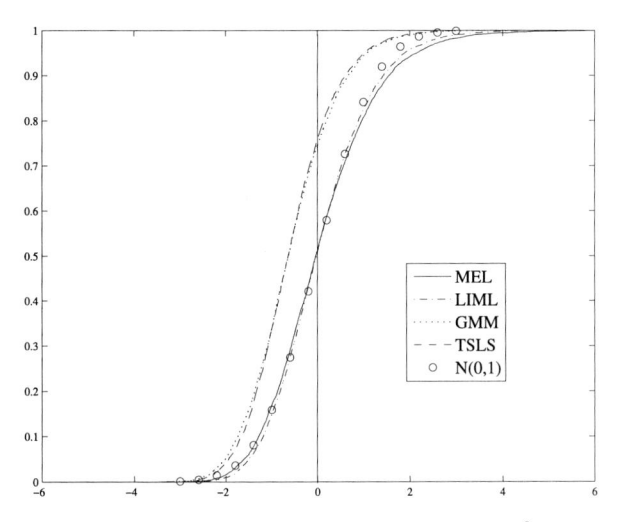

図 5.7 推定量の分布 $(n - K = 100, K_2 = 10, \alpha = 1, \delta^2 = 90)$

5.6.2 多操作変数のときの近似

これまでの議論で示したとおり操作変数の数 (あるいは除かれた操作変数の数) が大きい場合には通常の漸近的議論の近似精度があまりよくない. ここでは典型的な状況として, $n \to \infty$ のとき $K_{2n}/n \to c$ $(0 \leq c < 1)$ $(\mu^2/n$ はほぼ一定値) を想定しよう. 例えば LIML 推定量の漸近展開は $(G_1 = 1$ のとき)

$$\mathbf{P}\left(\sqrt{n}(\widehat{\beta}_{2.LI} - \beta_2) \leq x\right) = \Phi_\Psi(x) + \frac{1}{\sqrt{n}}\left\{-\frac{|\mathbf{\Omega}|^{1/2}}{\sigma^2}\alpha x^2\right\}\phi_\Psi(x) + O(n^{-1}) \tag{5.14}$$

となる. ただし $\mathbf{\Omega} = \mathcal{E}(\mathbf{v}_i\mathbf{v}_i')$, $\Phi_\Psi(\cdot)$ と $\phi_\Psi(\cdot)$ はそれぞれ正規分布 $N(0, \Psi)$ の分布関数と密度関数,

$$\Psi = \sigma^2 \Phi_{22.1}^{-1} + c_* \Phi_{22.1}^{-1}|\mathbf{\Omega}|\Phi_{22.1}^{-1} \tag{5.15}$$

および $c_* = c/(1-c)$, $\Phi_{22.1} = \lim_{n \to \infty}(1/n)\mathbf{\Pi}_{22}'\mathbf{A}_{22.1}\mathbf{\Pi}_{22}$ と定める.

ここで GMM 推定量についての評価式 (5.12) を用いて $x = 0$ を代入すると, $1/2 + \alpha(K_2 - 1)/[\mu\sqrt{2\pi}] + O(\mu^{-3})$ となる. これに対して MEL 推定量

と LIML 推定量では評価式 (5.13) と (5.14) に $x=0$ を代入すると, それぞれ $1/2+O(\mu^{-3}), 1/2+O(n^{-1})$ となる. したがって, $\alpha \neq 0$ であれば, GMM 推定量 (TSLS 推定量も同一であるが) のバイアスは K_2/μ に比例し, K_2 が大きいと, 急速に大きくなる. 例えば非心度 μ^2 が K_2 に比例的なら, 確率は $1/2$ をはるかに超えてしまうことになる. 他方, MEL 推定量と LIML 推定量はほぼ中央値不偏という性質は保持されている. ここでは若干の数値例を示すに留めておくが, K_2 が大きくなる漸近的評価はかなり精度が高いことがわかる. こうした問題は特に仮説検定などの問題について重要な意味がある[*2].

[*2] 係数の t 検定統計量を利用して検定を行う問題については, 例えば Matsushita (2006) が議論している.

chapter 6

多操作変数・弱操作変数の漸近理論

6.1 LIML の漸近最適性

6.1.1 漸近正規性

前章では構造方程式の推定で利用される代表的な推定量の小標本分布の特性を説明した．本章では多操作変数の場合に LIML 推定量の漸近的性質に注目してその理論的性質を考察しよう．利用可能なデータ数が大きいとき，同時に様々な説明変数が利用できる場合がある．こうした実証的な状況を理論的に考察するとき，従来の標準的な漸近理論とは異なる結論が導かれる可能性があるので，本章では実証分析に関して重要な意味があると考えられる非標準的な漸近理論の結果を議論する．構造方程式

$$\mathbf{y}_1 - \mathbf{Y}_2 \boldsymbol{\beta}_2 = \mathbf{Z}_1 \boldsymbol{\gamma}_1 + \mathbf{u} \tag{6.1}$$

を再び扱う．ここで $\boldsymbol{\beta} = (1, \boldsymbol{\beta}')'$, $\boldsymbol{\gamma}_1$ はそれぞれ $(1+G_1)$ 個, K_1 個の母数からなるベクトル, $\mathbf{u} = \mathbf{V}\boldsymbol{\beta}$, 誘導型は

$$(\mathbf{y}_1, \mathbf{Y}_2) = (\mathbf{Z}_1, \mathbf{Z}_2) \begin{bmatrix} \boldsymbol{\pi}_{11} & \boldsymbol{\Pi}_{12} \\ \boldsymbol{\pi}_{21}^{(n)} & \boldsymbol{\Pi}_{22}^{(n)} \end{bmatrix} + (\mathbf{v}_1, \mathbf{V}_2) \tag{6.2}$$

である．

本章では除かれた外生変数の数 K_{2n}, 誘導型母数 $\boldsymbol{\pi}_{21}^{(n)}$, $\boldsymbol{\Pi}_{22}^{(n)}$ が標本数 n に依存し，さらに $n \to \infty$, すなわち,

$$(\mathrm{I}) \qquad c_n = \frac{K_{2n}}{n} \longrightarrow c \quad (0 \le c < 1)$$

$$(\mathrm{II}) \qquad \frac{1}{n} \boldsymbol{\Pi}_{22}^{(n)'} \mathbf{A}_{22.1} \boldsymbol{\Pi}_{22}^{(n)} \xrightarrow{p} \boldsymbol{\Phi}_{22.1}$$

となる状況を考察しよう．なお $\mathbf{\Phi}_{22.1}$ は (非確率的) 正則行列とする．

条件 (I) は誘導型母数の数が観測数に比例することを意味しているが，撹乱項 $\mathbf{v}_j$ $(j=1,\cdots,n)$ の共分散を推定するには $c<1$ となる必要がある．このとき条件 (I) は $q_n = n - K_n$ について $q_n \longrightarrow \infty$ ($n \longrightarrow \infty$ のとき) を意味する．条件 (II) は非心度 (あるいは集中度) が標本数に比例することを意味している．除かれた外生変数の数が大きい状況を想定しているので多操作変数 (many instruments) の場合と呼ばれているが，これは偶然的母数 (incidental parameters) の数が標本数とともに増大する状況を意味する．条件 (II) は第4章の条件 (II$'$) の状況 (多弱操作変数 (many weak instruments)) に拡張することも可能である．ここでは条件 (III) として「操作変数の系列 $\mathbf{z}_j^{(n)}$ $(j=1,2,\cdots,n)$ が非確率的な $K_n \times 1$ ベクトル」を仮定して LIML 推定量の漸近的性質についての結果をまとめておく．

漸近共分散を表現するには撹乱項 $\mathbf{v}_j$ を変換して確率変数

$$\begin{aligned}\mathbf{w}_{2j} &= (\mathbf{0}, \mathbf{I}_{G_2}) \left[\mathbf{I}_{1+G_2} - \frac{1}{\sigma^2} \mathbf{\Omega}\boldsymbol{\beta}\boldsymbol{\beta}' \right] \mathbf{v}_j \\ &= (\mathbf{0}, \mathbf{I}_{G_2}) \left[\mathbf{v}_j - \frac{1}{\sigma^2} \mathrm{Cov}(\mathbf{v}_j, u_j) u_j \right]\end{aligned} \quad (6.3)$$

を利用する ($u_j = \boldsymbol{\beta}' \mathbf{v}_j$ である)．このとき $\mathrm{E}(\mathbf{w}_{2j} u_j) = \mathbf{0}$,

$$\mathrm{E}(\mathbf{w}_{2j} \mathbf{w}_{2j}') = \frac{1}{\sigma^2} \left[\mathbf{\Omega}\sigma^2 - \mathbf{\Omega}\boldsymbol{\beta}\boldsymbol{\beta}'\mathbf{\Omega} \right]_{22} \quad (6.4)$$

となる．なお $[\,\cdot\,]_{22}$ は $G_2 \times G_2$ の右下分割行列を意味する．

ここで $\mathbf{\Pi}_{2n} = (\boldsymbol{\pi}_{21}^{(n)}, \mathbf{\Pi}_{22}^{(n)})$ として (6.2) 式を行列 $\mathbf{G}$ に代入すると

$$\begin{aligned}\mathbf{G} &= (\mathbf{\Pi}_n' \mathbf{Z}' + \mathbf{V}') \mathbf{Z}_{2.1} \mathbf{A}_{22.1}^{-1} \mathbf{Z}_{2.1}' (\mathbf{Z}\mathbf{\Pi}_n + \mathbf{V}) \\ &= \mathbf{\Pi}_{2n}' \mathbf{A}_{22.1} \mathbf{\Pi}_{2n} + \mathbf{V}' \mathbf{Z}_{2.1} \mathbf{A}_{22.1}^{-1} \mathbf{Z}_{2.1}' \mathbf{V} + \mathbf{\Pi}_{2n}' \mathbf{Z}_{2.1}' \mathbf{V} + \mathbf{V}' \mathbf{Z}_{2.1} \mathbf{\Pi}_{2n}.\end{aligned}$$

したがって

$$\begin{aligned}&\mathbf{G} - [\mathbf{\Pi}_{2n}' \mathbf{A}_{22.1} \mathbf{\Pi}_{2n} + K_{2n} \mathbf{\Omega}] \\ &= \mathbf{\Pi}_{2n}' \mathbf{Z}_{2.1}' \mathbf{V} + \mathbf{V}' \mathbf{Z}_{2.1} \mathbf{\Pi}_{2n} + \left[\mathbf{V}' \mathbf{Z}_{2.1} \mathbf{A}_{22.1}^{-1} \mathbf{Z}_{2.1}' \mathbf{V} - K_{2n} \mathbf{\Omega} \right].\end{aligned} \quad (6.5)$$

条件 (II) より $n \longrightarrow \infty$ のとき

$$\frac{1}{n}\mathbf{\Pi}_{2n}^{'}\mathbf{Z}_{2.1}^{'}\mathbf{V} \xrightarrow{p} \mathbf{O}, \tag{6.6}$$

$$\frac{1}{n}\left[\mathbf{V}^{'}\mathbf{Z}_{2.1}\mathbf{A}_{22.1}^{-1}\mathbf{Z}_{2.1}^{'}\mathbf{V} - K_{2n}\mathbf{\Omega}\right] \xrightarrow{p} \mathbf{O} \tag{6.7}$$

が得られるので,

$$\frac{1}{n}\mathbf{G} \xrightarrow{p} \mathbf{G}_0 = \begin{bmatrix} \boldsymbol{\beta}_2^{'} \\ \mathbf{I}_{G_2} \end{bmatrix} \mathbf{\Phi}_{22.1}(\boldsymbol{\beta}_2, \mathbf{I}_{G_2}) + c\,\mathbf{\Omega}, \tag{6.8}$$

$$\frac{1}{q_n}\mathbf{H} \xrightarrow{p} \mathbf{\Omega} \tag{6.9}$$

となる. こうした関係と固有方程式の解の条件から $\widehat{\boldsymbol{\beta}}_{LI} \xrightarrow{p} \boldsymbol{\beta}$, $\lambda_n \xrightarrow{p} c$ が導かれる.

次に確率変数(ベクトル・行列) $\mathbf{G}_1, \mathbf{H}_1, \lambda_{1n}, \mathbf{b}_1$ をそれぞれ $\mathbf{G}_1 = \sqrt{n}(\frac{1}{n}\mathbf{G} - \mathbf{G}_0)$, $\mathbf{H}_1 = \sqrt{q_n}(\frac{1}{q_n}\mathbf{H} - \mathbf{\Omega})$, $\lambda_{1n} = \sqrt{n}(\lambda_n - c)$, $\mathbf{b}_1 = \sqrt{n}(\widehat{\boldsymbol{\beta}}_{LI} - \boldsymbol{\beta})$ により定義する. このとき

$$[\mathbf{G}_0 - c\,\mathbf{\Omega}]\boldsymbol{\beta} + \frac{1}{\sqrt{n}}[\mathbf{G}_1 - \lambda_{1n}\mathbf{\Omega}]\boldsymbol{\beta} + \frac{1}{\sqrt{n}}[\mathbf{G}_0 - c\,\mathbf{\Omega}]\mathbf{b}_1 + \frac{1}{\sqrt{q_n}}[-c\mathbf{H}_1]\boldsymbol{\beta}$$
$$= o_p(n^{-1/2}) \tag{6.10}$$

となる. ここで $(\mathbf{G}_0 - c\,\mathbf{\Omega})\boldsymbol{\beta} = \mathbf{0}$, $\widehat{\boldsymbol{\beta}}_{LI}^{'} = (1, -\widehat{\boldsymbol{\beta}}_{2.LI}^{'})$ を用いると

$$\begin{bmatrix} \boldsymbol{\beta}_2^{'} \\ \mathbf{I}_{G_2} \end{bmatrix} \mathbf{\Phi}_{22.1}\sqrt{n}(\widehat{\boldsymbol{\beta}}_{2.LI} - \boldsymbol{\beta}_2) = (\mathbf{G}_1 - \lambda_{1n}\mathbf{\Omega} - \sqrt{cc_*}\mathbf{H}_1)\boldsymbol{\beta} + o_p(1). \tag{6.11}$$

さらに左より $\boldsymbol{\beta}^{'} = (1, -\boldsymbol{\beta}_2^{'})$ を (6.10) 式に乗じれば

$$\lambda_{1n} = \frac{\boldsymbol{\beta}^{'}(\mathbf{G}_1 - \sqrt{cc_*}\mathbf{H}_1)\boldsymbol{\beta}}{\boldsymbol{\beta}^{'}\mathbf{\Omega}\boldsymbol{\beta}} + o_p(1) \tag{6.12}$$

また左より $(\mathbf{0}, \mathbf{I}_{G_2})$ を乗じると λ_{1n} より

$$\sqrt{n}(\widehat{\boldsymbol{\beta}}_{2.LI} - \boldsymbol{\beta}_2)$$
$$= \mathbf{\Phi}_{22.1}^{-1}(\mathbf{0}, \mathbf{I}_{G_2})(\mathbf{G}_1 - \lambda_{1n}\mathbf{\Omega} - \sqrt{cc_*}\mathbf{H}_1)\boldsymbol{\beta} + o_p(1)$$
$$= \mathbf{\Phi}_{22.1}^{-1}(\mathbf{0}, \mathbf{I}_{G_2})\left[\mathbf{I}_{G_2+1} - \frac{\mathbf{\Omega}\boldsymbol{\beta}\boldsymbol{\beta}^{'}}{\boldsymbol{\beta}^{'}\mathbf{\Omega}\boldsymbol{\beta}}\right](\mathbf{G}_1 - \sqrt{cc_*}\mathbf{H}_1)\boldsymbol{\beta} + o_p(1) \tag{6.13}$$

が得られる. さらに $\mathbf{V}\boldsymbol{\beta} = \mathbf{u}$ であるから,

$$
\begin{aligned}
(\mathbf{G}_1 &- \sqrt{cc_*}\mathbf{H}_1)\boldsymbol{\beta} \\
&= \frac{1}{\sqrt{n}}\boldsymbol{\Pi}'_{2n}\mathbf{Z}'_{2.1}\mathbf{u} + \sqrt{c}\frac{1}{\sqrt{K_{2n}}}\left[\mathbf{V}'\mathbf{Z}_{2.1}\mathbf{A}_{22.1}^{-1}\mathbf{Z}'_{2.1}\mathbf{u} - K_{2n}\boldsymbol{\Omega}\boldsymbol{\beta}\right] \\
&\quad -\sqrt{cc_*}\frac{1}{\sqrt{q_n}}\left[\mathbf{V}'(\mathbf{I}_n - \mathbf{Z}(\mathbf{Z}'\mathbf{Z})^{-1}\mathbf{Z}')\mathbf{u} - q_n\boldsymbol{\Omega}\boldsymbol{\beta}\right]
\end{aligned} \quad (6.14)
$$

という表現が得られる $(K_n + q_n = n)$.

さらに (6.12), (6.13) 式の表現より漸近的な分散共分散行列を評価することにより次の結果が得られる. より一般的な条件, および詳しい数学的証明は Anderson, Kunitomo & Matsushita (2010) が議論しているがここでは省略する.

定理 6.1: 操作変数 $\mathbf{z}_j^{(n)}$ $(j = 1, 2, \cdots, n)$ は $K_n \times 1$ ベクトル ($K_n = K_1 + K_{2n}, n > 2$), 撹乱項 $\mathbf{v}_j$ $(j = 1, 2, \cdots, n)$ は $(1 + G_1) \times 1$ 確率ベクトルで $\mathbf{z}_1^{(n)}, \cdots, \mathbf{z}_n^{(n)}$ とは独立, $\mathrm{E}(\mathbf{v}_j) = \mathbf{0}$, $\mathrm{E}(\mathbf{v}_j\mathbf{v}'_j) = \boldsymbol{\Omega}$ (a.s.) とする. 条件 (I), 条件 (II), および,

$$
(\mathbf{III}) \qquad \frac{1}{n}\max_{1 \leq j \leq n} \|\boldsymbol{\Pi}_{22}^{(n)'}\mathbf{z}_{jn}^*\|^2 \xrightarrow{p} 0
$$

を仮定する. ここで $\mathbf{z}_{jn}^*$ は行列 $\mathbf{Z}_{2.1} = \mathbf{Z}_{2n} - \mathbf{Z}_1(\mathbf{Z}'_1\mathbf{Z}_1)^{-1}\mathbf{Z}'_1\mathbf{Z}_{2T}$ の第 j 行ベクトルである.

(i) $c = 0$ のときある $\delta > 0$ に対して $\mathrm{E}[\|\mathbf{v}_j\|^2]$ $(j = 1, \cdots, n)$ は有界とする. $n \to \infty$ につれて

$$
\sqrt{n}(\widehat{\boldsymbol{\beta}}_{2.LI} - \boldsymbol{\beta}_2) \Rightarrow N(\mathbf{0}, \boldsymbol{\Psi}^*) \quad (6.15)
$$

となる. ただし $\boldsymbol{\Psi}^* = \sigma^2\boldsymbol{\Phi}_{22.1}^{-1}$, $\sigma^2 = \boldsymbol{\beta}'\boldsymbol{\Omega}\boldsymbol{\beta}$ である.

(ii) $0 < c < 1$ のとき $\mathrm{E}(u_j^2\mathbf{w}_{2j}\mathbf{w}'_{2j}) - \sigma^2\mathrm{E}(\mathbf{w}_{2j}\mathbf{w}'_{2j}) = \boldsymbol{\Gamma}_{44.2}$ と定義し, $\mathrm{E}[\|\mathbf{v}_j\|^6] < \infty$ とする. さらに確率極限

$$
(\mathbf{IV}) \qquad \boldsymbol{\Xi}_{3.2} = \left[\frac{1}{1-c}\right]\plim_{n\to\infty}\frac{1}{n}\boldsymbol{\Pi}_{22}^{(n)'}\sum_{j=1}^n\mathbf{z}_{jn}^*\left[p_{jj}^{(n)} - c\right]\mathrm{E}(u_j^2\mathbf{w}'_{2j})
$$

$$
(\mathbf{V}) \qquad \eta = \left[\frac{1}{1-c}\right]^2\plim_{n\to\infty}\frac{1}{n}\sum_{j=1}^n\left[p_{jj}^{(n)} - c\right]^2
$$

の存在を仮定する (ここで $p_{jj}^{(n)} = (\mathbf{Z}_{2.1}\mathbf{A}_{22.1}^{-1}\mathbf{Z}_{2.1}')_{jj}$ である). このとき

$$\sqrt{n}(\widehat{\boldsymbol{\beta}}_{2.LI} - \boldsymbol{\beta}_2) \Rightarrow N(\mathbf{0}, \boldsymbol{\Psi}^{**}) \tag{6.16}$$

となる. ただし

$$\boldsymbol{\Psi}^{**} = \sigma^2 \boldsymbol{\Phi}_{22.1}^{-1} + \boldsymbol{\Phi}_{22.1}^{-1} \left\{ c_* \left[\boldsymbol{\Omega}\sigma^2 - \boldsymbol{\Omega}\boldsymbol{\beta}\boldsymbol{\beta}'\boldsymbol{\Omega} \right]_{22} \right. \\ \left. + \left[(\boldsymbol{\Xi}_{3.2} + \boldsymbol{\Xi}_{3.2}') + \eta \boldsymbol{\Gamma}_{44.2} \right] \right\} \boldsymbol{\Phi}_{22.1}^{-1}, \tag{6.17}$$

$c_* = c/(1-c)$ で与えられる.

ここで撹乱項の分布について, 例えば楕円分布などに限定すれば共分散行列の表現はより簡便になる. あるいは条件

$$(\mathbf{VI}) \qquad \plim_{n\to\infty} \frac{1}{n} \sum_{j=1}^{n} \left[p_{jj}^{(n)} - c \right]^2 = 0$$

を仮定すれば簡潔な表現が得られる. ここで $p_{ii}^{(n)} = (\mathbf{Z}_{2.1}\mathbf{A}_{22.1}^{-1}\mathbf{Z}_{2.1}')_{ii}$ である. この条件を満足する典型的な例としては, 操作変数がダミー変数であって (二つの値 1 か -1 をとる) $(1/n)\mathbf{A}_{22.1} = \mathbf{I}_{K_{2n}}$ および $p_{jj}^{(n)} = K_{2n}/n$ $(j = 1, \cdots, n)$ となる場合が考えられる. また線形関数関係モデル (linear functional relationship models) において p_{jj} が一定となる場合がありうる. ここで条件 (VI) は条件 (V) において $\eta = 0$ とした場合であり, Cauchy-Schwarz 不等式より $\boldsymbol{\Xi}_{3.2} = \mathbf{O}$ となる. 条件 (VI) の下での結果を次のようにまとめておく.

定理 6.2: $0 \leq c < 1$ のとき条件 (I), (II), (III), (IV), $\mathrm{E}[\|\mathbf{v}_j\|^4] < \infty$ を仮定する. このとき

$$\sqrt{n}(\widehat{\boldsymbol{\beta}}_{2.LI} - \boldsymbol{\beta}_2) \Rightarrow N(\mathbf{0}, \boldsymbol{\Psi}^{**}) \tag{6.18}$$

$$\boldsymbol{\Psi}^{**} = \sigma^2 \boldsymbol{\Phi}_{22.1}^{-1} + c_* \boldsymbol{\Phi}_{22.1}^{-1} \left[\boldsymbol{\Omega}\sigma^2 - \boldsymbol{\Omega}\boldsymbol{\beta}\boldsymbol{\beta}'\boldsymbol{\Omega} \right]_{22} \boldsymbol{\Phi}_{22.1}^{-1} \tag{6.19}$$

$c_* = c/(1-c)$ と定める.

操作変数の数が $n \to \infty$ とともに増加するが $K_{2n}/n \to 0$ となる場合にも上の結果が成立する. ただし, 他の推定量, 例えば TSLS 推定量の漸近的性質は LIML 推定量の性質とは非常に異なる. このことは応用上も重要な意味がある

のでその結果を次にまとめておく.

定理 6.3： $\{\mathbf{v}_j, \mathbf{z}_j^{(n)}\,(j=1,\cdots,n)\}$ を独立な確率変数列, (6.1) 式と (6.2) 式において $\mathrm{E}(\mathbf{v}_j|\mathbf{z}_j) = \mathbf{0}$ (a.s.), $\mathrm{E}(\mathbf{v}_j\mathbf{v}_j'|\mathbf{z}_j^{(n)}) = \mathbf{\Omega}_j^{(n)}$ (a.s.) は $\mathbf{z}_j^{(n)}$ の関数で $(\mathbf{\Omega}_j[n,\mathbf{z}_j^{(n)}])$ とする. さらに確率変数列 $(\mathbf{v}_j, \mathbf{z}_j^{(n)})$ について $\mathrm{E}(\|\mathbf{v}_j\|^4|\mathbf{z}_j^{(n)})$ は有界, (非確率行列) $\mathbf{\Omega}$ が存在, $\sqrt{n}\|\mathbf{\Omega}_j^{(n)} - \mathbf{\Omega}\|$ が有界, $\sigma^2 = \boldsymbol{\beta}'\mathbf{\Omega}\boldsymbol{\beta} > 0$ とする. さらに条件

$$(\mathrm{I}') \qquad \frac{K_{2n}}{n^\eta} \longrightarrow c \quad (0 \le \eta < 1,\ 0 < c < \infty),$$

$$(\mathrm{II}) \qquad \frac{1}{n}\mathbf{\Pi}_{22}^{(n)'}\mathbf{A}_{22.1}\mathbf{\Pi}_{22}^{(n)} \xrightarrow{p} \mathbf{\Phi}_{22.1},$$

$$(\mathrm{III}) \qquad \frac{1}{n}\max_{1\le j\le n}\|\mathbf{\Pi}_{22}^{(n)'}\mathbf{z}_{jn}^*\|^2 \xrightarrow{p} 0$$

を仮定する. ここで $\mathbf{\Phi}_{22.1}$ は (一定の) 正則行列, $\mathbf{z}_{jn}^{*'}$ は行列 $\mathbf{Z}_{2.1} = \mathbf{Z}_{2n} - \mathbf{Z}_1(\mathbf{Z}_1'\mathbf{Z}_1)^{-1}\mathbf{Z}_1'\mathbf{Z}_{2T}$ の j 行とする.

(i) LIML 推定量は $0 \le \eta < 1$ のとき

$$\sqrt{n}(\widehat{\boldsymbol{\beta}}_{2.LI} - \boldsymbol{\beta}_2) \Rightarrow N(\mathbf{0}, \sigma^2\mathbf{\Phi}_{22.1}^{-1}) \tag{6.20}$$

(ただし $\sigma^2 = \boldsymbol{\beta}'\mathbf{\Omega}\boldsymbol{\beta}$) である.

(ii) TSLS 推定量は $1/2 < \eta < 1$ のとき

$$n^{1-\eta}(\widehat{\boldsymbol{\beta}}_{2.TS} - \boldsymbol{\beta}_2) \xrightarrow{p} \mathbf{\Phi}_{22.1}^{-1}c(\boldsymbol{\omega}_{21}, \mathbf{\Omega}_{22})\boldsymbol{\beta} \tag{6.21}$$

$\eta = 1/2$ のとき

$$\sqrt{n}(\widehat{\boldsymbol{\beta}}_{2.TS} - \boldsymbol{\beta}_2) \Rightarrow N\left[c\mathbf{\Phi}_{22.1}^{-1}(\boldsymbol{\omega}_{21}, \mathbf{\Omega}_{22})\boldsymbol{\beta}, \sigma^2\mathbf{\Phi}_{22.1}^{-1}\right] \tag{6.22}$$

ここで $(\boldsymbol{\omega}_{21}, \mathbf{\Omega}_{22})$ は $\mathbf{\Omega}$ の $G_1 \times (1 + G_1)$ 部分行列である.

$0 \le \eta < 1/2$ のときには

$$\sqrt{n}(\widehat{\boldsymbol{\beta}}_{2.TS} - \boldsymbol{\beta}_2) \Rightarrow N(\mathbf{0}, \sigma^2\mathbf{\Phi}_{22.1}^{-1}) \tag{6.23}$$

となる.

ここで説明した LIML 推定量と TSLS 推定量の漸近的性質については撹乱項が正規分布の場合には古くから知られているが, より一般的条件下でも成立する.

6.1.2 多操作変数・弱操作変数の下での最適性

構造方程式モデルの係数,特に内生変数の係数 $\boldsymbol{\beta}$ の推定には二つの $(1+G_1) \times (1+G_1)$ 行列 $\mathbf{G}$ と $\mathbf{H}$ を用いるのが自然である.なぜならば古典的で標準的な場合には十分統計量の関数となるからである.本項ではこれら二つの行列の関数として表現される推定量のクラスを考察する.典型的な例としては OLS 推定量,TSLS 推定量,LIML 推定量などを挙げられるが,さらにこれらの推定方法を修正したものとして,例えば Fuller 修正 (Fuller (1977)) なども含まれている.推定方法をこのクラスに限定すると漸近共分散の下限を求めることができ,LIML 推定量がその下限を達成するが,証明は Anderson et al. (2010) が与えている.

定理 6.4: モデル (6.1), (6.2) 式の下で母数ベクトル $\boldsymbol{\beta}_2$ の推定量として

$$\widehat{\boldsymbol{\beta}}_2 = \phi\left(\frac{1}{n}\mathbf{G}, \frac{1}{q_n}\mathbf{H}\right) \tag{6.24}$$

を考察する.ここで ϕ は連続微分可能で,微係数は行列 $\mathbf{G}$ と $\mathbf{H}$ の確率極限で有限値 ($K_{2n} \to \infty$ かつ $n \to \infty$ のとき) となり,$0 \leq c < 1$ を仮定する.このとき定理 6.1(i), 定理 6.2, 定理 6.3 のいずれかの条件の下で

$$\mathrm{AE}\left[n(\widehat{\boldsymbol{\beta}}_2 - \boldsymbol{\beta}_2)(\widehat{\boldsymbol{\beta}}_2 - \boldsymbol{\beta}_2)'\right] \geq \boldsymbol{\Psi}^* \text{ (または } \boldsymbol{\Psi}^{**}) \tag{6.25}$$

となり,$\boldsymbol{\Psi}^*$ (あるいは $\boldsymbol{\Psi}^{**}$) は (6.15), (6.19) 式のいずれかで与えられる.ここで $\mathrm{AE}[\cdot]$ は基準化された推定量 $\sqrt{n}(\widehat{\boldsymbol{\beta}}_2 - \boldsymbol{\beta}_2)$ の極限分布に関する期待値を意味する.

この結果は操作変数が大きい場合の LIML 推定量の漸近最適性に関する基本的な結果である.撹乱項 $\mathbf{V}$ の分布が正規分布 $N(\mathbf{0}, \boldsymbol{\Omega})$ であり $\mathbf{Z}$ が外生的であれば,行列 $\mathbf{P} = (\mathbf{Z}'\mathbf{Z})^{-1}\mathbf{Z}'\mathbf{Y}$ および $\mathbf{H} = \mathbf{Y}'[\mathbf{I}_n - \mathbf{Z}(\mathbf{Z}'\mathbf{Z})^{-1}\mathbf{Z}']\mathbf{Y}$ が母数 $\boldsymbol{\Pi}_T$ および $\boldsymbol{\Omega}$ の十分統計量である.操作変数の数 K (あるいは K_n) が n とともに増大するとき,母数 $\boldsymbol{\beta}_2$ のすべての一致推定量の中で LIML 推定量の漸近共分散は最小となるのでより強い結果を得ることができるが,こうした古典的状況では他の推定量,例えば TSLS 推定量も漸近的に効率的となる.操作変数の数 K_n が標本数 n に依存している場合にはたくさんの偶然母数 (incidental parameters) が存在するので,標準的漸近理論の結果は成立しない.

こうした状況での最適性の議論はもともと Kunitomo (1981, 1982), Kunitomo (1987) の定理 3.1 などで得られているが, Kunitomo (1987) ではさらに高次の漸近最適性などを一定の仮定の下 ($G_1 = 1, 0 \leq c < 1$ および撹乱項が正規分布に従う) で議論している. n とともに K_2 (あるいは K_{2n}) が増大する K_{2n} 漸近理論 (多操作変数) では $0 < c < 1$ のとき, LIML 推定量は漸近的に有効な推定量であるが, その漸近分散は標準的な漸近 Cramér-Rao 下限よりも大きくなる. 他方, こうした状況では TSLS 推定量や GMM 推定量は一致性すらもっていないことになるが, これは構造方程式モデルにおいて除かれた外生変数の数が多くなると, 偶然母数の数も増大することに起因する.

LIML 推定量の漸近最適性についてはいくつかの重要な方向に拡張可能であるので, ここで言及しておこう. 構造方程式モデルは (6.1), (6.2) 式であるが非線形の誘導型モデル

$$\mathbf{Y}_2 = \mathbf{\Pi}_{2z}^{(n)} + \mathbf{V}_2 \qquad (6.26)$$

を仮定しよう. ここで $\mathbf{\Pi}_{2z}^{(n)} = (\boldsymbol{\pi}'_{2j}(\mathbf{z}_j^{(n)}))$ は $n \times G_2$ 行列でその第 j 行ベクトル $\boldsymbol{\pi}'_{2j}(\mathbf{z}_j^{(n)})$ は操作変数である $K_n \times 1$ ベクトル $\mathbf{z}_j^{(n)}$ $(j = 1, \cdots, n)$ に依存し, 撹乱項 $\mathbf{V}_2$ は $n \times G_1$ 行列, $\mathbf{v}_1 = \mathbf{u} + \mathbf{V}_2 \boldsymbol{\beta}_2$, $\mathbf{V} = (\mathbf{v}_1, \mathbf{V}_2)$ とする. この誘導型モデルが線形であれば前節での議論に帰着される. この場合には条件 (II) は条件

$$(\text{II}') \qquad \frac{1}{d_n^2} \mathbf{\Pi}_{2z}^{(n)'} \mathbf{Z}_{2.1} \mathbf{A}_{22.1}^{-1} \mathbf{Z}'_{2.1} \mathbf{\Pi}_{2z}^{(n)} \xrightarrow{p} \mathbf{\Phi}_{22.1}$$

に修正し, さらに $d_n^2 = \mathrm{tr}(\mathbf{\Pi}_{2z}^{(n)'} \mathbf{Z}_{2.1} \mathbf{A}_{22.1}^{-1} \mathbf{Z}'_{2.1} \mathbf{\Pi}_{2z}^{(n)})$, $\mathbf{\Phi}_{22.1}$ は (非確率的) 正定符号行列であって $d_n \xrightarrow{p} \infty$ $(n \to \infty)$ を仮定する. さらに条件 (III) は条件

$$(\text{III}') \qquad \frac{1}{d_n^2} \max_{1 \leq j \leq n} \|\boldsymbol{\pi}_{2j}(\mathbf{z}_j^{(n)})\|^2 \xrightarrow{p} 0$$

に置き換える必要がある. さらに便利な条件として

$$(\text{VII}) \qquad \frac{1}{q_n} \mathbf{\Pi}_{2z}^{(n)'} \left[\mathbf{I}_n - \mathbf{Z}(\mathbf{Z}'\mathbf{Z})^{-1}\mathbf{Z}' \right] \mathbf{\Pi}_{2z}^{(n)} \xrightarrow{p} \mathbf{O}$$

を挙げておく. この条件は線形モデルにおいては自動的に成立するが, 非線形モデルでは成立するとは限らない. しかし本質を損なうことなしに分析を簡単化

してくれる．この条件の代わりに (VII) の極限が存在する (例えば $\boldsymbol{\Phi}_3$ とおく) としてもよいが，結果の表現が若干複雑になる．

ここで次の三つの可能性がある．d_n は非心度を表現しているが，すでに説明した状況は $d_n = O_p(n^{1/2})$, $K_{2n} = O(n)$ により特徴づけられる．LIML 推定量の漸近共分散は定理 6.1 あるいは定理 6.2 により (ただし (II) は (II$'$) で置き換える) 表現される．

第二の状況は標準的漸近理論による結果がほぼ妥当する場合であり，$d_n = O_p(n^{1/2+\delta})$ ($\delta > 0$)，あるいは $d_n = O_p(n^{1/2})$, $K_{2n}/n = o(1)$ により特徴づけられる．この場合には

$$d_n(\widehat{\boldsymbol{\beta}}_{2.LI} - \boldsymbol{\beta}_2) \Rightarrow N(\boldsymbol{0}, \sigma^2 \boldsymbol{\Phi}_{22.1}^{-1}) \tag{6.27}$$

となるが，例えば定理 6.3 を非線形モデルに拡張することが可能である．

第三の状況として $d_n = o_p(n^{1/2})$ および $\sqrt{n}/d_n^2 \to 0$ となる場合が考えられる．この状況は非心度が小さく，多弱操作変数の場合に対応する．このとき

$$\boldsymbol{\Psi}^{***} = \boldsymbol{\Phi}_{22.1}^{-1} \left\{ c_* \left[\boldsymbol{\Omega}\sigma^2 - \boldsymbol{\Omega}\boldsymbol{\beta}\boldsymbol{\beta}'\boldsymbol{\Omega} \right]_{22} \right\} \boldsymbol{\Phi}_{22.1}^{-1} \tag{6.28}$$

を用いると

$$\left[\frac{d_n^2}{\sqrt{n}} \right] (\widehat{\boldsymbol{\beta}}_{2.LI} - \boldsymbol{\beta}_2) \Rightarrow N(\boldsymbol{0}, \boldsymbol{\Psi}^{***}) \tag{6.29}$$

$$\mathrm{AE}\left[\left(\frac{d_n^2}{\sqrt{n}}\right)^2 (\widehat{\boldsymbol{\beta}}_2 - \boldsymbol{\beta}_2)(\widehat{\boldsymbol{\beta}}_2 - \boldsymbol{\beta}_2)' \right] \geq \boldsymbol{\Psi}^{***} \tag{6.30}$$

が成立する．

6.2 係数の有意性と t 検定の補正

説明変数の数が多いとき，構造方程式モデルにおける母係数の有意性についての標準的議論を修正する必要がある．例えばすでに t 統計量を説明したが，統計量を構成するには係数推定量の漸近分散が必要である．帰無仮説 $H_0 : \beta_i = \beta_{i0}$ (β_{i0} は定数) に対する t 統計量

$$t = \frac{\widehat{\beta}_i - \beta_{i0}}{\sqrt{\mathrm{AV}(\widehat{\beta}_i)}}$$

を構成する場合には必ずしも標準的な分散推定量は適切とはいえないことがわかっている．この場合には前節で導出した分散共分散行列の推定量を利用する必要がある．

こうした説明変数の数が多い場合についての t 統計量の分布については，撹乱項の分布が正規分布に従うとは限らないより一般的な状況については Matsushita (2006) が詳しく分析している．

6.3　LIML の修正法

6.3.1　分散不均一性の問題

多操作変数の場合においても分散不均一性の役割について無視できない場合がある．ミクロ計量分析では撹乱項における (条件付) 共分散行列 $\mathbf{\Omega}_j = \mathrm{E}(\mathbf{v}_j \mathbf{v}_j' | \mathbf{z}_j^{(n)})$ とすると，条件

$$(\mathbf{VIII}) \qquad \frac{1}{n}\sum_{j=1}^n \mathbf{\Omega}_j \xrightarrow{p} \mathbf{\Omega}$$

という仮定が自然であろう．ここで $\mathbf{\Omega}$ は (非確率的) 正定符号行列であるが，この場合にも条件 (VI) および (VIII) が成り立てば LIML 推定量は漸近的によい性質がある．しかしながら，より一般には撹乱項の分散不均一性が LIML 推定量に悪影響を及ぼす可能性がある．

6.3.2　LIML 推定の修正

本章では LIML 推定量の漸近最適性についての十分条件について議論してきた．線形モデルの場合には $\mathbf{\Pi}_{2z}^{(n)} = \mathbf{Z}_1 \mathbf{\Pi}_{12} + \mathbf{Z}_2 \mathbf{\Pi}_{22}^{(n)}$ ($\mathbf{\Pi}_{22}^{(n)}$ は $K_{2n} \times G_1$ 係数行列) として現れる操作変数が多数あり，撹乱項は分散均一的である場合を主として議論してきた．これまでの結果で基本的に重要な条件は

$$(\mathbf{A\text{-}I}) \qquad \frac{K_{2n}}{n} \longrightarrow c \quad (0 \leq c < 1)$$

$$(\mathbf{A\text{-}II}') \qquad \frac{1}{d_n^2} \mathbf{\Pi}_{2z}^{(n)\prime} \mathbf{Z}_{2.1}' \mathbf{A}_{22.1}^{-1} \mathbf{Z}_{2.1} \mathbf{\Pi}_{2z}^{(n)} \xrightarrow{p} \mathbf{\Phi}_{22.1}$$

である $(d_n \xrightarrow{p} \infty \ (n \to \infty))$．ここで $\mathbf{\Phi}_{22.1}$ は (非確率的) 正則行列，非心度は $d_n^2 = \mathrm{tr}(\mathbf{\Pi}_{2z}^{(n)\prime} \mathbf{Z}_{2.1}' \mathbf{A}_{22.1}^{-1} \mathbf{Z}_{2.1} \mathbf{\Pi}_{2z}^{(n)})$ により表現した．ここで繰り返しを避ける

意味で本節では $d_n^2 = O_p(n)$ となる場合を扱うが, その他の場合, 例えば多弱操作変数 (many weak instruments) の場合にもほぼ同様の議論を展開することが可能である.

構造方程式モデルの推定では行列 $\mathbf{G}$ を構成する射影行列

$$\mathbf{P}_{2.1} = (p_{ij}^{(2.1)}) = \mathbf{Z}_{2.1}\mathbf{A}_{22.1}^{-1}\mathbf{Z}_{2.1}'$$

が重要な役割を果たしている. 前節では条件

$$(\mathbf{A\text{-}VI}) \qquad \plim_{n\to\infty} \frac{1}{n}\sum_{j=1}^{n}\left[p_{jj}^{(2.1)} - c\right]^2 = 0$$

の重要な役割について説明したが, ここで $p_{jj}^{(2.1)}$ は射影行列 $\mathbf{P}_{2.1}$ の対角成分である. 条件 (A-VI) を満足するには, 例えば操作変数がダミー変数で (1 あるいは -1) $n^{-1}\mathbf{A}_{22.1} = \mathbf{I}_{K_{2n}}$, $p_{jj}^{(2.1)} = K_{2n}/n$ $(j=1,\cdots,n)$ となる場合は条件を満たす. 条件 (V-III), (A-VI) が成り立てば Cauchy-Schwartz 不等式により

$$(\mathbf{WH}) \qquad \plim_{n\to\infty}\left[\frac{1}{n}\sum_{j=1}^{n}p_{jj}^{(2.1)}\mathbf{\Omega}_i - c\mathbf{\Omega}\right] = \mathbf{O}$$

が得られる. そこでこの条件を満たすとき弱い分散不均一条件 (weak heteroscedasticity) と呼び, (WH) で表そう. この条件を満たさないときには強い分散不均一条件 (persistent heteroscedasticity) と呼び, (PH) と表そう. 条件 (WH) の下では LIML 推定量は漸近的によい性質をもち, 下限を達成できることについてはすでに説明した.

他方, より強い条件 (PH) の下では多操作変数の場合には LIML 推定量にはかなりのバイアスが生じる可能性がある. ここでは LIML 推定量を補正することを考察するが, そのために次の事実が利用できる.

補題 6.1: 射影行列 $\mathbf{P}_Z = (p_{ij}^{(n)}) = \mathbf{Z}(\mathbf{Z}'\mathbf{Z})^{-1}\mathbf{Z}'$ および $\mathbf{Q}_Z = (q_{ij}^{(n)}) = \mathbf{I}_n - \mathbf{Z}(\mathbf{Z}'\mathbf{Z})^{-1}\mathbf{Z}'$ において行列 $\mathbf{Z}$ の階数を K_n $(> G_1)$ とする. このとき $0 \leq p_{ii}^{(n)} < 1$ $(i=1,\cdots,n)$, $0 < q_{ii}^{(n)} \leq 1$ $(i=1,\cdots,n)$ が成り立つ. また条件 (A-I) ならば

$$\bar{p}^{(n)} = \frac{1}{n}\sum_{i=1}^{n}p_{ii}^{(n)} = \frac{K_n}{n} \longrightarrow c \tag{6.31}$$

$$\bar{q}^{(n)} = \frac{1}{n}\sum_{i=1}^{n} q_{ii}^{(n)} = 1 - \frac{K_n}{n} \longrightarrow 1 - c \tag{6.32}$$

となる．ただし $c_n = K_n/n \to c\ (n \to \infty)$ である．

ここで操作変数が多く，分散不均一性が強いとき，LIML 推定量が必ずしもよい性質をもたないのは，条件付共分散 $\mathbf{\Omega}_i$ と $p_{ii}^{(n)}\ (i = 1, \cdots, n)$ の共分散が無視できず条件 (WH) が満たされない場合である．そこで射影行列の対角成分の特徴づけを利用すると LIML 推定量を改良する可能性が見えてくる．

射影行列 $\mathbf{P}_Z = (p_{ij}^{(n)}) = \mathbf{Z}(\mathbf{Z}'\mathbf{Z})^{-1}\mathbf{Z}'$, $\mathbf{Q}_Z = (q_{ij}^{(n)}) = \mathbf{I}_T - \mathbf{P}_Z$, $\mathbf{P}_{Z_1} = \mathbf{Z}_1(\mathbf{Z}_1'\mathbf{Z}_1)^{-1}\mathbf{Z}_1'$ より $\mathbf{P}_{2.1} = (\mathbf{I}_n - \mathbf{P}_{Z_1})\mathbf{P}_Z(\mathbf{I}_n - \mathbf{P}_{Z_1})$, $\mathbf{Q}_Z = (\mathbf{I}_n - \mathbf{P}_{Z_1})(\mathbf{I}_n - \mathbf{P}_Z)(\mathbf{I}_n - \mathbf{P}_{Z_1})$ となることに注目する．次に二つの行列 $\mathbf{P}_M = (p_{ij}^{(m)})$, $\mathbf{Q}_M = (q_{ij}^{(m)}) = \mathbf{I}_n - \mathbf{P}_M$ を構成する．その際に各要素は $p_{ij}^{(m)} = p_{ij}^{(n)}\ (i \neq j),\ p_{ii}^{(m)} - K_{2n}/n \to 0\ (i,j = 1, \cdots, n)$

$$\plim_{n \to \infty} \frac{1}{n}\sum_{j=1}^{n}\left[p_{jj}^{(m)} - c\right]^2 = 0 \tag{6.33}$$

を満たすように定める．次に二つの $(K_1 + 1 + G_1) \times (K_1 + 1 + G_1)$ 確率行列を

$$\mathbf{G}_M = \begin{pmatrix} \mathbf{Z}_1' \\ \mathbf{Y}' \end{pmatrix} \mathbf{P}_M (\mathbf{Z}_1, \mathbf{Y}), \ \mathbf{H}_M = \begin{pmatrix} \mathbf{Z}_1' \\ \mathbf{Y}' \end{pmatrix} \mathbf{Q}_M (\mathbf{Z}_1, \mathbf{Y}) \tag{6.34}$$

により定める．そして二つの行列 $\mathbf{G}_M$ および $\mathbf{H}_M$ より LIML 推定の修正法 (AOM-LIML 推定量と呼ぶ) $\widehat{\boldsymbol{\theta}}_{MLI}\ (= (-\widehat{\boldsymbol{\gamma}}_{1.MLI}', \widehat{\boldsymbol{\beta}}_{MLI}')')$, $\widehat{\boldsymbol{\beta}}_{MLI}\ (= (1, -\widehat{\boldsymbol{\beta}}_{2.MLI}')')$ ($\boldsymbol{\theta} = (-\boldsymbol{\gamma}_1', 1, -\boldsymbol{\beta}_2')'$) を方程式

$$\left[\frac{1}{n}\mathbf{G}_M - \frac{1}{q_n}\lambda_1^*\mathbf{H}_M\right]\widehat{\boldsymbol{\theta}}_{MLI} = \mathbf{0} \tag{6.35}$$

の解として定義する．ここで $q_n = n - K_n\ (> 0)$ および λ_1^* は固有方程式

$$\left|\frac{1}{n}\mathbf{G}_M - \lambda^*\frac{1}{q_n}\mathbf{H}_M\right| = 0 \tag{6.36}$$

の最小根である．

こうした修正法としてもっとも簡単な方法としては行列の成分を $p_{ii}^{(m)} = c_n$, $p_{ij}^{(m)} = p_{ij}^{(n)}\ (i \neq j; i, j = 1, \cdots, n)$ として漸近的に最適な AOM-LIML 推定

6.3 IMLの修正法

量を構成すればよい.

ここで $p_{ii}^{(n)}$ $(i=1,\cdots,n)$ の値が c_n に近かったり, c_n の値が小さければ AOM-LIML 推定量は LIML 推定量に近い. また Hausman et al. (2007) は JLIML 推定量 (あるいは HLIM 推定量) を対角要素を取り除き $\mathbf{P}_H = (p_{ij}^*)$, $p_{ii}^* = 0$ $(i=1,\cdots,n)$ として, $\mathbf{P}_M$ および $\mathbf{Q}_M$ を $\mathbf{P}_H$ および $\mathbf{Q}_H = \mathbf{I}_n - \mathbf{P}_H$ を代入することにより導入している. この推定方法は AOM-LIML 推定量と同一ではないが, c_n の値が小さければしばしば数値的には AOM-LIML 推定量に近くなる. ただし, 一般には必ずしも同一とはいえず, 異なる挙動を示す場合もあるが, ここで説明した修正した推定量が定理 6.4 で示したようなある意味での (漸近的) 最適性を備えていることを Kunitomo (2008) が示している.

chapter 7

単位根・共和分と構造方程式モデル

7.1 単位根の検定問題

　経済時系列の計量分析ではしばらく前までは暗黙裡に確率的変動部分は統計的意味において定常的 (stationary) であることがしばしば仮定されていたが，その妥当性についての議論は少なかった．実際に行われた実証分析の多くではこの仮定は先験的になされていたが，近年の統計学の展開からみると実証分析に先立って検討すべき重要な統計的問題と考えられる．

　時系列分析の応用，例えば将来値の予測といった視点からはこの問題は特に重要である．そこでこれまでに定常性を巡る様々な統計的検定の方法が提案され，実際の分析で応用されるようになっている．統計的時系列分析では「定常性の条件」が成り立たない場合を「非定常性」と呼んでいるが，経済学にとってもっとも興味ある非定常性として酔歩 (ランダム・ウォーク) モデルの場合が重要である．マクロ時系列や金融時系列においてなぜランダム・ウォーク・モデルが自然な確率モデルとなりうるのか，という点については様々な論点があるが[*1]，この種の確率モデルを統計的に扱う問題，すなわち単位根問題 (unit root problem) は時系列の計量経済学という分野で活発に議論されてきている．定常的な統計モデルに対して単位根の存在を検定する問題は「単位根 (unit root) の検定」と呼ばれている．この問題に関連して，多次元時系列の場合には共和分 (co-integration) の検定と呼ばれる問題も経済学分野では多くの関心を集め

[*1] 数理・計量ファイナンスにおけるマルチンゲール (martingale) 理論については，例えば国友・高橋 (2004) が説明している．

7.1 単位根の検定問題

てきている．

例えば単位根問題に関する初期の研究として Dickey & Fuller (1979) が提案した単位根の検定方法が挙げられるが，その後の拡張として Hasza & Fuller (1979), Dickey & Fuller (1981), Hasza & Fuller (1982), Phillips (1987), Phillips & Perron (1988) などにより一連の単位根検定の方法が開発されている．近年ではマクロ時系列の実証分析においていずれかの単位根の検定方法が用いられることが多い．関連する問題として，Engle & Granger (1987) は共和分関係についての検定方法を提案したが，その後 Phillips & Ouliaris (1990), Johansen (1991) などが異なる共和分検定法を開発し，実証分析においても用いられるようになった．単位根や共和分の統計的検定はマクロ経済学や金融経済学 (ファイナンス) を中心とした実証的な経済時系列分析において今では広範に利用されている．しかしながらこれまでに様々な異なる検定方式が提案されており，なかには検定の意味づけの理解が困難なこともある．さらに実際的問題として，様々な検定方式をどのように用いればよいのかは必ずしも自明ではない．

本章ではまず単位根仮説についての様々な検定方式を系統的に導き，これまでに提案されている検定統計量の構造を考察する．ここでは計量モデルにおける誘導型から出発し，誘導型モデルを線形回帰モデルとして定式化し，計量経済モデルにおける単位根の仮説を多変量回帰モデルにおける係数の制約条件として考察する．本章では特に単純単位根 (simple unit root) 仮説，重単位根 (double unit roots) 仮説，季節単位根 (seasonal unit roots) 仮説，共和分 (co-integration) 仮説などを一般的に議論する．ここではなぜ様々な検定法が開発されるか，ということを理解するために統計量のクラスとして，尤度比検定 (likelihood ratio (LR) test), ラグランジュ乗数検定 (Lagrange multiplier (LM) test), およびワルド検定 (Wald test) を導入する．こうした検定統計量によりこれまでに知られている様々な統計量を導くとともにその意味や比較，さらに新たな検定法の可能性を考察する．

単位根問題における一つの重要な技術的論点は，単位根が存在すると統計学で標準的とされる分布論をかなり修正する必要が生じることである．単位根が存在する場合には確率論において不変原理 (invariance principle) として知られ

ているブラウン運動 (Brownian motion) を利用することが必要となる*2). 本章ではブラウン運動を利用した検定統計量の漸近分布について統一的に議論し,様々な単位根仮説の下での統計量の極限分布を導き,よく用いられている統計量の性質を統一的に理解できることを示す.その際には,極限分布の一般型から確率積分 (stochastic integration) における伊藤の補題 (Ito's Lemma) を用いることによって様々な統計量を導くことができることが鍵となる.また単位根が存在する場合の極限分布は標準的な正規分布や χ^2 分布ではないので既存の数表を利用することはできないが,極限分布の形が求まればモンテカルロ実験のシミュレーションなどによりパーセンテージ点を求められることを指摘する.

7.1.1 単位根仮説と統計量

時系列分析でもっとも基本的な1変量時系列モデルとして,1次自己回帰モデルを用いて単位根仮説を考えよう.

$$y_i = a_0 + a_1 y_{i-1} + v_i \quad (i = 1, \cdots, T) \tag{7.1}$$

ここで確率変数列 v_i は互いに独立に同一の正規分布に従う撹乱項であり,平均と分散はそれぞれ $\mathrm{E}(v_i) = 0$, $\mathrm{E}(v_i^2) = \sigma^2$, 初期値 y_0 は所与とする*3).この1次自己回帰モデルはしばしば AR(1) モデルと表現されるが,ドリフト (あるいは確定的トレンド) をもたない単位根仮説とは

$$H_{u1} : a_0 = 0, \ a_1 = 1 \tag{7.2}$$

である.この AR(1) モデルにおける単位根の検定問題を Dickey & Fuller (1979) が研究したが,実証分析における必要性から単位根検定法は様々な方向へと一般化されている.

統計的問題としては単位根検定法の一般化として三つの方向がありうる.第1には撹乱項 v_i に対してより一般的な系列相関を導入することであり,Phillips (1987) の研究が一つの端緒となった.第2には計量経済モデルに確率的変数

---

*2) 本書の議論に必要な中心極限定理,不変原理,ブラウン運動などについては巻末付録 A の数理的補論にまとめて説明しておく.数理的な議論にあまりこだわらなければ,例えば期待値 $\mathrm{E}(\cdot)$ と条件付期待値 $\mathrm{E}(\cdot | \mathcal{F}_{i-1})$ を区別する必要は少ない.本書の議論で必要な確率過程の説明は付録 A を参照されたい.

*3) 第7章・第8章では時系列を扱うので標本数は (n ではなく) T を利用する.

とともにより説明力を増すために決定論的な (deterministic parts) 外生変数 (exogenous variables) を導入することである. さらに第3には多次元の経済時系列への拡張という方向がある. 以下では第1と第2の問題を扱い, 次節で第3の問題を扱う. ここで被説明変数が1次元の線形時系列モデル

$$y_i = \boldsymbol{\gamma}' \mathbf{z}_i^* + a_1 y_{i-1} + \cdots + a_p y_{i-p} + v_i, \tag{7.3}$$

を考察する. ただし $\mathbf{z}_i^*$ は $K^* \times 1$ の厳密な意味での外生変数 (strictly exogenous) ベクトル, $\boldsymbol{\gamma}'$ は $1 \times K^*$ 係数ベクトル, $a_1, \ldots, a_p$ は (未知) 母係数, v_i は撹乱項 (スカラー) で条件 $\mathrm{E}(v_i) = 0, \mathrm{E}(v_i^2) = \sigma^2 \, (>0)$ を満足する i.i.d. 系列とする. 係数ベクトル $\boldsymbol{\gamma}' = (\boldsymbol{\gamma}_1', \boldsymbol{\gamma}_2')$ は $1 \times (K_1^* + K_2^*)$ のベクトルに分割する. この時系列モデルを

$$y_i = \boldsymbol{\beta}' \mathbf{z}_i + v_i \tag{7.4}$$

と表す. $\mathbf{z}_i$ は $K \times 1$ の先決変数 (predetermined variables) であり, 先決変数としては変数 $\mathbf{z}_i^*, y_{i-1}, \ldots, y_{i-p}$ あるいはその線形結合を含む.

(i) 単純単位根の場合

時系列モデル (7.3) を書き直すと

$$\begin{aligned} y_i &= \boldsymbol{\gamma}' \mathbf{z}_i^* + a_1 y_{i-1} + \cdots + (a_{p-1} + a_p) y_{i-(p-1)} - a_p \Delta y_{i-(p-1)} + v_i \\ &= \boldsymbol{\gamma}' \mathbf{z}_i^* + b_1 y_{i-1} + \sum_{j=2}^{p} b_j \Delta y_{i-(j-1)} + v_i \end{aligned} \tag{7.5}$$

となる. ここで階差作用素 Δ は $\Delta y_i = (1 - \mathcal{L}) y_i = y_i - y_{i-1}$ により定めるが, $\mathcal{L}$ はしばしばラグ作用素と呼ばれている (例えば $\mathcal{L} y_i = y_{i-1}, \mathcal{L}^2 y_i = \mathcal{L} y_{i-1} = y_{i-2}$ である). 係数は $b_1 = \sum_{k=1}^{p} a_k$, $b_j = -\sum_{k=j}^{p} a_k \ (j = 2, \ldots, p)$ で与えられる. 単位根仮説は制約条件

$$H_{u1}^{(1)} : \boldsymbol{\gamma}_2 = \mathbf{0}, b_1 = 1 \tag{7.6}$$

と表現される. この単位根仮説を検定するための議論をわかりやすくすることを目的に固有方程式

$$\left| \zeta^{p-1} - \sum_{j=2}^{p} \zeta^{p-j} b_j \right| = 0 \tag{7.7}$$

のすべての根の絶対値が 1 よりも小さいことを仮定する.

この仮説の例として Dickey & Fuller (1979), Dickey & Fuller (1981) では定数および線形トレンドという 2 つの外生変数を用いて検定統計量を導いた. 本章での記号では $\mathbf{z}_i^* = (1, i - T/2)', i = 1, 2, \ldots, T$ の場合となる. さらに Perron (1989) はトレンド関数の変化点を表現するためにいくつかのダミー変数を外生変数として用いている. Perron (1989) の外生変数は $\mathbf{z}_i^* = (1, DU_i, i)$,

$$DU_i = \begin{cases} 0 & \text{if} \quad i < [\lambda T] \\ 1 & \text{if} \quad [\lambda T] \leq i \leq T \end{cases} \tag{7.8}$$

である. ここで時点 $[\lambda T]$ は変化点を表すが[*4)], Perron (1989) はトレンド関数が変化する場合を考察したのである.

(ii) 重単位根の場合

単純単位根とは原系列 y_i の階差操作を施した系列 $x_i = \Delta y_i \ (= y_i - y_{i-1})$ が (弱) 定常過程となることを意味する[*5)]. この場合には原系列は $I(1)$ 系列と呼ばれる. この操作をもう一度繰り返すと $I(2)$ 系列が定義される. こうした和分系列モデルの例として重単位根仮説を考察してみよう. (7.5) 式をさらに変形すると

$$\begin{aligned} y_i &= \boldsymbol{\gamma}' \mathbf{z}_i^* + b_1 y_{i-1} + \cdots - b_p \Delta^2 y_{i-(p-2)} + v_i \\ &= \boldsymbol{\gamma}' \mathbf{z}_i^* + c_1 y_{i-1} + c_2 \Delta y_{i-1} + \sum_{j=3}^{p} c_j \Delta^2 y_{i-(j-2)} + v_i \end{aligned} \tag{7.9}$$

となる. ここで重階差作用素 (double difference operator) Δ^2 は $\Delta^2 y_i = \Delta y_i - \Delta y_{i-1} = y_i - 2y_{i-1} + y_{i-2}$ により定める. 係数は $c_1 = b_1, c_2 = \sum_{k=2}^{p} b_k$, $c_j = -\sum_{k=j}^{p} b_k \ (j = 3, \ldots, p)$ で与えられる. 重単位根仮説を

$$H_{u1}^{(2)} : \boldsymbol{\gamma}_2 = \mathbf{0}, \ c_1 = c_2 = 1 \tag{7.10}$$

と表現する. この仮説の検定問題では通常は固有方程式

$$\left| \zeta^{p-2} - \sum_{j=3}^{p} \zeta^{p-j} c_j \right| = 0 \tag{7.11}$$

[*4)] ここで実数 a に対して $[a]$ は a を越えない最大の整数を意味する.

[*5)] 数理的には階差系列が定常過程であり, 階差系列の原点におけるスペクトル密度関数がゼロとならない場合, により定義する. スペクトル密度が原点でゼロの場合は過剰階差が生じていると呼ばれる.

のすべての根の絶対値が 1 よりも小さいことを仮定する.

重単位根仮説の検定方法は Hasza & Fuller (1979) により研究されたが, 外生変数が存在しない場合, および定数と線形トレンド $\mathbf{z}_i^* = (1, i)'$ となる場合のみを扱っている. 例えば 2 回階差が定常過程の場合には説明変数として定数項が存在すると, 簡単な分析から重単位根仮説の下では大域的には 2 次関数のトレンド項が生じる.

(iii) 季節単位根の場合

経済時系列には様々な観測期間がある. 1 年以内, 例えば四半期, 月次, 1 日などの頻度で計測される多くの経済時系列データでは年単位での周期性が観察される. こうした周期性を季節性と呼ぶ. 多くの経済活動の計算単位が 1 年であることからこうした現象が見られるが, 経済時系列の季節性については様々な時系列の表現方法が考えられる. 統計的時系列分析では季節単位根仮説が季節調整や予測といった応用的な目的にとって重要な役割を演じている[*6]. ここで d を季節ラグとして, 具体的には 2 (半期), 4 (四半期), 12 (月次) などを含むものとしよう. 季節階差作用素 (seasonal difference operator) Δ_d を $\Delta_d y_i = y_i - y_{i-d}$ ($d > 1$) により定めるが, 次数について条件

$$p \geq d + 2 \tag{7.12}$$

として, さらに $\Delta y_i = -\Delta_d \Delta y_{i+d} + \Delta y_{i+d}$ を利用すると次の表現が得られる.

$$\begin{aligned} y_i &= \boldsymbol{\gamma}' \mathbf{z}_i^* + b_1 y_{i-1} + b_2 \Delta y_{i-1} + \cdots + b_{d+1} \Delta y_{i-d} \\ &\quad + \cdots + b_p \Delta y_{i-(p-1)} + v_i \\ &= \boldsymbol{\gamma}' \mathbf{z}_i^* + d_1 y_{i-1} + d_2 \Delta y_{i-1} + \cdots + d_{d+1} \Delta y_{i-d} \\ &\quad + d_{d+2} \Delta_d \Delta y_{i-1} + \cdots + d_p \Delta_d \Delta y_{i-(p-1-d)} + v_i \end{aligned} \tag{7.13}$$

この表現での係数はそれぞれ $d_1 = b_1$, $d_j = \sum_{k=0}^{[p/d]} b_{[j+dk]}$ ($j = 2, \ldots, d+1$), $d_j = -\sum_{k=0}^{[p/d]} b_{[j+dk]}$ ($j = d+2, \ldots, p$) により定める. このとき季節 (重) 単位根仮説は

$$H_{u1}^{(3)}: d_1 = d_{d+1} = 1, \quad d_2 = \cdots = d_d = 0, \ \boldsymbol{\gamma}_2 = \mathbf{0} \tag{7.14}$$

と表現できる. ここで季節単位根仮説の検定では固有方程式

[*6] 季節性と季節調整を巡る問題については, 例えば国友 (2006) を参照されたい.

$$\left|\zeta^{p-d-1} - \sum_{j=d+2}^{p} \zeta^{p-j} d_j\right| = 0 \tag{7.15}$$

のすべての根の絶対値が 1 よりも小さいことを仮定する必要が生じる.

例えば Hasza & Fuller (1981) は季節単位根を条件 $d_2 = \cdots = d_d = 0$, $\boldsymbol{\gamma}_2 = \mathbf{0}$ を仮定したが, 季節 (単純) 単位根をはじめ様々な季節単位根が考えられる. ここでの仮定が妥当であるか否かは経済時系列の季節性のとらえ方と関係することを指摘しておく. また重単位根仮説は形式的には季節階差 $d = 1$ とする季節単位根仮説とも見なしうる.

7.2 多次元時系列と非定常性

7.2.1 多次元時系列における共和分仮説

次に 2 次元以上の経済時系列の統計的モデルを分析しよう. 線形計量モデルを仮定して時刻 i における内生変数を G 次元ベクトル $\mathbf{y}_i$ とすると誘導型モデルは多変量時系列モデル

$$\mathbf{y}_i = \boldsymbol{\Gamma}\mathbf{z}_i^* + \boldsymbol{\Pi}_1\mathbf{y}_{i-1} + \cdots + \boldsymbol{\Pi}_p\mathbf{y}_{i-p} + \mathbf{v}_i \tag{7.16}$$

により表現される. ここで $\mathbf{z}_i^*$ は $K^* \times 1$ の厳密な意味での外生変数 (strictly exogenous) ベクトルとすると, $\boldsymbol{\Gamma}$ は $G \times K^*$ 係数行列, $\boldsymbol{\Pi}_1, \ldots, \boldsymbol{\Pi}_p$ は $G \times G$ 係数行列, $\mathbf{v}_i$ は $G \times 1$ の撹乱項ベクトルを表す. $\mathcal{F}_i$ は変数 $\mathbf{y}_0, \mathbf{z}_1^*, \mathbf{v}_1, \cdots, \mathbf{z}_i^*, \mathbf{v}_i, \mathbf{z}_{i+1}^*$ から生成される σ-集合体であり, 内生変数 $\mathbf{y}_i$ は $\mathcal{F}_i$-可測である. 撹乱項 $\mathbf{v}_i$ の条件付期待値と条件付共分散行列はそれぞれ

$$\mathrm{E}(\mathbf{v}_i|\mathcal{F}_{i-1}) = \mathbf{0} \quad \text{a.s.} \tag{7.17}$$

$$\mathrm{E}(\mathbf{v}_i\mathbf{v}_i'|\mathcal{F}_{i-1}) = \boldsymbol{\Omega}_i \quad \text{a.s.} \tag{7.18}$$

となるマルチンゲール差分過程を仮定する. $\mathcal{F}_i$ は確率変数列 $\mathbf{z}_1, \mathbf{v}_1, \cdots, \mathbf{z}_t, \mathbf{v}_t, \mathbf{z}_{i+1}$ から生成される σ-集合体であり時刻 i における過去の情報 $\mathcal{F}_{i-1}$ を所与とした条件付分散の条件であるから, 条件付共分散行列 $\boldsymbol{\Omega}_i$ とおく[*7].

[*7] 確率変数列 $\{\mathbf{v}_i\}$ が互いに独立で期待値 $\mathbf{0}$, 分散・共分散行列 $\boldsymbol{\Omega}$ (一定) のときにはこれらの条件は自動的に満たされる. したがって本章の命題に必要なほとんどの条件は自動的に満たされる. 数理的な議論を気にしなければ撹乱項 $\mathbf{v}_i$ が互いに独立な確率変数ベクトルと仮定してもよい.

なお以下の説明では便宜上でしばしば $\boldsymbol{\Omega}_i = \boldsymbol{\Omega}$ を仮定して分析する.

多変量時系列モデル (7.16) に従う時系列の確率的挙動はその自己回帰部分により規定される. 自己回帰部分の固有方程式を

$$\left| \zeta^p \mathbf{I}_G - \sum_{j=1}^{p} \zeta^{p-j} \boldsymbol{\Pi}_j \right| = 0 \tag{7.19}$$

とする. 時間とともに指数的に発散する自己回帰部分を含む時系列モデルは考察しないので次の条件を仮定する.

[仮定 A]: 固有方程式 (7.19) を満足する固有値を ζ_j $(j = 1, \cdots, pG)$ とすると $|\zeta_j| \leq 1$ である.

多変量時系列モデル (7.16) に対して階差操作を利用すると前節の議論と同様に次のような表現を得る.

$$\begin{aligned}\mathbf{y}_i &= \boldsymbol{\Gamma} \mathbf{z}_i^* + \boldsymbol{\Pi}_1 \mathbf{y}_{i-1} + \cdots + (\boldsymbol{\Pi}_{p-1} + \boldsymbol{\Pi}_p)\mathbf{y}_{i-(p-1)} - \boldsymbol{\Pi}_p \Delta \mathbf{y}_{i-(p-1)} + \mathbf{v}_i \\ &= \boldsymbol{\Gamma} \mathbf{z}_i^* + \mathbf{B}_1 \mathbf{y}_{i-1} + \sum_{j=2}^{p} \mathbf{B}_j \Delta \mathbf{y}_{i-(j-1)} + \mathbf{v}_i \end{aligned} \tag{7.20}$$

ここでラグ作用素 L と階差作用素 Δ $(= 1 - L)$ はスカラーの場合と同様に $L\mathbf{y}_i = \mathbf{y}_{i-1}$, $\Delta \mathbf{y}_i = \mathbf{y}_i - \mathbf{y}_{i-1}$ により定める. 表現 (7.20) における係数行列は

$$\mathbf{B}_1 = \sum_{k=1}^{p} \boldsymbol{\Pi}_k, \quad \mathbf{B}_j = -\sum_{k=j}^{p} \boldsymbol{\Pi}_k \quad (j = 2, \ldots, p)$$

で与えられる.

単位根問題の重要性が認識される以前に行われた経済時系列を用いた実証分析の多くでは, 時系列データの原系列 $\{\mathbf{y}_i\}$ にトレンドがあると認められる場合には先験的に $\mathbf{B}_1 = \mathbf{I}_G$ とおいて, 階差系列 $\{\Delta \mathbf{y}_i\}$ に対して定常時系列モデルをあてはめることが一般的であった. 一つの理由は 1980 年頃までは標準的であった統計的時系列分析が定常的確率過程に関する統計的分析法であったためであろう. 既存の統計手法が依拠する条件を満たすために (多くの場合には) ナイーブに原系列の階差, あるいは対数変換値の階差 (すなわち変化率) に変換して複数の時系列を分析していたのである. 一般に階差系列 $\{\Delta \mathbf{y}_i\}$ が (退化しな

い) 定常確率過程に従うとき原系列 $\{\mathbf{y}_i\}$ は和分過程 (integrated process, 略して $I(1)$ と表す) に従うという. ここで階差系列 $\{\Delta \mathbf{y}_i\}$ の確率部分が定常的となることは次の条件で表現される.

[仮定 B] :　固有方程式

$$\left| \zeta^{p-1}\mathbf{I}_G - \sum_{j=2}^p \zeta^{p-j}\mathbf{B}_j \right| = 0 \tag{7.21}$$

を満足する固有値を $\zeta_j\ (j=1,\cdots,(p-1)G)$ とすると $|\lambda_j|<1$ である.

次に多次元時系列 $\{\mathbf{y}_t\}$ 間に共和分関係 (co-integrated relation) があることを特徴づけよう. (7.20) 式において係数行列を $\mathbf{B}_1 = \mathbf{I}_G + \mathbf{B}^*$ とおいて書き直すと

$$\Delta \mathbf{y}_i = \mathbf{\Gamma}\mathbf{z}_i^* + \mathbf{B}^*\mathbf{y}_{i-1} + \sum_{j=2}^p \mathbf{B}_j \Delta \mathbf{y}_{i-(j-1)} + \mathbf{v}_i \tag{7.22}$$

となる. ここで係数行列 $\mathbf{B}^*$ の階数 (rank) を

$$H_{c2}:\quad \mathrm{rank}(\mathbf{B}^*) = r$$

とすると, 階数 r により多変量時系列モデル (7.16) で与えられる時系列 $\{\mathbf{y}_t\}$ の非定常性は次のように分類できる. まず階数 $r=0$ のときは係数行列 $\mathbf{B}^*$ はゼロ行列となるので階差系列 $\{\Delta \mathbf{y}_i\}$ に対する線形時系列モデルが得られる. さらに [仮定 B] の条件下ではこの階差系列は定常的になることがわかる. 次に階数が次元に一致する $(r=G)$ 場合を考えよう. この場合には [仮定 A] の下では原系列 $\{\mathbf{y}_i\}$ は単位根をもたない. このことは次のように考えればよい. (7.16) 式における自己回帰表現の ζ に関する多項式を

$$\mathbf{\Pi}(\zeta) = \lambda^p \mathbf{I}_G - \sum_{j=1}^p \zeta^{p-j}\mathbf{\Pi}_j \tag{7.23}$$

とおく. このとき係数行列 $\mathbf{B}^*$ を使って

$$\mathbf{\Pi}(\zeta) = -\zeta^{p-1}\mathbf{B}^* + (\zeta-1)\left[\zeta^{p-1}\mathbf{I}_G - \sum_{j=2}^p \zeta^{p-j}\mathbf{B}_j\right] \tag{7.24}$$

と書き直せる. この表現で $\zeta=1$ を形式的に代入すると

$$|\mathbf{\Pi}(1)| = |-\mathbf{B}^*| \neq 0$$

となる．このことから単位根は固有方程式 (7.19) の根ではありえないことがわかる．さらにここで固有方程式の根として $\zeta = 1$ の他に $|\zeta| \neq 1$ となる根が存在しなければ原系列 $\{\mathbf{y}_t\}$ は定常性の条件を満足する．

階数 r についての最後の可能性は $0 < r < G$ となる場合である．このときの非定常性の分析は少し複雑になる．そこでこの場合についての条件を次のような命題としてまとめておくことにする．命題の証明は 7.5 節に与えておく．

定理 7.1： 時系列 $\{\mathbf{y}_t\}$ が (7.16) に従い [仮定 A] を満たすとする．このとき次の条件 (C) と条件 (D) は同等である．

[条件 C]： $\zeta_j = 1 \ (1 \leq j \leq G_0), |\zeta_j| < 1 \ (G_0 + 1 \leq j \leq pG)$

[条件 D]： (i) $r = \text{rank}(\mathbf{B}^*), 0 < r \ (= G - G_0) < G$, (ii) $|\boldsymbol{\alpha}'_{\perp} \mathbf{D}(1) \boldsymbol{\beta}_{\perp}| \neq 0$, (iii) $\zeta_j \neq e^{i\theta}, (\theta \neq 0, j = 1, \cdots, pG)$.

ただし $\boldsymbol{\alpha}_{\perp}$ と $\boldsymbol{\beta}_{\perp}$ はそれぞれ行列 $\mathbf{B}^*$ の各列ベクトルと各行ベクトルに直交するベクトルを列ベクトルとして並べて作った $G \times G_0 \ (G_0 = G - r)$ 行列で階数は G_0 である．また多項式行列 $\mathbf{D}(\zeta)$ は

$$\mathbf{D}(\zeta) = \zeta^{p-1} \mathbf{I}_G - \sum_{j=2}^{p} \zeta^{p-j} \mathbf{B}_j \tag{7.25}$$

で与えた．

いくつかの注意事項を述べておこう．条件 (C) は単位根の存在状態を示し，単位根の数が次元よりも少ないことを意味している．条件 (D-i) は共和分関係の条件としてよく用いられる．線形代数の議論から条件 (D-i) の下では

$$\mathbf{B}^* = \boldsymbol{\alpha} \boldsymbol{\beta}' \tag{7.26}$$

となる階数 r の $G \times r$ 行列 $\boldsymbol{\alpha}, \boldsymbol{\beta}$ が存在する．このとき $G \times G_0 \ (G_0 = G - r)$ 行列 $\boldsymbol{\alpha}_{\perp}$ と $\boldsymbol{\beta}_{\perp}$ の各列ベクトルはそれぞれ行列 $\boldsymbol{\alpha}$ と $\boldsymbol{\beta}$ の各列ベクトルと直交している．

この結果から共和分関係の誤差修正表現として知られている関係が得られる[*8]．条件 (D-ii) は例えば [仮定 B] の下では一般に成り立つ．このことは [仮定

[*8] この問題については第 8 章の定理 8.3 も参照されたい．

B] の下では行列 $\mathbf{D}(1)$ が正則となることより明らかである. 最後に条件 (D-iii) について言及しておこう. この条件は季節単位根や負の単位根の存在を排除するものである. 一般には季節単位根や負の単位根が存在する可能性を排除できるような簡単な条件を見つけ出すことは困難なようである[*9].

例えば [仮定 B] は条件 (D-iii) の必要条件でも十分条件でもない. もしこのような単位根の存在が実証的に問題とならないならば [仮定 A] を修正してはじめからこうした単位根を排除しておくことが考えられよう. この場合には [仮定 A] を次のように修正する必要がある.

[仮定 A′]: 固有方程式 (7.19) を満足する固有値は条件 $|\zeta_j| < 1$ または $\zeta_j = 1$ $(j = 1, \cdots, pG)$ を満たす.

例えば共和分問題について比較的よく知られている Johansen (1991) では外生変数として定数項のみ存在するとした上ではじめから [仮定 A′] を仮定している. 定理 7.1 より次の命題が得られることは明らかであろう.

系 7.1: 多変量時系列モデル (7.16) において [仮定 A′ の] 下では条件 (C) と条件 (D-i) および (D-ii) とは同等となる.

7.2.2 単位根・階数条件の仮説検定

1 次元時系列モデル (7.3) における単位根仮説, 多変量時系列モデル (7.16) における共和分仮説を含めて検定方法を考察しよう. (7.22) 式を整理して

$$\Delta \mathbf{y}_i = \mathbf{\Pi} \mathbf{z}_i + \mathbf{v}_i \tag{7.27}$$

と表現する. ここで $\mathbf{z}_i$ は $K \times 1$ の先決変数 (predetermined variables) である. (7.20) 式より先決変数として変数

$$\mathbf{z}_i' = (\mathbf{z}_i^{*\prime}, \mathbf{y}_{i-1}', \Delta \mathbf{y}_{i-1}', \cdots, \Delta \mathbf{y}_{i-(p-1)}')$$

をとれば説明変数の数は $K = K^* + G \times p$ である. また係数 $\boldsymbol{\beta}$ は $G \times K$ の回帰係数行列である. したがって (7.27) 式は被説明変数が $\{\Delta \mathbf{y}_i\}$, 説明変数が

[*9] 季節性が明瞭に観察される時系列において原系列を直接に分析する場合には季節単位根や季節和分関係を巡る問題が重要であるが, 本書では季節性を巡るこれらの問題は扱わない.

$\{\mathbf{z}_i\}$ の多変量回帰モデルとみなせる.

ここで係数行列 $\boldsymbol{\beta}$ の階数についての帰無仮説を考えよう. 仮説を述べるために説明変数 $\mathbf{z}_i' = (\mathbf{z}_{1i}', \mathbf{z}_{2i}')$ を $1 \times K_1$ および $1 \times K_2$ の先決変数ベクトルに分割し, 係数行列 $\boldsymbol{\Pi} = (\boldsymbol{\Pi}_{1\cdot}', \boldsymbol{\Pi}_{2\cdot}')$ を $G \times (K_1 + K_2)$ 行列に分割しておく. 次に係数行列 $\boldsymbol{\Pi}_{2\cdot}'$ の階数条件を

$$H_{c2}^{(1)} : \operatorname{rank}(\boldsymbol{\Pi}_{2\cdot}) = r$$

で表す. ここで特に $\boldsymbol{\Pi}_{2\cdot}' = \mathbf{B}^*$, $\boldsymbol{\Pi}_{1\cdot}' = (\boldsymbol{\Gamma}, \mathbf{B}_2, \cdots, \mathbf{B}_p)$ とおけば仮説 $H_{c2}^{(1)}$ は定理 7.1 の条件 (D-i) に対応する.

すでに説明したように統計的多変量解析でよく知られている係数行列の階数条件仮説はもともと Anderson (1951) によって考察された縮小階数回帰問題と同一である[*10]. ここで多変量回帰モデル (7.27) における階数仮説に対する検定統計量を導いておこう. 母係数行列 $\boldsymbol{\Pi}$ の最小二乗推定量は

$$\widehat{\boldsymbol{\Pi}} = \sum_{i=1}^{T} \Delta \mathbf{y}_i \mathbf{z}_i' \left(\sum_{i=1}^{T} \mathbf{z}_i \mathbf{z}_i' \right)^{-1} = \Delta \mathbf{Y}' \mathbf{Z} (\mathbf{Z}' \mathbf{Z})^{-1} \qquad (7.28)$$

で与えられる. ここで T は標本数, $\Delta \mathbf{Y}$ は変数ベクトル $\{\Delta \mathbf{y}_i'\}$ の観測値からなる $T \times G$ 行列, $\mathbf{Z} = (\mathbf{Z}_1, \mathbf{Z}_2)$ は $K (= K_1 + K_2)$ 個の先決変数 $\mathbf{z}_i' = (\mathbf{z}_{1i}', \mathbf{z}_{2i}')$ の観測値からなる $T \times K$ 行列である. 最小二乗推定量の行列を分割して

$$\widehat{\boldsymbol{\Pi}} = (\widehat{\boldsymbol{\Pi}}_{1\cdot}', \widehat{\boldsymbol{\Pi}}_{2\cdot}')$$

とする. この分割された行列はそれぞれ母数行列 $\boldsymbol{\Pi} = (\boldsymbol{\Pi}_{1\cdot}', \boldsymbol{\Pi}_{2\cdot}')$ に対応する推定量となっている. ここで帰無仮説 H_{c2} として階数条件の検定問題を考察しよう. $0 \leq \nu_1 \leq \ldots \leq \nu_G$ を固有方程式

$$\left| \frac{1}{T} \boldsymbol{\Theta}_T - \nu \boldsymbol{\Omega} \right| = 0 \qquad (7.29)$$

に対応する固有根とする. ただし

$$\boldsymbol{\Theta}_T = \boldsymbol{\Pi}_{2\cdot}' \mathbf{A}_{22.1} \boldsymbol{\Pi}_{2\cdot}$$
$$\mathbf{A}_{22.1} = \mathbf{Z}_2' \mathbf{Z}_2 - \mathbf{Z}_2' \mathbf{Z}_1 \left(\mathbf{Z}_1' \mathbf{Z}_1 \right)^{-1} \mathbf{Z}_1' \mathbf{Z}_2$$

[*10] さらにこの仮説は数学的には線形構造方程式モデルにおけるブロック識別性条件 (block identification hypothesis) と同等であることについてはすでに第 4 章で議論した.

である．このとき階数条件 $H_2^{(1)}$ は数学的には固有根についての仮説

$$H_\nu : \nu_1 = \cdots = \nu_{G_0} = 0, \ 0 < \nu_{G_0+1} \leq \cdots \leq \nu_G \ (G_0 = G - r)$$

と同等である．未知母数 $\boldsymbol{\beta}_2$ に対応する最小二乗推定量を代入すると固有方程式 (7.29) に対応する標本固有方程式は

$$|\Delta \mathbf{Y}'(\mathbf{P}_Z - \mathbf{P}_{Z_1})\Delta \mathbf{Y} - \lambda \Delta \mathbf{Y}' \bar{\mathbf{P}}_Z \Delta \mathbf{Y}| = 0 \tag{7.30}$$

となる．この式を導く上では関係

$$\widehat{\boldsymbol{\Pi}}'_{2\cdot} \mathbf{A}_{22.1} \widehat{\boldsymbol{\Pi}}_{2\cdot} = \Delta \mathbf{Y}'(\mathbf{P}_Z - \mathbf{P}_{Z_1})\Delta \mathbf{Y}$$

を用いた．なおここで記号 $\mathbf{P}_Z = \mathbf{Z}(\mathbf{Z}'\mathbf{Z})^{-1}\mathbf{Z}'$ は行列 $\mathbf{Z}$ の列ベクトルが張る空間への射影作用素であるが，任意の退化しない行列 $\mathbf{Z}$ に対して直交する射影作用素は $\bar{\mathbf{P}}_Z = \mathbf{I}_T - \mathbf{P}_Z$ で与えられる．

例えば係数行列の階数についての帰無仮説 $H_{c2}^{(1)} : \mathrm{rank}(\mathbf{B}^*) = r$ に関心があるとする．検定統計量の構成には被説明変数 (ベクトル) $\Delta \mathbf{y}_i$, 説明変数 (ベクトル) として

$$\mathbf{z}'_i = (\mathbf{z}_i^{*'}, \mathbf{y}'_{i-1}, \Delta \mathbf{y}'_{i-1}, \cdots, \Delta \mathbf{y}'_{i-(p-1)})$$
$$\mathbf{z}'_{1i} = (\mathbf{z}_i^{*'}, \Delta \mathbf{y}'_{i-1}, \cdots, \Delta \mathbf{y}'_{i-(p-1)})$$

とする統計量を考察する．他方，トレンドを含む共和分仮説として

$$H_{c2}^{(2)} : \mathrm{rank}(\mathbf{B}_{2\cdot}) = r, \ \boldsymbol{\Gamma}_2 = \mathbf{O}$$

も同様に考えられる．この場合には後で説明するように $\mathbf{z}'_{1i} = (\mathbf{z}_{1i}^{*'}, \Delta \mathbf{y}'_{i-1}, \cdots, \Delta \mathbf{y}'_{i-(p-1)})$, $\mathbf{z}_{1i}^* = \Delta \mathbf{z}_{2i}^*$ とするのが自然となる．

多変量解析ではよく利用される変換に対する検定統計量の不変性を考慮して，直交変換に対して不変な十分統計量の関数のみを統計量として考えよう．すなわち階数条件仮説 H_2 ($H_2^{(1)}, H_2^{(2)}$ など) に対する検定統計量としてクラス RT_2 を関数

$$RT_2 = T \times g(\lambda_1, \cdots, \lambda_{G_0}) \tag{7.31}$$

と定める．ここで $0 \leq \lambda_1 \leq \cdots \leq \lambda_{G_0}$ は固有方程式 (7.30) を満足する小さい

方から選んだ G_0 個の固有値である。関数 $g(\cdot)$ については $g(\cdot)$ が滑らかな関数であって次の3条件を満足するものとする.

(i) $g(0,\cdots,0) = 0$, (ii) $g(\lambda_1^*,\cdots,\lambda_{G_0}^*)$ は原点 $(\lambda_1,\cdots,\lambda_{G_0}) = (0,\cdots,0)$ において全微分可能である, (iii)

$$\left.\frac{\partial g}{\partial \lambda_j}\right|_{\lambda_1=\cdots=\lambda_{G_0}^*=0} = 1 \quad (j=1,\cdots,G_0)$$

ここで検定統計量に課した以上の制約条件は便利であるがより一般化することが可能である。例えば共和分関係が成立するとき純粋な外生変数 $\mathbf{z}_i^*$ が存在するとき, $\mathbf{z}_{1i}$, $\mathbf{z}_{2i}$ と分割して制約を入れることが $I(1)$ 過程の場合には自然であると考えられる。こうした状況でも実用的にここで導入した検定統計量のクラスは十分に一般的である。この統計量 RT_2 は様々な実用的な例を含んでいる。例えば撹乱項 $\{\mathbf{v}_t\}$ が正規分布に従う場合に均一分散の仮定の下で統計量 RT_1 は仮説 H_1 に対する尤度比統計量, ラグランジュ乗数統計量, ワルド統計量などを含んでいる。仮説 H_2 の下で $(-2) \times$ (対数尤度比) は

$$LR_2 = T\sum_{j=1}^{G_0} \log(1+\lambda_j) \tag{7.32}$$

で与えられる。同様にラグランジュ乗数統計量とワルド統計量はそれぞれ

$$LM_2 = T\sum_{j=1}^{G_0} \frac{\lambda_j}{(1+\lambda_j)} \tag{7.33}$$

$$W_2 = T\sum_{j=1}^{G_0} \lambda_j \tag{7.34}$$

となる.

例えば Johansen (1991) は外生変数として定数項を含む誘導型モデルにおいて定理 7.1 の条件 (D-i) に対する尤度比統計量を導いている。Johansen (1991) 統計量は LR_1 とほぼ同等である。また Kunitomo (1996) は様々な共和分関係の仮説に対する検定統計量を考察している。ここで導いた統計量の形から三つの統計量 (ワルド統計量, 尤度比統計量, ラグランジュ乗数統計量) の間には不等式

$$W_2 \geq LR_2 \geq LM_2 \geq 0 \tag{7.35}$$

が成立する．この不等式から同一の分布を用いて検定を行うと三つの統計量の中ではワルド統計量は帰無仮説をより棄却する傾向にあり，ラグランジュ乗数統計量は同じ帰無仮説をより受容する傾向があり，尤度比統計量はその中間になるが，この不等式は通常の多変量解析の線形モデルについてよく知られた関係に対応する．

特に $G=1$ の場合には以上で説明した統計量はきわめて単純になる．この場合の仮説 H_2 は帰無仮説 H_1 に対応しているが，回帰分析の標準的用語では被説明変数を $\Delta \mathbf{y}_i$，説明変数を $\mathbf{z}_i$ とした残差平方和を $URSS$ とすれば $URSS = \Delta \mathbf{Y}' \bar{\mathbf{P}}_Z \Delta \mathbf{Y}$ となる．同様に被説明変数を $\Delta \mathbf{y}_i$，説明変数を $\mathbf{z}_{1i}$ とした残差平方和を $RRSS$ とすれば明らかに $RRSS = \Delta \mathbf{Y}' \bar{\mathbf{P}}_{Z_1} \Delta \mathbf{Y}$ で与えられる．したがって (7.30) 式を満たす固有値は

$$\lambda = \frac{RRSS - URSS}{URSS} \tag{7.36}$$

に対応する．そこでこの場合に (7.31) 式で与えられる統計量を RT_1 と表現しておこう．このクラスとして尤度比統計量は

$$LR_1 = T \log \left(\frac{RRSS}{URSS} \right) \tag{7.37}$$

と表現される．こうした統計量の表現は標準的な回帰分析の教科書で説明されている係数の制約に関する検定統計量の表現に一致する．仮説 $H_{u1}^{(1)}$, $H_{u1}^{(2)}$, $H_{u1}^{(3)}$ ではいずれもトレンドを含んだ仮説であるから $\mathbf{z}_i^{'} = (\mathbf{z}_i^{*'}, \mathbf{y}_{i-1}^{'}, \Delta \mathbf{y}_{i-1}^{'}, \cdots, \Delta \mathbf{y}_{i-(p-1)}^{'})$, $\mathbf{z}_{1i}^{'} = (\mathbf{z}_{1i}^{*'}, \Delta \mathbf{y}_{i-1}^{'}, \cdots, \Delta \mathbf{y}_{i-(p-1)}^{'})$ として構成する統計量 RT_1 (LR_1, LM_1, W_1) を考察する．

以上の考察より単位根の検定問題は $G=1, r=0$ とすると $G_0 = G - r = 1$ となる共和分問題の特殊な場合とみることができる．誤差項の正規性の仮定の下での尤度比検定統計量などをはじめ，ラグランジュ乗数検定統計量，ワルド検定統計量などを利用することができる．t 検定タイプの検定統計量については次節で議論するが，次節で示されるように多くの場合には漸近分布は誤差項の分布にはよらない．

7.3 検定統計量の漸近分布

これまでに説明した単位根仮説・共和分仮説に関する統計量の漸近分布を考察しよう．撹乱項 $\mathbf{v}_i$ はマルチンゲール差分であり，条件付共分散行列 $\mathbf{\Omega}_i = \mathrm{E}(v_i v_i' | \mathcal{F}_{i-1})$ は例えば確率変数 $\mathbf{z}_1, \mathbf{v}_1, \cdots, \mathbf{z}_{i-1}, \mathbf{v}_{i-1}, \mathbf{z}_i$ の関数などが想定できる．ここで条件付期待値の条件 $\mathcal{F}_{i-1}$ は時刻 $i-1$ において利用可能な情報集合であり，先決変数 $\mathbf{z}_i$ の中には過去の被説明変数 $\mathbf{y}_{i-1}, \mathbf{y}_{i-2}, \cdots, \mathbf{y}_{i-p}$ あるいはその階差を有限個含んでいることに注意しておく．自己回帰項の次数 p は理論的には標本数 T とともに大きくなっても条件 $p/T \to 0$ を満足していれば議論の多くは同様に扱うことができるが，ここでは最大次数 p は固定されていると仮定する．

ここで (7.3) 式に現れる純粋の外生変数 $\mathbf{z}_t^*$ について次のような追加的な条件を課す．基準化行列 $(K^* \times K^*)$ をとり任意の $0 < t \leq 1$ に対して $T \to \infty$ のとき

$$\mathbf{D}_T^{*-1} \sum_{i=1}^{[Tt]} \mathbf{z}_i^* \mathbf{z}_i^{*'} \mathbf{D}_T^{*-1'} \xrightarrow{p} \mathbf{M}^*(t) = \int_0^t \mathbf{m}^*(t) \mathbf{m}^{*'}(t) dt \tag{7.38}$$

となり，$\mathbf{D}_T^* \to \infty$，$\mathbf{M}^*(t)$ は正則行列とする．さらに数理的に便利な条件として $T \to \infty$ のとき

$$\mathbf{\Psi}_T = \frac{1}{T} \mathrm{tr} \left(\mathbf{Z}_{-k}^{*'} \bar{\mathbf{P}}_{Z^*} \mathbf{Z}_{-k}^* \right) \tag{7.39}$$

が正整数 k に対し一様に有界とする．ここで $\mathbf{Z}_{-k}^*$ は i 行が $\mathbf{z}_{i-k}^*$ となる $T \times K^*$ の行列である．例えば外生変数として線形トレンドがある場合 $\mathbf{z}_i^* = (1, i)'$ とすれば $\mathbf{\Psi}_T = \mathbf{O}$ となるのでこの条件を満足する．帰無仮説の下での漸近分布を表現するために行列 $\mathbf{M}^*(t)$ を $(K_1^* + K_2^*) \times (K_1^* + K_2^*)$ の部分行列に分割して

$$\mathbf{M}^*(t) = \begin{pmatrix} \mathbf{M}_{11}^*(t) & \mathbf{M}_{12}^*(t) \\ \mathbf{M}_{21}^*(t) & \mathbf{M}_{22}^*(t) \end{pmatrix} \tag{7.40}$$

とおく．このとき単位根仮説の下で次の結果が得られる．証明の概略は 7.5 節で述べる．

定理 **7.2**： $G=1$ として確率変数列 $\{\mathbf{v}_i, \mathbf{z}_i^*\}$ について (7.21), (7.39) 式を仮定し, $\mathbf{M}^*(1)$ は正則とする. このとき帰無仮説 $H_{u1}^{(1)}, H_{u1}^{(2)}, H_{u1}^{(3)}$ の下で統計量 RT_1 の漸近分布は

$$T_1^* = \tilde{N}' \left[\tilde{M}^{-1} - \begin{pmatrix} \mathbf{M}_{11}^*(1)^{-1} & \mathbf{O} \\ \mathbf{O} & \mathbf{O} \end{pmatrix} \right] \tilde{N} \tag{7.41}$$

と表現できる. ここで B は標準ブラウン運動, 外生変数ベクトル $\mathbf{z}_i^*$ および確率ベクトル $\tilde{N}, \tilde{M}$ はそれぞれ次のように定義する.

(i) 単純単位根の場合 $(H_{u1}^{(1)})$

$$\tilde{M} = \int_0^1 \begin{pmatrix} \mathbf{m}^*(s) \\ B(t) \end{pmatrix} \begin{pmatrix} \mathbf{m}^*(s) \\ B(t) \end{pmatrix}' dt \tag{7.42}$$

$$\tilde{N} = \int_0^1 \begin{pmatrix} \mathbf{m}^*(s) \\ B(t) \end{pmatrix} dB(t) \tag{7.43}$$

ただし $\mathbf{z}_{1i}^* = \Delta \mathbf{z}_{2i}^*$ とする.

(ii) 重単位根の場合 $(H_{u1}^{(2)})$

$$\tilde{M} = \int_0^1 \begin{pmatrix} \mathbf{m}^*(s) \\ \int_0^t B(s)ds \\ B(t) \end{pmatrix} \begin{pmatrix} \mathbf{m}^*(s) \\ \int_0^t B(s)ds \\ B(t) \end{pmatrix}' dt \tag{7.44}$$

$$\tilde{N} = \int_0^1 \begin{pmatrix} \mathbf{m}^*(s) \\ \int_0^t B(s)ds \\ B(t) \end{pmatrix} dB(t) \tag{7.45}$$

ただし $\mathbf{z}_{1i}^* = \Delta^2 \mathbf{z}_{2i}^*$ とする.

(iii) 季節単位根の場合 $(H_{u1}^{(3)})$

$$\tilde{M} = \mathbf{J} \int_0^1 \sum_{i=1}^d \begin{pmatrix} \mathbf{m}^*(t) \\ \sum_{j=1}^d \int_0^t B_{(i-(j-1))}(s)ds \\ \sum_{j=1}^d B_{(i-1-(j-1))}(t) \\ \sum_{j=1}^{d-1} B_{(i-2-(j-1))}(t) \\ \vdots \\ \sum_{j=1}^1 B_{(i-d-(j-1))}(t) \end{pmatrix} \begin{pmatrix} \mathbf{m}^*(t) \\ \sum_{j=1}^d \int_0^t B_{(i-(j-1))}(s)ds \\ \sum_{j=1}^d B_{(i-1-(j-1))}(t) \\ \sum_{j=1}^{d-1} B_{(i-2-(j-1))}(t) \\ \vdots \\ \sum_{j=1}^1 B_{(i-d-(j-1))}(t) \end{pmatrix}' dt \mathbf{J}'$$
(7.46)

$$\tilde{N} = \int_0^1 \sum_{i=1}^d \begin{pmatrix} \mathbf{m}^*(t) \\ \sum_{j=1}^d \int_0^t B_{(i-(j-1))}(s)ds \\ \sum_{j=1}^d B_{(i-1-(j-1))}(t) \\ \sum_{j=1}^{d-1} B_{(i-2-(j-1))}(t) \\ \vdots \\ \sum_{j=1}^1 B_{(i-d-(j-1))}(t) \end{pmatrix} dB_i(t) \quad (7.47)$$

ただし $z_{1i}^* = \Delta\Delta_d \mathbf{z}_{2i}^*$, $\mathbf{J}$ は $K^* + (d+1)$ の対角行列

$$\mathbf{J} = \begin{pmatrix} \mathbf{I}_{K^*} & 0 & 0 & 0 \\ 0 & d^{-2} & 0 & 0 \\ 0 & 0 & d^{-1} & 0 \\ 0 & 0 & \ddots & 0 \\ 0 & 0 & 0 & d^{-1} \end{pmatrix} \quad (7.48)$$

また, 互いに独立な $[0,1]$ 上の標準ブラウン運動 $\{B_j(t)\}$ より

$$B_{(j)} = \begin{cases} B_{j+d} & \text{if} \quad -d < j < 1 \\ B_j & \text{if} \quad 1 \leq j \leq d \end{cases} \tag{7.49}$$

とする.

定理 7.2 で与えられた極限分布は一種の二次形式を考えることができるので, 単純単位根 (i) の場合にもし単位根が一つも存在しなければ極限分布は χ^2 分布となる. すなわち二つの行列 $\tilde{M}$ および $\tilde{N}$ からブラウン運動項 $B(t)$ を除けば T_1^* の分布は χ^2 分布である. 他方, モデルの外生変数が存在しなければ統計量 RT_1 の漸近分布はより簡単な形であり, 例えば単純単位根の場合には形式的には

$$T_1^* = \int_0^1 B(t)dB(t) \left[\int_0^1 B(t)^2 dt \right]^{-1} \int_0^1 B(t)dB(t) \tag{7.50}$$

と表現できる.

最小二乗推定量を用い, 単純単位根仮説の検定について t 統計量を用いることが実証分析では行われるが, 最小二乗推定については次のようになる.

定理 7.3: $G=1$ として確率変数列 $\{\mathbf{v}_i, \mathbf{z}_i^*\}$ について (7.21), (7.39) 式を仮定し, $\mathbf{M}^*(1)$ は正則とする. このとき帰無仮説 $H_{u1}^{(1)}$ の下で $TC(\widehat{b}_1 - 1)$ の漸近分布は

$$t_1^* = \frac{\left| \int_0^1 \begin{pmatrix} \mathbf{m}^*(t) \\ B(t) \end{pmatrix} \begin{pmatrix} \mathbf{m}^*(t)dt \\ dB(t) \end{pmatrix}' \right|}{\left| \int_0^1 \begin{pmatrix} \mathbf{m}^*(t) \\ B(t) \end{pmatrix} \begin{pmatrix} \mathbf{m}^*(t) \\ B(t) \end{pmatrix}' dt \right|} \tag{7.51}$$

と表現される. ただし $\mathbf{z}_{1i}^* = \Delta \mathbf{z}_{2i}$, $C = \sum_{s=0}^{\infty} W_s$, 系列 W_s は確率過程 Δy_i の移動平均表現の係数とする.

ここで様々な例を考察してみよう. 以下の議論より定理 7.2 と定理 7.3 で得られた極限分布の表現が有用である. また $G>1$ の場合への拡張も可能である.

例 7.1： もっとも簡単な場合として外生変数が存在しない場合には

$$t_1^* = \frac{\int_0^1 B(t)dB(t)}{\int_0^1 B(t)^2 dt} = \frac{\frac{1}{2}\left(B(t)^2 - 1\right)}{\int_0^1 B(t)^2 dt} \tag{7.52}$$

となる．この表現は White (1958), Anderson (1959) などが得た極限分布の表現である．最後の等号は確率積分における伊藤の公式を用いて得られる．こうした表現が重要であり，様々な極限分布を得る際に鍵となる役割を演じている．例えば線形トレンド項が存在する場合には $\mathbf{z}_i^* = (1, i - n/2)'$ となるので[*11)]

$$t_1^* = \frac{\begin{vmatrix} 1 & 0 & T \\ 0 & \dfrac{1}{12} & \dfrac{T-2W}{2} \\ W & \dfrac{V}{2} & \dfrac{T^2-1}{2} \end{vmatrix}}{\begin{vmatrix} 1 & 0 & W \\ 0 & \dfrac{1}{12} & \dfrac{V}{2} \\ W & \dfrac{V}{2} & \Gamma \end{vmatrix}} = \frac{\frac{1}{2}((T-2W)(T-6V)-1)}{\Gamma - W^2 - 3V^2} \tag{7.53}$$

という表現が得られる．ここで T, W, V などはわざわざ Dikey & Fuller (1979) の記号を用いたが，外生変数を互いに直交するように選んでいるので結果的には漸近分布の表現は簡単になる．同様に $\mathbf{z}_i^* = 1$ とすれば Dickey & Fuller (1979) の記号を再び用いると (7.41) 式は

[*11)] この例において標本数を (T ではなく) n とおいた．これは Dickey & Fuller (1979) の記号との整合性を考慮したためである．

$$
\begin{aligned}
T_1^* &= \frac{\left|\int_0^1 \begin{pmatrix} 1 \\ B(t) \end{pmatrix}\begin{pmatrix} dt \\ dB(t) \end{pmatrix}'\right|^2}{\left|\int_0^1 \begin{pmatrix} 1 \\ B(t) \end{pmatrix}\begin{pmatrix} 1 \\ B(t) \end{pmatrix}' dt\right|} - \left(\int_0^1 dB(t)\right)^2 \\
&= \frac{\begin{vmatrix} 1 & T \\ W & \dfrac{T^2-1}{2} \end{vmatrix}}{\begin{vmatrix} 1 & W \\ W & \Gamma \end{vmatrix}} - T^2
\end{aligned}
\tag{7.54}
$$

となる.

例7.2: Perron (1989) は外生変数としてダミー変数 DU_i や DT_i^* を用いているが, これらは (7.8) 式および $DU_i = 0\ (0 \leq i \leq [\lambda T])$, $DU_i = 1\ ([\lambda T]+1 \leq i \leq T)$ で定義される. Perron (1988) の t 統計量の漸近分布はきわめて複雑にみえる. ここでの記号を用いて $\mathbf{z}_i^{*'} = (1, DU_i, i)$ とおくと, $TC(\widehat{\alpha}_A - 1)$ の漸近分布は

$$
t_1^* = \frac{\begin{vmatrix} 1 & 1-\lambda & \frac{1}{2} & \int_0^1 dB \\ 1-\lambda & 1-\lambda & \frac{1-\lambda^2}{2} & \int_\lambda^1 dB \\ \frac{1}{2} & \frac{1-\lambda^2}{2} & \frac{1}{3} & \int_0^1 tdB \\ \int_0^1 Bdt & \int_\lambda^1 Bdt & \int_0^1 tBdt & \int_0^1 BdB \end{vmatrix}}{\begin{vmatrix} 1 & 1-\lambda & \frac{1}{2} & \int_0^1 Bdt \\ 1-\lambda & 1-\lambda & \frac{1-\lambda^2}{2} & \int_\lambda^1 Bdt \\ \frac{1}{2} & \frac{1-\lambda^2}{2} & \frac{1}{3} & \int_0^1 tBdt \\ \int_0^1 Bdt & \int_\lambda^1 Bdt & \int_0^1 tBdt & \int_0^1 B(t)^2 dt \end{vmatrix}}
\tag{7.55}
$$

と表現される. 同様にして Perron (1989) が考察を加えた $TC(\widehat{\alpha}_B - 1)$ および $TC(\widehat{\alpha}_C - 1)$ の漸近分布もまたその簡単な表現を得る.

例 7.3： Hasza & Fuller (1979) は重単位根仮説の検定統計量を導いている．ここで外生変数として $z_t^* = (1, t)$ とおけば，統計量 T_1 の極限分布は T_1^* で与えられる．ただし

$$\tilde{M} = \int_0^1 \begin{pmatrix} 1 \\ t \\ \int_0^t B(s)ds \\ B(t) \end{pmatrix} \begin{pmatrix} 1 \\ t \\ \int_0^t B(s)ds \\ B(t) \end{pmatrix}' dt \qquad (7.56)$$

$$\tilde{N} = \int_0^1 \begin{pmatrix} 1 \\ t \\ \int_0^t B(s)ds \\ B(t) \end{pmatrix} dB \qquad (7.57)$$

ここで Hasza & Fuller (1979) の記号を用いれば

$$\tilde{M} = \begin{pmatrix} 1 & \frac{1}{2} & W_3 & W_2 \\ \frac{1}{2} & \frac{1}{3} & W_4 & W_2 - W_3 \\ W_3 & W_4 & W_6 - W_2^2 + 2W_2 W_3 & \frac{W_2^2}{2} \\ W_2 & W_2 - W_3 & \frac{W_2^2}{2} & W_5 \end{pmatrix} \qquad (7.58)$$

$$\tilde{N} = \begin{pmatrix} W_1 \\ W_1 - W_2 \\ W_1 W_2 - W_5 \\ \frac{W_1^2 - 1}{2} \end{pmatrix} \qquad (7.59)$$

で与えられる．この表現 T_1^* は Hasza & Fuller (1979) における統計量 $h_3' H_3^{-1} h_3 = 4\Psi_3(4)$ の表現と数理的には同値であるが，ここでの表現の方が直観的に理解しやすい．このことは $W_1 = B(1)$,

$$\int_0^1 t dB(t) = B(1) - \int_0^1 B(t) dt = W_1 - W_2 \qquad (7.60)$$

$$\int_0^1 \left(\int_0^t B(s)ds \right) dB(t) = B(1) \int_0^1 B(t)dt - \int_0^1 B(t)^2 dt = W_1 W_2 - W_5 \tag{7.61}$$

$$\int_0^1 B(t)dB(t) = \frac{B(1)^2 - 1}{2} \tag{7.62}$$

となることを用いれば導ける．こうした関係は巻末付録 A の伊藤の公式や部分積分の公式を用いればよい ($\tilde{M}$ および $\tilde{N}$ の各要素は h_3 および H_3 の各要素に一致する)．

例 **7.4**： Hasza & Fuller (1982) はさらに帰無仮説および対立仮説の両方の下で $D_2 = \cdots = D_d = 0$ を仮定している．さらに外生変数がまったくなければ，統計量 T_1 の漸近分布は $T_1^* = \tilde{N}' \tilde{M}^{-1} \tilde{N}$ で与えられる．ただし

$$\tilde{M} = J \int_0^1 \sum_{i=1}^d \begin{pmatrix} \sum_{j=1}^d \int_0^t B_j(s)ds \\ \sum_{j=1}^d B_j(t) \\ B_i \end{pmatrix} \begin{pmatrix} \sum_{j=1}^d \int_0^t B_j(s)ds \\ \sum_{j=1}^d B_j(t) \\ B_i \end{pmatrix}' dt J' \tag{7.63}$$

$$\tilde{N} = \int_0^1 \sum_{i=1}^d \begin{pmatrix} \sum_{j=1}^d \int_0^t B_j(s)ds \\ \sum_{j=1}^d B_j(t) \\ B_i \end{pmatrix} dB_i(t) \tag{7.64}$$

$$J = \begin{pmatrix} d^{-2} & O & O \\ O & d^{-1} & O \\ O & O & d^{-1} \end{pmatrix} \tag{7.65}$$

である．このとき $\tilde{M}$ および $\tilde{N}$ の各要素は Hasza & Fuller (1982) における H および h の各要素に一致する．したがって T_1^* は Hasza & Fuller (1982) における $h' H^{-1} h$ の別表現になる．

次に共和分仮説の検定問題を考察しよう．ここでは $G_0 \geq K_1^*$ を仮定し，G_0 次元のブラウン運動をそれぞれ $[(G - K_1^* - r) + K_1^*]$ 次元のブラウン運動 $\mathbf{B}(t) = (B(t)_1', B(t)_2')'$ に分割する．外生変数ベクトル $\mathbf{z}_i$，純粋な外生変数ベクトル $\mathbf{z}_i^* = (\mathbf{z}_i^{*'}, \mathbf{z}_i^{*'})'$ と分割する．帰無仮説 H_{u1} に対する統計量 RT_1 と同様に帰無仮説 H_{c2} に対する固有値に基づく検定統計量を RT_2 とする．以下では帰無

仮説として $H_{c2}^{(1)}$: rank($\mathbf{B}_{2\cdot}$) = r および $H_{c2}^{(2)}$: rank($\mathbf{B}_{2\cdot}$) = r, $\mathbf{\Gamma}_2 = \mathbf{O}$ を考察しよう．ここで述べる定理 7.4 は帰無仮説 $H_{c2}^{(1)}$, 次章の定理 8.4 は帰無仮説 $H_{c2}^{(2)}$ という共和分仮説の検定問題に対応する．

定理 7.4： $G \geq 1$, 確率変数列 $\{\mathbf{v}_i, \mathbf{z}_i^*\}$ について (7.21), (7.39) 式を仮定する．また行列 $\mathbf{\Omega}$ および $\mathbf{M}^*(1)$ は正則行列，さらに $\mathbf{z}_{1i}^* = \Delta \mathbf{z}_{2i}^*$, $G - K_1^* - r \geq 0$ が成り立つものとする．このとき帰無仮説 $H_{c2}^{(2)}$ の下で統計量 RT_2 は極限分布

$$T_2^* = \mathrm{tr}\left(\tilde{\mathbf{N}}' \left[\tilde{\mathbf{M}}^{-1} - \begin{pmatrix} \mathbf{M}^*{}_{11}(1)^{-1} & \mathbf{O} \\ \mathbf{O} & \mathbf{O} \end{pmatrix} \right] \tilde{\mathbf{N}} \right) \quad (7.66)$$

により表現される．ただし

$$\tilde{\mathbf{M}} = \int_0^1 \begin{pmatrix} \mathbf{m}^*(s) \\ \mathbf{B}_1(t) \end{pmatrix} \begin{pmatrix} \mathbf{m}^*(s) \\ \mathbf{B}_1(t) \end{pmatrix}' dt \quad (7.67)$$

$$\tilde{\mathbf{N}} = \int_0^1 \begin{pmatrix} \mathbf{m}^*(s) \\ \mathbf{B}_1(t) \end{pmatrix} d\mathbf{B}(t)' \quad (7.68)$$

である．

ここで単純単位根仮説の下ではブラウン運動 $\mathbf{B}(t)$ の次元は G ($= G_0 = 1$) であるのに対し，定理における共和分仮説の下ではブラウン運動 $\mathbf{B}(t)$ の次元は $G_0 (= G - r)$ となる．共和分仮説の下では内生変数 $\mathbf{y}_i$ の間に r 個の共和分関係が成り立っているので独立にとることのできるランダム・ウォーク項の数は $G_0 (= G - r)$ となる．さらに外生変数が存在するために共和分関係にもその影響が生じるのでブラウン運動 $\mathbf{B}(t)$ をさらに分割した．もし $G - K_1^* - r < 0$ ならば，統計量 T_2 は外生変数 $\mathbf{z}_{1i}^*$ について一定の条件の下 (例えばそのオーダーが $\sqrt{T}$ 以上となる条件) で自由度 G_0^2 の χ^2 分布に従う．この条件はもし外生変数として十分に多くの非確率的トレンド項が存在していれば自動的に満たされる．

例 7.5： 特に $r = G - 1$ であって帰無仮説および対立仮説の下で外生変数が存在しなければ (7.66) 式の第 2 項はゼロとなる．したがって，

$$T_2^* = \frac{\left(\int_0^1 B(t)dB(t)\right)^2}{\int_0^1 B(t)^2 dt} \tag{7.69}$$

となる．さらにこの場合に別の基準化を考えれば分子を変換して

$$T_2^\dagger = \frac{\int_0^1 B(t)dB(t)}{\int_0^1 B(t)^2 dt} \tag{7.70}$$

という表現を得ることができる．さらに (7.62) 式を用いれば $T_2^\dagger$ は Fountis & Dickey (1989) の結果に対応する．

例 7.6： $G > 1$ のとき Johansen (1991) は外生変数は $\mathbf{z}_{1i}^* = 1$, $\mathbf{z}_{2i}^* = i$, 季節ダミー変数が無視できるオーダーであることを仮定している．この場合には漸近分布 T_2^* を書き直すと

$$T_2^* = \mathrm{tr}\left(\int_0^1 \mathbf{F}(t)d\mathbf{B}(t)'\right)'\left(\int_0^1 \mathbf{F}(t)\mathbf{F}(t)'dt\right)^{-1}\left(\int_0^1 \mathbf{F}(t)d\mathbf{B}(t)'\right) \tag{7.71}$$

となる．ここで $\mathbf{F}$ は $G_0 \times 1$ のベクトル

$$\mathbf{F} = \begin{pmatrix} \mathbf{B}_1(t) - \int_0^1 \mathbf{B}_1(t)dt \\ t - \frac{1}{2} \end{pmatrix} \tag{7.72}$$

で与えられる．この極限分布の最終型は Johansen (1991, 1995) が導いた Johansen の尤度比統計量の漸近分布の表現に一致する．

なお本節の議論より複数の時系列に明らかなトレンドが存在する場合には通常の共和分検定は必ずしも検出力が高くないことが推測できる．トレンドの扱いについては第 8 章でより詳しく議論する．

7.4　単位根仮説の下での推定量の漸近分布

7.4.1　単純単位根の推定問題

次に単位根が存在するときの構造方程式の推定量の性質の統計的問題を考察する．マクロ時系列の分析や金融経済 (ファイナンス) の分析では実証分析にお

7.4 単位根仮説の下での推定量の漸近分布

いて単位根仮説が棄却できないことが多いことが知られている.したがってこの問題は単なる統計的に興味ある問題ということではなく,実際の経済時系列データの実証分析において重要な問題なのである.ここでは単位根 (unit roots) の推定問題と共和分関係 (co-integrating relation) の推定問題を扱う.まず単位根の推定問題を簡単な例を用いて説明し,例を通じて一般的な場合の本質的結果を理解し,トレンド関数を含む場合に有効な方法にも言及する.次に共和分関係を構造方程式の枠組みとして理解するとともに,推定量の漸近分布についての結果と解釈を与える.なお,命題の導出については検定についての議論とほぼ同一なので省略する.

1 変量自己回帰モデルを用いて単純単位根の場合を再考しよう.まずドリフト項を含まない AR(1) モデル

$$y_i = a_1 y_{i-1} + v_i \qquad (i = 1, \cdots, T) \tag{7.73}$$

を用い,ここで $\{v_t\}$ は互いに独立に同一の正規分布に従う誤差項,その期待値と分散は $\mathrm{E}(v_i) = 0$, $\mathrm{E}(v_i^2) = \sigma^2$ とする (初期値 y_0 は簡単化のために一定とする).母係数 a_1 の最小二乗推定量は

$$\widehat{a}_1 = \frac{\sum_1^T y_{i-1} y_i}{\sum_1^T y_{i-1}^2} \tag{7.74}$$

である.確率過程 $\{y_i\}$ の定常性についてよく知られた条件は $|a_1| < 1$ である.この条件の下で最小二乗推定量の漸近分布は

$$\sqrt{T}(\widehat{a}_1 - a_1) \Rightarrow N(0, \sigma^2 \Gamma^{-1}) \tag{7.75}$$

で与えられる.この結果は時系列分析の分野ではよく知られている標準的内容であり,

$$\Gamma = \sum_{k=0}^\infty a_1^{2k} \tag{7.76}$$

で与えられる.この種の結果は一般に計量モデルの確率的変動部分が定常的で

あれば成立する[*12]．

次に $a_1 = 1$ となり単位根があるときを考察する．このときの最小二乗推定量の性質は White (1958), Anderson (1959) により検討された問題である．ここで

$$T(\widehat{a}_1 - 1) = \frac{\frac{1}{T}\sum_1^T y_{i-1}v_i}{\frac{1}{T^2}\sum_1^T y_{i-1}^2} \tag{7.77}$$

となることに注意する．付録 A の定理 A.6 より

$$\frac{1}{\sigma\sqrt{T}}y_{[Tt]} = S_T(t) \Rightarrow B(t) \tag{7.78}$$

となって，$[0,1]$ 上の標準ブラウン運動 $\{B(t)\}$ に弱収束する．したがって最小二乗推定量の漸近分布はブラウン運動を利用して

$$T(\widehat{a}_1 - 1) \Rightarrow \frac{\int_0^1 B(t)dB(t)}{\int_0^1 B(t)^2 dt} = \frac{\frac{1}{2}\left(B(t)^2 - 1\right)}{\int_0^1 B(t)^2 dt} \tag{7.79}$$

と表現できる．

さらにドリフトを含まない 2 次自己回帰モデル AR(2)

$$y_i = a_1 y_{i-1} + a_2 y_{i-2} + v_i \tag{7.80}$$

を考えよう．この AR(2) モデルの特性多項式

$$|\zeta^2 - a_1\zeta - a_2| = 0 \tag{7.81}$$

の根を ζ_1, ζ_2 としよう．ここではどちらかの固有根の絶対値が 1 よりも大きいという発散する場合 ($|\zeta_1| > 1, |\zeta_2| > 1$) および定常的な場合 ($|\zeta_1| < 1, |\zeta_2| < 1$) を除くと単位根が存在するのは，(i) $\zeta_1 = \zeta_2 = 1$, (ii) $\zeta_1 = 1 > |\zeta_2|$ という二つの場合が考えられる．ここでまず AR(2) モデルを

$$y_i = c_1 y_{i-1} + c_2 \Delta y_{i-2} + v_i \tag{7.82}$$

[*12] 例えば多変量自己回帰モデルにおけるこの漸近的正規性が成立するための十分条件は Anderson & Kunitomo (1992) が考察している．

7.4 単位根仮説の下での推定量の漸近分布

と変形する. 重単位根 (i) の場合には根と係数の関係から

$$c_1 = a_1 + a_2 = 1, \quad c_2 = -a_2 = 1 \tag{7.83}$$

とすると, 定理 A.6(ii) を用いて基準化行列として

$$\mathbf{D}_T = \begin{pmatrix} T^2 & 0 \\ 0 & T \end{pmatrix}$$

を選ぶと,

$$\mathbf{D}_T \begin{pmatrix} \widehat{c}_1 - 1 \\ \widehat{c}_2 - 1 \end{pmatrix}$$

$$= \left[\mathbf{D}_T^{-1} \sum_{i=1}^T \begin{pmatrix} y_{i-1} \\ \Delta y_{i-1} \end{pmatrix} \begin{pmatrix} y_{i-1} \\ \Delta y_{i-1} \end{pmatrix}' \mathbf{D}_T^{-1} \right]^{-1} \left[\mathbf{D}_T^{-1} \sum_{i=1}^T \begin{pmatrix} y_{i-1} \\ \Delta y_{i-1} \end{pmatrix} v_i \right]$$

$$\Rightarrow \left[\int_0^1 \begin{pmatrix} \int_0^t B(s)ds \\ B(t) \end{pmatrix} \begin{pmatrix} \int_0^t B(s)ds \\ B(t) \end{pmatrix}' dt \right]^{-1} \left[\int_0^1 \begin{pmatrix} \int_0^t B(s)ds \\ B(t) \end{pmatrix} dB(t) \right] \tag{7.84}$$

となる. こうした重単位根が存在するとき Hasza & Fuller (1979) は最小二乗推定量の漸近的表現 $H_1^{-1} h_1$ が与えられている. ここで

$$H_1 = \begin{pmatrix} W_6 - W_2^2 + 2W_2 W_3 & \frac{W_2^2}{2} \\ \frac{W_2^2}{2} & W_5 \end{pmatrix} \tag{7.85}$$

$$h_1 = \begin{pmatrix} W_1 W_2 - W_5 \\ \frac{W_1^2 - 1}{2} \end{pmatrix} \tag{7.86}$$

である. 例 7.3 の議論から (7.86) 式の右辺は $H_1^{-1} h_1$ の確率積分表現となっていることがわかる.

次に単位根が 1 個のみ存在する場合 (ii) を考察しよう. ここで AR(2) モデルを

$$\Delta y_i = c_1^* y_{i-1} + c_2 \Delta y_{i-2} + v_i \tag{7.87}$$

と変形する. 根と係数の関係 $a_1 = \zeta_1 + \zeta_2$, $a_2 = -\zeta_1 \zeta_2$ より $c_1^* = c_1 - 1 =$

$a_1 + a_2 - 1 = 0, |c_2| = |\lambda_2| < 1$ となる. すなわち階差系列 Δy_i は母係数が c_2 の定常 AR(1) 過程となる. この場合には基準化行列として

$$\mathbf{D}_T = \begin{pmatrix} T & 0 \\ 0 & \sqrt{T} \end{pmatrix}$$

を選べばよい. このとき

$$\mathbf{D}_T \begin{pmatrix} \widehat{c}_1^* \\ \widehat{c}_2 - c_2 \end{pmatrix}$$

$$= \left[\mathbf{D}_T^{-1} \sum_{i=1}^T \begin{pmatrix} y_{i-1} \\ \Delta y_{i-1} \end{pmatrix} \begin{pmatrix} y_{i-1} \\ \Delta y_{i-1} \end{pmatrix}' \mathbf{D}_T^{-1} \right]^{-1} \left[\mathbf{D}_T^{-1} \sum_{i=1}^T \begin{pmatrix} y_{i-1} \\ \Delta y_{i-1} \end{pmatrix} v_i \right]$$

$$\Rightarrow \begin{bmatrix} C^2 \int_0^1 B(t)^2 dt & 0 \\ 0 & \Gamma \end{bmatrix}^{-1} \begin{bmatrix} C \int_0^1 B(t) dB(t) \\ \Gamma^{1/2} \int_0^1 dB(t) \end{bmatrix} \tag{7.88}$$

となる. さらに定理 A.5 を用いれば

$$C = \sum_{k=0}^\infty c_2^k, \quad \Gamma = \sum_{k=0}^\infty c_2^{2k} \tag{7.89}$$

で与えられる. ここで $(1-\zeta_2)^{-1} = C$ となることに注意すると, ベクトル $\mathbf{x}_i = (y_i, y_{i-1})$ の標本共分散行列から求めた最大固有値 ζ_1 の推定量の漸近分布を求めることができ,

$$T\left(\widehat{\zeta}_1 - 1\right) \cong C\left[\widehat{a}_1 + \widehat{a}_2 - a_1 - a_2\right]$$

$$\Rightarrow \frac{\int_0^1 B(t) dB(t)}{\int_0^1 B(t)^2 dt} \tag{7.90}$$

となる. この結果は Fountis & Dickey (1988) が得た結果の簡単な場合 ($m = 1, p = 2$) に対応する. 他方, 重単位根 (double unit roots) の場合には個々の固有値の漸近分布は簡単な形とはならない.

こうした単位根仮説の下での推定量の漸近分布に関する問題は, (i) 誤差項系

列 $\{v_t\}$ により一般的確率過程を用いる方向, (ii) 多次元変数への拡張の方向, (iii) 計量経済モデルに非確率的変数を導入する方向, などが考えられる. 誤差項の系列が定常的な確率過程であればいくつかの条件の下で

$$S_T(t) \Rightarrow B(t) \tag{7.91}$$

となる. ただしスケール母数 σ を

$$\mathrm{Var}\left(S_T(t)\right) \to t\sigma^2 = \mathrm{E}\left(B(t)^2\right) \tag{7.92}$$

とした. この種の収束は不変原理 (invariance principle) として様々な拡張が知られている (付録 A を参照). 一般的な誘導型計量経済モデル

$$\mathbf{y}_i = \mathbf{\Gamma}_1 \mathbf{z}_{1i}^* + \mathbf{\Pi}_1 \mathbf{y}_{i-1} + \cdots + \mathbf{\Pi}_p \mathbf{y}_{i-p} + \mathbf{v}_i \tag{7.93}$$

における最小二乗推定量の漸近分布は複雑になる. この問題への一つの解決方法としては, 7.2 節と同様の変換を考えれば, 単位根が存在する場合にも比較的簡単な漸近分布の表現を得ることができる.

7.4.2 構造方程式としての共和分関係の推定

G_0 本の線形構造方程式からなる部分体系

$$\mathbf{YB} = \mathbf{Z}_1 \mathbf{\Gamma} + \mathbf{U} \tag{7.94}$$

を考察する. ここで $T \times G$ の行列 $\mathbf{Y}$ は G_0 本の構造方程式に現れる内生変数の観測行列, $T \times K_1$ 行列 $\mathbf{Z}_1$ は K_1 個の先決変数の観測行列, $\mathbf{B}$ と $\mathbf{\Gamma}$ はそれぞれ $G \times G_0$ と $K_1 \times G_0$ の未知係数の行列, $T \times G_0$ 行列 $\mathbf{U}$ は観測されない誤差項の行列である. 行列 $\mathbf{B}$ を構成する列ベクトルは線形独立で, $\mathbf{B}$ の階数は G_0 と仮定する. ここで $G_0 = 1$ であれば (7.94) 式は通常の単一の構造方程式モデルである.

G_0 本の構造方程式 (7.94) に含まれる内生変数 $\mathbf{y}_i$ に対して誘導型モデルを

$$\mathbf{y}_i = \mathbf{\Gamma} \mathbf{z}_i^* + \mathbf{\Pi}_1 \mathbf{y}_{i-1} + \cdots + \mathbf{\Pi}_p \mathbf{y}_{i-p} + \mathbf{v}_i \tag{7.95}$$

と表現しよう. ただし $\mathbf{z}_i^*$ は $K^* \times 1$ の厳密な意味における外生変数 (strictly exogenous) ベクトル, $\mathbf{\Gamma}$ は $G \times K^*$ の係数行列, $\mathbf{\Pi}_1, \ldots, \mathbf{\Pi}_p$ は $G \times G$ 係数行列, $\mathbf{v}_i$ は $G \times 1$ の誤差項ベクトルである. ここで内生変数 $\mathbf{y}_i$ が和分過程 $I(1)$

であるとき (7.95) 式は,

$$\mathbf{y}_i = \mathbf{\Gamma}\mathbf{z}_i^* + \mathbf{B}_1\mathbf{y}_{i-1} + \sum_{j=2}^{p} B_j \Delta \mathbf{y}_{i-(j-1)} + \mathbf{v}_i \tag{7.96}$$

と書き直せる.さらに K 個 $(= K_1+K_2)$ の先決変数を $\mathbf{z}_i = \left(\mathbf{z}_i^{*\prime}, \mathbf{y}_{i-1}^\prime, \Delta \mathbf{y}_{i-1}^\prime, \ldots, \Delta \mathbf{y}_{i-p+1}^\prime\right)^\prime$ とおけば,誘導型モデルは

$$\mathbf{Y} = \mathbf{Z}\mathbf{\Pi}^\prime + \mathbf{V} \tag{7.97}$$

で表される.ここで $T \times K$ の行列 $(T > K)$ $\mathbf{Z} = (\mathbf{Z}_1, \mathbf{Z}_2)$ は階数が K となることを仮定し,$T \times K_2$ の行列 $\mathbf{Z}_2$ は構造方程式に現れない先決変数の観測行列である.先決変数として有限個のラグ付き内生変数は含むことは可能であり,$T \times G$ の行列の $\mathbf{V}$ は誤差項の行列でその第 i 行は $\mathbf{v}_i^\prime$ で表す.

ここで個々の内生変数の系列が確率過程 $I(1)$ であると同時に $1 \times G$ のベクトル $\boldsymbol{\beta}^\prime$ が存在して内生変数ベクトルの線形結合 $\boldsymbol{\beta}^\prime \mathbf{y}_i$ が定常過程 $I(0)$ に従うとき $\mathbf{y}_i$ の確率過程は共和分 (cointegration) 過程と呼ばれるが,Engle & Granger (1987) の定式化ではこの関係は純粋に確率的であって他の説明変数に依存するとは考えていない.ここで長期的均衡関係が説明変数 $\mathbf{z}_{1i}^*$ にも依存する場合には,$1 \times K_1$ のベクトル $\boldsymbol{\gamma}^\prime$ として確率過程 $\boldsymbol{\beta}^\prime \mathbf{y}_i - \boldsymbol{\gamma} \mathbf{z}_i^*$ が定常的に変動すると考える.係数ベクトル $(\boldsymbol{\beta}^\prime, -\boldsymbol{\gamma}^\prime)$ が一つのみ存在するときを単一の構造方程式と解釈すれば,こうしたベクトルが G_0 個存在する場合が係数行列 $\mathbf{B}$ をもつ構造方程式の部分体系と解釈でき,構造方程式モデルにおける母係数 B が共和分関係を表現していると解釈できる.したがって,共和分関係として内生変数 $\mathbf{y}_i$ が確率過程 $I(1)$,構造方程式の誤差項が定常確率過程 $I(0)$ に従う場合であるので推定の漸近理論が重要な問題となる.ここで $\mathcal{F}_{i-1}$-可測の先決変数 $\mathbf{z}_i$ に対して $\mathcal{F}_0$-可測の $K \times K$ の基準化行列 $\mathbf{D}_T$ が存在して条件

$$\mathbf{D}_T^{-1} \xrightarrow{p} \mathbf{O} \tag{7.98}$$

$$\mathbf{D}_T^{\prime-1} \sum_{1}^{T} \mathbf{z}_i \mathbf{z}_i^\prime \mathbf{D}_T^{-1} \xrightarrow{p} \int_0^1 \mathbf{m}(t)\mathbf{m}(t)^\prime dt = \mathbf{M} \tag{7.99}$$

が成立し,極限行列 $\mathbf{M}$ が (一定の) 正定符号行列 (a.s.) となることを仮定する.ここで構造方程式群モデルにおける係数行列 $\mathbf{B}$ に基準化条件を導入し

7.4 単位根仮説の下での推定量の漸近分布

$$\mathbf{B} = \begin{bmatrix} \mathbf{I}_{G_0} \\ -\mathbf{B}_r \end{bmatrix}$$

とおく.さらに行列 $\mathbf{D}_T$ とは別に $(r+K_1) \times (r+K_1)$ の基準化行列 $\mathbf{D}_T^*$ が存在して条件

$$\mathbf{D}_T^{*-1} \xrightarrow{p} \mathbf{O} \tag{7.100}$$

$$\mathbf{D}_T \mathbf{D} \mathbf{D}_T^{*-1} \xrightarrow{p} \mathbf{J} = \begin{pmatrix} \mathbf{I}_{G_*+K_1} \\ \mathbf{O} \end{pmatrix} \tag{7.101}$$

となることを仮定する.ただし

$$\mathbf{D} = \begin{bmatrix} \mathbf{\Pi}_*, \begin{pmatrix} \mathbf{I}_{K_1} \\ \mathbf{O} \end{pmatrix} \end{bmatrix}, \quad \mathbf{\Pi} = [\mathbf{\Pi}_0.\mathbf{\Pi}_*]$$

はそれぞれ $K \times (r+K_1)$, $K \times (G_0+r)$ 行列である.このとき以下の結果が成立する (導出は省略する).

定理 7.5: 構造方程式 (7.94) における係数行列 $(\mathbf{B}, \mathbf{\Gamma})$ の制限情報最尤推定量 $(\widehat{\mathbf{B}}_{*L}, \widehat{\mathbf{\Gamma}}_L)$ および二段階最小二乗推定量 $(\widehat{\mathbf{B}}_{*TS}, \widehat{\mathbf{\Gamma}}_{TS})$ は仮説

$$H_2 \,:\, \mathbf{\Pi}^{'}\mathbf{B} = \begin{bmatrix} \mathbf{\Gamma} \\ \mathbf{O} \end{bmatrix}$$

の下で $T \to \infty$ のとき漸近分布は同一,

$$\mathbf{D}_T^* \begin{pmatrix} \widehat{\mathbf{B}}_{*.} - \mathbf{B} \\ \widehat{\mathbf{\Gamma}}_{.} - \mathbf{\Gamma} \end{pmatrix} \Rightarrow \left(\mathbf{J}^{'}\mathbf{M}(1)\mathbf{J} \right)^{-1} \mathbf{J}^{'} \int_0^1 m(t) d\mathbf{B}(t)^{'}\mathbf{B} \tag{7.102}$$

と表現される.ただし $\mathbf{B}(t)$ は G 次元ブラウン運動, $\mathrm{E}[\mathbf{B}(t)\mathbf{B}(t)^{'}] = t\mathbf{\Omega}$ である.

ここで便宜上のために G 次元ブラウン運動を $G_0 + (G-G_0)$ に分割して $\mathbf{B}(t)^{'} = \left(\mathbf{B}_0(t)^{'}, \mathbf{B}_*(t)^{'}\right)^{'}$,また G_0 次元のブラウン運動 $\mathbf{W}(t) = \mathbf{B}(t)\mathbf{B}$ により漸近分布を表現することもできる.

例 7.7: 誘導型モデルにおいて外生変数が存在せず $K_1 = 0$, $K_2 = G_*$, $\mathbf{z}_{2i} = \mathbf{y}_{*i-1}$ とする.このとき

$$\mathbf{D}_T'^{-1} \sum_1^T \mathbf{z}_i \mathbf{z}_i' \mathbf{D}_T^{-1} = \frac{1}{T^2} \sum_1^T \mathbf{y}_{*i-1} \mathbf{y}_{*i-1}' \qquad (7.103)$$
$$\Rightarrow \int_0^1 \mathbf{B}_*(t) \mathbf{B}_*(t)' dt = \mathbf{M}$$

となる. 特に $\mathbf{J} = \mathbf{I}_{G_*+K_1}, \mathbf{\Pi}_{2*} = \mathbf{I}_r, \mathbf{D}_T^* = \mathbf{D}_T \mathbf{D} = T \cdot \mathbf{D}$ および

$$\mathbf{D} = \begin{pmatrix} \mathbf{\Pi}_{1*} & \mathbf{I}_{I_1} \\ \mathbf{I}_{G_*} & \mathbf{O} \end{pmatrix}$$

とすれば Phillips (1991) による制限情報最尤推定量および二段階最小二乗推定量の漸近分布の表現に一致する.

次に定理 7.5 で得られた漸近分布の表現から漸近正規性 (asymptotic normality) が成立する条件を導こう. 極限分布の表現から一般に分母と分子に現れる確率行列 $\mathbf{M}$ とブラウン運動 $\mathbf{B}(t)$ は独立とは限らないが, 漸近分布はブラウン運動で表現される非正規分布となることがある. ここでは次のようにまとめておく.

系 7.2: 確率行列 $\mathbf{M}\,(=\mathbf{M}(1))$ を構成する関数 $\mathbf{m}(t)$ とブラウン運動 $\mathbf{B}(t)$ が独立であれば構造方程式群 (7.94) における母係数 $(\mathbf{B}, \mathbf{\Gamma})$ の制限情報最尤推定量 vec $\left(\widehat{\mathbf{B}}_{*H}, \widehat{\mathbf{\Gamma}}_H\right)$ および二段階最小二乗推定量 vec $\left(\widehat{\mathbf{B}}_{*TS}, \widehat{\mathbf{\Gamma}}_{TS}\right)$ は $T \to \infty$ のとき漸近的に正規分布

$$N\left(\mathbf{0}, \mathbf{\Sigma} \otimes \left(\mathbf{J}'\mathbf{M}\mathbf{J}\right)^{-1}\right)$$

に従う.

この条件を満足する典型的な場合として確率行列 $\mathbf{M}$ が退化して一定値をとる場合が挙げられる. 次に挙げる例はトレンドの存在により漸近正規性が成立する特殊な場合である.

例 7.8: $G_0 = G_* = 1$, $K_1 = 0$, $\xi_1 = O$ であってしかも誘導型モデルの第 2 番目の方程式が

$$y_{*i} = \mu_* + y_{*i-1} + v_{*i} \qquad (7.104)$$

となる計量経済モデルを考えている．ここで μ_* は構造方程式の右辺に現れる内生変数 y_{*i} のドリフト項である．この内生変数 y_{*i} は $I(1)$ の確率過程に従うので

$$\mathbf{D}_T'^{-1} \sum_1^T \mathbf{z}_i \mathbf{z}_i' \mathbf{D}_T^{-1} = \frac{1}{T^3} \sum_1^T \mathbf{y}_{*i-1} \mathbf{y}_{*i-1}' \xrightarrow{p} \int_0^1 (\mu_* t)^2 \, dt = \frac{\mu_*^2}{3} \tag{7.105}$$

となり確率行列 $\mathbf{M}$ は一定値をとる．したがってこの場合には制限情報最尤推定量および二段階最小二乗推定量の漸近正規性が成立し，West (1988) の結果に対応する．

この例ではきわめて簡単なモデルを想定しているので，分析も容易である．例 7.8 が示すようにドリフトが存在する場合には右辺に現れる内生変数に含まれている単位根を支配する (dominate) 個数のドリフト項などの外生変数が存在すれば漸近正規性が成立する．この事実は単位根が存在する場合の統計的推定を考える際の重要な論点である．

次に共和分関係の推定において最小二乗法を直接に適用するときの漸近分布を調べてみよう．構造方程式群を

$$\mathbf{Y}_0 = \mathbf{Y}\mathbf{B}_* + \mathbf{Z}_1\boldsymbol{\Gamma} + \mathbf{U} \tag{7.106}$$

とするとき，母係数 $(\mathbf{B}_*, \boldsymbol{\Gamma})$ の最小二乗推定量は

$$\begin{bmatrix} \mathbf{Y}_*'\mathbf{Y}_* & \mathbf{Y}_*'\mathbf{Z}_1 \\ \mathbf{Z}_1'\mathbf{Y}_* & \mathbf{Z}_1'\mathbf{Z}_1 \end{bmatrix} \begin{bmatrix} \widehat{\mathbf{B}}_{*OLS}' \\ \widehat{\boldsymbol{\Gamma}}_{OLS}' \end{bmatrix} = \begin{pmatrix} \mathbf{Y}_*' \\ \mathbf{Z}_1' \end{pmatrix} \mathbf{Y}_0 \tag{7.107}$$

で与えられる．ここで基準化行列 $\mathbf{D}_T^*$，

$$\mathbf{V}_* = \mathbf{V} \begin{bmatrix} \mathbf{I}_{G_0} \\ \mathbf{O} \end{bmatrix}, \quad \mathbf{D}_T^{*\prime-1} \begin{pmatrix} \mathbf{Y}_*' \\ \mathbf{Z}_1' \end{pmatrix} \mathbf{U} \cong \mathbf{D}_T^{*\prime-1} \left[\mathbf{D}'\mathbf{Z}' + \begin{pmatrix} \mathbf{V}_*' \\ \mathbf{O} \end{pmatrix} \right] \mathbf{U} \tag{7.108}$$

である．したがって母係数の最小二乗推定量が一致推定量となるためには基準化行列が条件

$$T \cdot \mathbf{D}_T^{*-1} \xrightarrow{p} \boldsymbol{\delta} \tag{7.109}$$

を満足する必要がある. ここで $\boldsymbol{\delta}$ が定行列となるときこの条件の下で

$$\mathbf{D}_T^{*'-1} \begin{bmatrix} \mathbf{Y}'_*\mathbf{Y}_* & \mathbf{Y}'_*\mathbf{Z}_1 \\ \mathbf{Z}'_1\mathbf{Y}_* & \mathbf{Z}'_1\mathbf{Z}_1 \end{bmatrix} \mathbf{D}_T^{*-1} \xrightarrow{p} \mathbf{J}'\mathbf{M}\mathbf{J} \tag{7.110}$$

が成立する.

定理 7.6: 構造方程式 (7.106) における係数 $(\mathbf{B}_*, \boldsymbol{\Gamma})$ の最小二乗推定量 $\left(\widehat{\mathbf{B}}_{*OLS}, \widehat{\boldsymbol{\Gamma}}_{OLS}\right)$ は $T \to \infty$ のとき漸近分布は表現

$$\mathbf{D}_T^* \begin{bmatrix} \widehat{\mathbf{B}}_{*OLS} - \mathbf{B} \\ \widehat{\boldsymbol{\Gamma}}_{OLS} - \boldsymbol{\Gamma} \end{bmatrix} \Rightarrow (\mathbf{J}'\mathbf{M}\mathbf{J})^{-1} \left[\mathbf{J}' \int_0^1 \mathbf{m}(t) d\mathbf{B}(t)' \mathbf{B} + \boldsymbol{\delta} \begin{pmatrix} \boldsymbol{\Omega}_{*\cdot}\mathbf{B} \\ \mathbf{O} \end{pmatrix} \right] \tag{7.111}$$

をもつ (ただし $\boldsymbol{\Omega}_{*\cdot} = (\mathbf{O}, \mathbf{I}_r)\boldsymbol{\Omega}$).

定理 7.6 の右辺の分母および分子の第 1 項は定理 7.5 の漸近分布の表現と同一であることに注意しておこう. 右辺の分子第 2 項は最小二乗推定量のバイアス項である. 通常の定常的な場合には基準化行列 $\mathbf{D}_T^*$ のオーダーは $O_p\left(\sqrt{T}\right)$ である. これに対して単位根やその上にドリフト項などが存在する場合にはしばしば基準化行列 $\mathbf{D}_T^*$ のオーダーは $O_p(T)$ 以上となる. このような場合には一般に構造方程式にもかかわらず母係数の最小二乗推定量は一致性をもっている. 通常の定常的な場合に現れるバイアス項は (7.111) が示すように漸近分布に現れる.

例 7.9: Stock (1987) は $G_0 = 1$, $K_1 = 0$, $K_2 = G_*$, $z_{2t} = y_{*i-1}$ となる場合を検討し, 共和分関係の最小二乗推定量の一つの漸近分布の表現を得ている. この場合には基準化行列は $D_T^* = T \cdot I_{G_*}$ となる. Stock (1987) は共和分関係の推定において最小二乗推定量が一致性をもっている事実を超一致性 (super-consistency) と呼んでいる. 漸近分布は $\Pi_{2*} = I_{G_*}$ とおけば定理 7.6 より

$$T\left(\widehat{B}_{*OLS} - B\right) \Rightarrow \left(\int_0^1 B_*(t) B_*(t)' dt\right)^{-1} \left[\int_0^1 B_*(t) dB(t)' + \Omega_{*\cdot} B\right] \tag{7.112}$$

となり, これは Stock (1987) が得た極限分布の表現に対応する.

7.5 数理的導出

定理 7.1 の証明： [i] **(D)** ⇒ **(C)**： 条件 (D-i) の下で (7.26) 式から行列 $\boldsymbol{\alpha}$, $\boldsymbol{\beta}$ を構成する各列ベクトルと直交するベクトルから階数 $G_0 \, (= G - r)$ の $(G \times G_0)$ 行列 $\boldsymbol{\alpha}_\perp$, $\boldsymbol{\beta}_\perp$ をそれぞれ選ぶことができる. そこで行列多項式 $\boldsymbol{\Pi}(\zeta)$ に対して左と右からそれぞれ正則行列 $(\boldsymbol{\alpha}, \boldsymbol{\alpha}_\perp)'$, $(\boldsymbol{\beta}, \boldsymbol{\beta}_\perp)'$ を乗じると (7.24) 式より固有方程式は

$$\left| (\zeta-1)(\boldsymbol{\alpha}, \boldsymbol{\alpha}_\perp)' \mathbf{D}(\zeta)(\boldsymbol{\beta}, \boldsymbol{\beta}_\perp) - \begin{pmatrix} \boldsymbol{\alpha}'\boldsymbol{\alpha}\boldsymbol{\beta}'\boldsymbol{\beta} & \mathbf{O} \\ \mathbf{O} & \mathbf{O} \end{pmatrix} \zeta^{p-1} \right|$$

$$= (\zeta-1)^{G_0} \left| (\boldsymbol{\alpha}, \boldsymbol{\alpha}_\perp)' \mathbf{D}(\zeta)((\zeta-1)\boldsymbol{\beta}, \boldsymbol{\beta}_\perp) - \begin{pmatrix} \boldsymbol{\alpha}'\boldsymbol{\alpha}\boldsymbol{\beta}'\boldsymbol{\beta} & \mathbf{O} \\ \mathbf{O} & \mathbf{O} \end{pmatrix} \lambda^{p-1} \right|$$

$$= 0 \tag{7.113}$$

となる. この方程式には G_0 個の単位根があることは明らかである. 次に多項式行列 $\boldsymbol{\Pi}(\zeta)^*$ を

$$\boldsymbol{\Pi}(\zeta)^* = (\boldsymbol{\alpha}, \boldsymbol{\alpha}_\perp)' \mathbf{D}(\zeta)((\zeta-1)\boldsymbol{\beta}, \boldsymbol{\beta}_\perp) - \begin{pmatrix} \boldsymbol{\alpha}\boldsymbol{\alpha}'\boldsymbol{\beta}\boldsymbol{\beta}' & \mathbf{O} \\ \mathbf{O} & \mathbf{O} \end{pmatrix} \zeta^{p-1} \tag{7.114}$$

とおいて $\zeta = 1$ を代入すると,

$$\boldsymbol{\Pi}(1)^* = \begin{pmatrix} -\boldsymbol{\alpha}\boldsymbol{\alpha}'\boldsymbol{\beta}\boldsymbol{\beta}' & \boldsymbol{\alpha}' \mathbf{D}(1)\boldsymbol{\beta}_\perp \\ \mathbf{O} & \boldsymbol{\alpha}'_\perp \mathbf{D}(1)\boldsymbol{\beta}_\perp \end{pmatrix}$$

となる. ここで条件 (D-ii) より $|\boldsymbol{\alpha}'_\perp \mathbf{D}(1)\boldsymbol{\beta}_\perp| \neq 0$ となることから $|\boldsymbol{\Pi}(1)^*| \neq 0$ となる. さらに条件 (D-iii) を用いれば [仮定 A] の下で条件 (C) が導かれる.

[ii] **(C)** ⇒ **(D)**： 逆に条件 (C) を仮定すると条件 (D-i) が成立する. なぜならば, もし $r = 0$ あるいは $r = G$ とすると (2.9) 式を用いた議論より矛盾が生じる. また条件 (D-ii) と (D-iii) は [i] の証明から明らかである. □

次に巻末付録 A の定理 A.6 を利用する.

補題 7.1: 変数 y_{i-1} および y_{i-1}^* をそれぞれベクトル $\mathbf{Y}_{-1}$ および $\bar{P}_{Z^*}\mathbf{Y}_{-1}$ の第 i 要素とする.このとき (i) の仮定の下で

$$\frac{1}{T}\sum_{i=1}^{[Tt]} y_{i-1}^* v_i$$
$$\Rightarrow C\left[\int_0^t B(s)dB(s) - \int_0^t B(s)m(s)^*ds\left(\int_0^t (m^*(s))^2 ds\right)^{-1}\int_0^t m^*(s)dB(s)\right] \tag{7.115}$$

および

$$\frac{1}{T^2}\sum_{i=1}^{[Tt]} [y_{i-1}^*]^2$$
$$\Rightarrow C\left[\int_0^t (B(s))^2 ds - \int_0^t B(s)m^*(s)ds\left(\int_0^t (m^*(s))^2 ds\right)^{-1}\int_0^t m^*(s)B(s)ds\right]C \tag{7.116}$$

である.ただし,$C = \sum_{s=0}^{\infty} W_s$,また W_s は定常 AR 過程 Δy_{i-1} の移動平均表現の係数系列である.

補題 7.1 の証明: 以下では $p=2$ の場合に限って (7.115) 式と (7.116) 式を示す (ここでの方法は記号が複雑になるだけで一般の場合についても用いることができる).帰無仮説 (i) の下で初期値 $y_0 = 0$ とすると $\mathbf{z}_{1i}^* = \Delta\mathbf{z}_{2i}^*$ を利用して

$$y_i = \psi_i + \xi_i \tag{7.117}$$

と書き直す.ただし,

$$\psi_i = \sum_{j=0}^{i} b_2^j S_1(i-j),\ S_1(i-j) = \sum_{j=1}^{i-j} v_j\ (i>j) \tag{7.118}$$

および

$$\xi_i = \sum_{j=0}^{i} b_2^j \boldsymbol{\gamma}_1 z_{2,i-j}^* \tag{7.119}$$

で与えられる.ここで $\boldsymbol{\Psi}_{-1}, \boldsymbol{\Xi}_{-1}$ を $T\times 1$ ベクトルとし,第 i 行を ψ_{i-1}, ξ_{i-1} とする.ここで (7.117) 式は一般に初期値 y_0, y_{-1} に依存するが漸近的に無視

できる. そこで

$$\frac{1}{T}\sum_{i=1}^{T} y_{i-1}^{*} v_i = \frac{1}{T}\boldsymbol{\Psi}_{-1}' \bar{P}_{Z^*} \mathbf{V} + \frac{1}{T}\boldsymbol{\Xi}_{-1}' \bar{P}_{Z^*} \mathbf{V} \tag{7.120}$$

となる. 条件 (7.39) および v_t がマルチンゲール差分過程なので

$$\frac{1}{T}\Xi_{-1}' \bar{P}_{Z^*} V \xrightarrow{p} 0 \tag{7.121}$$

となる. ここで

$$\begin{aligned}
\frac{1}{\sqrt{T}}\psi_{Tt} &= \frac{1}{\sqrt{T}}\sum_{s=0}^{\infty} b_2^s \sum_{j=1}^{[Tt]-s} v_j \\
&= \frac{1}{\sqrt{T}}\sum_{s=0}^{\infty} b_2^s \sum_{j=1}^{[Tt]} v_j - \frac{1}{\sqrt{T}}\sum_{s=0}^{\infty} b_2^s \left(\sum_{j=[Tt]-s+1}^{[Tt]} v_j\right)
\end{aligned} \tag{7.122}$$

となる. 上式の第 2 項はゼロ行列に収束するので, 結局

$$\frac{1}{\sqrt{T}}\psi_{Tt} \Rightarrow CB(t) \tag{7.123}$$

を得る. ただし $C = \sum_{s=0}^{\infty} b_2^s$ である. したがって付録 A の定理 A.6 を用いれば $T \to \infty$ のとき

$$\begin{aligned}
\frac{1}{T}\sum_{i=1}^{[Tt]} y_{i-1}^{*} v_i &= \frac{1}{T}\sum_{i=1}^{[Tt]} \psi_{i-1} v_i \\
&\quad - \left(\sum_{i=1}^{[Tt]} \frac{1}{T}\psi_{i-1} z_i^{*'} D_T^{-1}\right) \left(D_T^{-1}\sum_{i=1}^{[Tt]} z_i^{*} z_i^{*'} D_T^{-1'}\right)^{-1} \left(D_T^{-1}\sum_{i=1}^{[Tt]} z_i^{*} v_i\right)
\end{aligned} \tag{7.124}$$

は (7.115) に収束する. 同様にして

$$\begin{aligned}
\frac{1}{T^2}\sum_{i=1}^{[Tt]} [y_{i-1}^{*}]^2 &= \frac{1}{T^2}\Psi_{-1}' \bar{P}_{Z^*} \Psi_{-1} \\
&\quad + \frac{1}{T^2}\Psi_{-1}' \bar{P}_{Z^*} \Xi_{-1} + \frac{1}{T^2}\Xi_{-1}' \bar{P}_{Z^*} \Psi_{-1} + \frac{1}{T^2}\Xi_{-1}' \bar{P}_{Z^*} \Xi_{-1}
\end{aligned} \tag{7.125}$$

となることが示される. ここで $T \to \infty$ につれて第 1 項を除く三つの項はゼロ

行列に収束する．したがって定理 A.6 より $T \to \infty$ につれて第1項は (7.116) 式に収束する． □

定理 7.2 の証明： (i) 変数を $\Delta \mathbf{y}_{i-1}^* = (\Delta y_{i-1}, \ldots, \Delta y_{i-(p-1)})'$, $\mathbf{z}_{1i} = (\mathbf{z}_{1i}^{*'}, \Delta \mathbf{y}_{i-1}^{*'})'$, および $\mathbf{z}_{2i} = (\mathbf{z}_{2i}^{*'}, y_{i-1}')'$ により定める．さらに $\Delta \mathbf{Y}_{-1}^*$ を第 i 行が $\Delta \mathbf{y}_{i-1}^*$ となる行列とする．このとき

$$\begin{aligned}
&\mathbf{V}' \left(\bar{P}_{Z_1} - \bar{P}_Z \right) \mathbf{V} \\
&= \mathbf{V}' \left\{ \bar{P}_{Z_1^*} - \bar{P}_{Z_1^*} \Delta \mathbf{Y}_{-1}^* \left(\Delta \mathbf{Y}_{-1}^{*'} \bar{P}_{Z_1^*} \Delta \mathbf{Y}_{-1}^* \right)^{-1} \Delta \mathbf{Y}_{-1}^{*'} \bar{P}_{Z_1^*} \right\} \mathbf{V} \\
&\quad + \mathbf{V}' \left\{ \bar{P}_{Z^*} - \bar{P}_{Z^*} (\Delta \mathbf{Y}_{-1}^*, \mathbf{Y}_{-1}) \left[(\Delta \mathbf{Y}_{-1}^*, \mathbf{Y}_{-1})' \bar{P}_{Z^*} (\Delta \mathbf{Y}_{-1}^*, \mathbf{Y}_{-1}) \right]^{-1} \right. \\
&\quad \left. \times (\Delta \mathbf{Y}_{-1}^*, \mathbf{Y}_{-1})' \bar{P}_{Z^*} \right\} \mathbf{V}
\end{aligned} \tag{7.126}$$

と書き直せる．ここで $\frac{1}{T\sqrt{T}} \mathbf{Y}_{-1}' \bar{P}_{Z^*} \Delta \mathbf{Y}_{-1} \xrightarrow{p} 0$ となるので (7.126) 式の第2項は漸近的に

$$\begin{aligned}
&\mathbf{V}' \bar{P}_{Z^*} \mathbf{V} - \mathbf{V}' \bar{P}_{Z^*} \Delta Y_{-1}^* \left(\Delta Y_{-1}^{*'} \bar{P}_{Z^*} \Delta Y_{-1}^* \right)^{-1} \Delta Y_{-1}^{*'} \bar{P}_{Z^*} \mathbf{V} \\
&\quad - \mathbf{V}' \bar{P}_{Z^*} Y_{-1} \left(Y_{-1}^{*'} \bar{P}_{Z^*} Y_{-1}^* \right)^{-1} Y_{-1}^{*'} \bar{P}_{Z^*} \mathbf{V}
\end{aligned} \tag{7.127}$$

と同値である．Δy_t^* は定常自己回帰表現をもつので

$$\begin{aligned}
\plim_{T \to \infty} \frac{1}{T} \Delta \mathbf{Y}_{-1}^{*'} \bar{P}_{Z^*} \Delta \mathbf{Y}_{-1}^* &= \plim_{T \to \infty} \frac{1}{T} \Delta \mathbf{Y}_{-1}^{*'} \bar{P}_{Z_1^*} \Delta \mathbf{Y}_{-1}^* \\
&= \mathbf{\Gamma} > 0
\end{aligned} \tag{7.128}$$

も正則となる．さらに (7.126) 式の左辺は漸近的に

$$\mathbf{V}' \left\{ \bar{P}_{Z_1^*} - \bar{P}_{Z^*} + \bar{P}_{Z^*} \mathbf{Y}_{-1} \left(\mathbf{Y}_{-1}' \bar{P}_{Z^*} \mathbf{Y}_{-1} \right)^{-1} \mathbf{Y}_{-1}' \bar{P}_{Z^*} \right\} \mathbf{V} \tag{7.129}$$

に一致する（ここで (7.129) 式は $p=1$ の場合の (7.126) 式であることに注意する）．次に最初の二つの項に定理 A.6 を用い，さらに最後の項に補題 7.1 を用いる．このとき ($\mathbf{\Omega} = \sigma^2$ として) $\mathbf{\Omega}^{-1/2} \mathbf{V}' \left(\bar{P}_{Z_1} - \bar{P}_Z \right) \mathbf{V} \mathbf{\Omega}^{-1/2}$ の極限分布は (7.41) 式の T_1^* となる．以上の展開では $\mathbf{\Omega}^{-1/2} \times$ ((7.129) 式の最終項) $\times \mathbf{\Omega}^{-1/2}$

7.5 数理的導出

が次の量に収束する.

$$\left[\int_0^t dB(s)B(s) - \int_0^t dB(s)(m^*(s))' \left(\int_0^t m^*(s)(m^*(s))'ds\right)^{-1} \int_0^t m^*(s)B(s)dt\right]$$

$$\times \left[\int_0^t [B(s)]^2 ds - \int_0^t B(s)(m^*(s))'ds \left(\int_0^t m^*(s)(m^*(s))'ds\right)^{-1} \int_0^t m^*(s)B(s)ds\right]^{-1}$$

$$\times \left[\int_0^t B(s)dB(s) - \int_0^t B(s)(m^*(s))'ds \left(\int_0^t m^*(s)(m^*(s))'ds\right)^{-1} \int_0^t m^*(s)dB(s)\right]$$

$$= \tilde{N}'\tilde{M}^{-1}\tilde{N} - \left[\int_0^t dB(s)(m^*(s))' \left(\int_0^t m^*(s)(m^*(s))'ds\right)^{-1} \int_0^t m^*(s)dB(s)\right]$$
(7.130)

この表現から (7.130) 式の第 2 項が (7.129) 式の第 2 項と同値となり打ち消し合うことがわかる. 次に基準化行列 D_T^* を選んで

$$\frac{1}{T}\mathbf{V}'\bar{P}_Z\mathbf{V} = \frac{1}{T}\mathbf{V}'\mathbf{V} - \frac{1}{T}\mathbf{V}'\mathbf{Z}D_T^{*-1}\left(D_T^{*-1'}\mathbf{Z}'\mathbf{Z}D_T^{*-1}\right)^{-1} D_T^{-*1'}\mathbf{Z}'\mathbf{V}$$
(7.131)

と書き直す. 定理 A.3 を用いると (7.131) 式の第 2 項はゼロ行列に収束することがわかる. さらに

$$\frac{1}{T}\mathbf{V}'\bar{P}_Z\mathbf{V} \xrightarrow{p} \Omega \,(=\sigma^2)$$
(7.132)

であるので単純単位根の場合の結果を得る.

(ii) 重単位根の場合の結果の証明は, 以下に述べる季節単位根の証明において $d=1$ とすればよいので省略する.

(iii) 季節単位根仮説の場合の結果の証明は, $p=d+1, \mathbf{z}_t^* = \mathbf{0}$ の場合のみを与える (一般の場合は単純単位根の場合と同様の議論を用いればよいが, 記号がより複雑化するので省略する). 帰無仮説の下で

$$x_i = \Delta y_i$$
(7.133)

により一つの確率過程を定めよう．確率過程は帰無仮説の下で $y_i = y_{i-1} + \Delta y_{i-d} + v_i$ なので

$$x_i = x_{i-d} + v_i = x_0 + \sum_{j=0}^{[i/d]} v_{i-d_j} \tag{7.134}$$

および

$$\Delta_d y_i = \Delta_d y_{i-1} + v_i = \Delta y_{-1} + \sum_{j=0}^{i} v_{i-d_j} \tag{7.135}$$

となることに注目する．$d > k \geq 0$ に対しては

$$\Delta_{d-k} y_i = \sum_{j=0}^{d-k-1} \Delta y_{i-j} \tag{7.136}$$

となる．ここで記号の簡単化のために標本数 $T = md$ (m は正整数) を仮定する．$T = md + a, a = 1, \cdots, d-1$ のときは余分の項の影響が小さいことを示せばよい．また初期条件 $x_0, \Delta y_{-j}, j = 0, \cdots, d$ は漸近的には無視できるので簡単化のためにゼロとおいても一般性を失わない．(7.134)〜(7.136) を利用すると

$$\begin{aligned}
&\frac{1}{T^2} \sum_{i=1}^{T} \Delta_a y_i \Delta_{a'} y_{i-s} \\
&= \frac{1}{d^2} \cdot \frac{1}{m^2} \sum_{i'=1}^{d} \sum_{j=1}^{m} \Delta_a y_{(j-1)d+i'} \Delta_{a'} y_{(j-1)d+i'-s} \\
&\cong \frac{1}{d^2} \sum_{i'=1}^{d} \left\{ \frac{1}{m^2} \sum_{j=1}^{m} \left(\sum_{l=0}^{a-1} x_{(j-1)d+i'-l} \right) \left(\sum_{l'=0}^{a'-1} x_{(j-1)d+i'-s-l'} \right) \right\} \\
&= \frac{1}{d^2} \sum_{i'=1}^{d} \sum_{l=0}^{a-1} \sum_{l'=0}^{a'-1} \left\{ \frac{1}{n^2} \sum_{j=1}^{m} x_{(j-1)d+i'-l} x_{(j-1)d+i'-s-l'} \right\} \\
&\Rightarrow \frac{1}{d^2} \sum_{i'=1}^{d} \sum_{l=0}^{a-1} \sum_{l'=0}^{a'-1} \left\{ \Omega^{1/2} \int_0^1 B_{(i'-l)}(t) B_{(i'-s-l')}(t)' dt \Omega^{1/2} \right\}
\end{aligned} \tag{7.137}$$

となる．ただし $B_i(t), i = 1, \ldots, d$ は互いに独立な標準ブラウン運動である．同様に

$$\frac{1}{T}\sum_{t=1}^{T}\Delta_a y_{i-s} v_i = \frac{1}{d}\frac{1}{m}\sum_{i'=1}^{d}\sum_{j=1}^{m}\left\{\sum_{l=0}^{k} x_{(j-1)d+i'-s-m} v_{(j-1)d+i'}\right\}$$
$$\Rightarrow \frac{1}{d}\sum_{i'=1}^{d}\sum_{l=0}^{k}\left\{\Omega^{1/2}\int_0^1 B_{(i'-s-l)}(t)dB'_{i'}(t)\Omega^{1/2}\right\} \tag{7.138}$$

となることがわかる. □

定理 7.3 の証明: 変数 $\mathbf{z}_{1i}$ は定理 7.2 (i) と同様に $\mathbf{z}_{1i} = (\mathbf{z}^*_{1i}, \Delta y_{i-1}, \cdots, \Delta y_{i-p})$ より, $b_\Delta = (B_2, \ldots, B_p)$ とすると帰無仮説 $H_1^{(1)}$ の下で

$$\begin{pmatrix}\widehat{\gamma}' - \gamma' \\ \widehat{b}_\Delta - b_\Delta \\ \widehat{b}_1 - 1\end{pmatrix} = \sum_{i=1}^T v_i \left\{\sum_{i=1}^T \begin{pmatrix}\mathbf{z}^*_{1i} \\ \mathbf{z}^*_{2i} \\ y_{i-1}\end{pmatrix}\begin{pmatrix}\mathbf{z}^*_{1i} \\ \mathbf{z}^*_{2i} \\ y_{i-1}\end{pmatrix}'\right\}^{-1}\begin{pmatrix}\mathbf{z}^*_{1i} \\ \mathbf{z}^*_{2i} \\ y_{i-1}\end{pmatrix}' \tag{7.139}$$

となることを用いる.

$$T\left(\widehat{b}_1 - 1\right) = T\mathbf{V}'\bar{P}_{Z_1,Z_2^*}\mathbf{Y}_{-1}\left(\mathbf{Y}'_{-1}\bar{P}_{Z_1,Z_2^*}\mathbf{Y}_{-1}\right)^{-1} \tag{7.140}$$

と表すことができる. ここで

$$\frac{1}{T^2}\mathbf{Y}'_{-1}\bar{P}_{Z_1,Z_2^*}\mathbf{Y}_{-1}$$
$$= \frac{1}{T^2}\mathbf{Y}'_{-1}\bar{P}_{Z^*}\mathbf{Y}_{-1}$$
$$- \left(\frac{1}{T\sqrt{T}}\mathbf{Y}'_{-1}\bar{P}_{Z^*}\Delta\mathbf{Y}_{-1}\right)\left(\frac{1}{T}\Delta\mathbf{Y}'_{-1}\bar{P}_{Z^*}\Delta\mathbf{Y}_{-1}\right)^{-1}\left(\frac{1}{T\sqrt{T}}\Delta\mathbf{Y}'_{-1}\bar{P}_{Z^*}\mathbf{Y}_{-1}\right) \tag{7.141}$$

となることに注目する. 補題 7.1 の証明で用いた議論より (7.141) 式の第 2 項はゼロ行列に収束するので $T(\widehat{b}_1 - 1)$ の極限分布は漸近的には $T\mathbf{V}'\bar{P}_{Z^*}\mathbf{Y}_{-1}$ の分布と同等である. したがって補題 7.1 より

$$T\left(\widehat{b}_1 - 1\right) \Rightarrow \frac{\left[\int_0^1 \begin{pmatrix} m^*(t) \\ B(t) \end{pmatrix} \begin{pmatrix} m^*(t)dt \\ dB(t) \end{pmatrix}'\right]_{22.1}}{\left[\int_0^1 \begin{pmatrix} m^*(t) \\ B(t) \end{pmatrix} \begin{pmatrix} m^*(t) \\ B(t) \end{pmatrix}' dt\right]_{22.1}} \tag{7.142}$$

となる.さらに (7.142) 式の分母と分子にそれぞれ

$$\left|\int_0^1 m^*(t) m^*(t)' dt\right|$$

を乗じれば (7.51) 式が得られる. □

定理 7.4 の証明: 以下では $p=1$ の場合についてのみ証明の概略を与える. 一般の場合 $(p>1)$ には定理 7.2 (i) の証明と同様に行えばよい. 変数ベクトルとして $\mathbf{z}_{1i} = \mathbf{z}_{1i}^*$ および $\mathbf{z}_{2i} = \mathbf{y}_{i-1}$ を選ぶ. 統計量 T_3 は漸近的に

$$T_3' = \operatorname{tr}\left\{\mathbf{U}'\left(\bar{P}_{(Z_1^*, \mathbf{Y}_{-1})\mathbf{D}} - \bar{P}_{Z_1^*, \mathbf{Y}_{-1}}\right)\mathbf{U}\boldsymbol{\Sigma}^{-1}\right\} \tag{7.143}$$

と同等になる.ただし

$$\mathbf{U} = \mathbf{V}, \quad \boldsymbol{\Sigma} = \mathbf{B}'\boldsymbol{\Omega}\mathbf{B} \tag{7.144}$$

および $\mathbf{B}$ $(G \times G_0$ 行列$)$ は条件

$$\mathbf{B}_1^{\perp'}\mathbf{B} = \mathbf{O}, \quad \mathbf{D} = \left\{\boldsymbol{\Pi}_*, \begin{bmatrix} \mathbf{I}_{K_1^*} \\ \mathbf{O} \end{bmatrix}\right\}, \quad \boldsymbol{\Pi}_* = \begin{bmatrix} \boldsymbol{\Gamma}_1 & \mathbf{I}_{K_1^*} \\ \mathbf{B}_1^{\perp} & \mathbf{O} \end{bmatrix}\begin{bmatrix} \mathbf{O} \\ \mathbf{I}_{K-G_0} \end{bmatrix} \tag{7.145}$$

を満足する. 次に $G \times r$ 行列 $\boldsymbol{\beta}$ $(\operatorname{rank}(\boldsymbol{\beta}) = r)$ および $r \times r$ 行列 $\boldsymbol{\alpha}$ を選び, $\bar{P}_{Z_1^*}\mathbf{Z}\boldsymbol{\Pi}_* = \bar{P}_{Z_1^*}\mathbf{Y}_{-1}\boldsymbol{\beta}\boldsymbol{\alpha}'$ とする. このとき

$$\begin{aligned} T_3' = \operatorname{tr}\mathbf{U}'&\left(\left[\bar{P}_{Z_1^*} - \bar{P}_{Z_1^*}\mathbf{Z}\boldsymbol{\Pi}_*\left(\boldsymbol{\Pi}_*'\mathbf{Z}'\bar{P}_{Z_1^*}\mathbf{Z}\boldsymbol{\Pi}_*\right)^{-}\boldsymbol{\Pi}_*'\mathbf{Z}'\bar{P}_{Z_1^*}\right]\right. \\ &\left. - \left[\bar{P}_{Z_1^*} - \bar{P}_{Z_1^*}\mathbf{Y}_{-1}\left(\mathbf{Y}_{-1}\bar{P}_{Z_1^*}\mathbf{Y}_{-1}\right)^{-1}\mathbf{Y}_{-1}'\bar{P}_{Z_1^*}\right]\right)\mathbf{U}\boldsymbol{\Sigma}^{-1} \end{aligned} \tag{7.146}$$

となる. この場合には基準化行列として $G \times G$ の行列

$$\mathbf{D}_T^{*'} = \left[\frac{1}{\sqrt{T}}\boldsymbol{\beta}, \mathbf{D}_{2T}^{-1}\right]' \tag{7.147}$$

を選ぶ必要がある．ただし行列 $\boldsymbol{\beta}$ および $\mathbf{D}_{2T}^{-1}$ の各行ベクトルを直交するようにとる．このとき

$$T_3' = \mathrm{tr}\left\{\mathbf{U}'\bar{P}_{Z_1^*}\mathbf{Y}_{-1}\mathbf{D}_{2T}^{-1}\left[\mathbf{D}_{2T}^{-1'}\mathbf{Y}_{-1}'\bar{P}_{Z_1^*}\mathbf{Y}_{-1}\mathbf{D}_{2T}^{-1'}\right]^{-1}\mathbf{D}_{2T}^{-1'}\mathbf{Y}_{-1}'\bar{P}_{Z_1^*}\mathbf{U}\boldsymbol{\Sigma}^{-1}\right\} \tag{7.148}$$

と表すことができる．さらに補題 7.1 と同様の議論より ($G > 1$ ただし) 帰無仮説の下で

$$\mathbf{y}_{i-1} \cong \mathbf{y}_0 + \mathbf{C}\left(\mathbf{S}_1(i-1) + \boldsymbol{\Gamma}_1 \sum_{s=1}^{i-1} \mathbf{z}_{1s}^*\right) \tag{7.149}$$

ただし

$$\mathbf{S}_1(i) = \sum_{s=1}^{i} \mathbf{v}_s$$

とする．ここで $G \times G$ 行列 $\mathbf{C}$ の階数は r, さらに $\mathbf{z}_{2i}^* = \sum_{s=1}^{i} \mathbf{z}_{1s}^*$ を利用した．仮定から $K_1^* \leq G - r$ であるので次の条件を満足するような階数の退化しない $G \times (G - K_1^* - r)$ 行列 $\boldsymbol{\gamma}_1^\perp(T)$ および $G \times K_1^*$ 行列 $\boldsymbol{\gamma}_2^\perp(T)$ を選ぶことができ，$\boldsymbol{\Gamma}_1'\mathbf{C}\boldsymbol{\gamma}_1(T) = \mathbf{O}, \boldsymbol{\Gamma}_1'\mathbf{C}\boldsymbol{\gamma}_2(T) \neq \mathbf{O}$ であるので

$$\mathbf{D}_{2T}^{-1} = (\boldsymbol{\gamma}_1(T), \boldsymbol{\gamma}_2(T))'$$

とする．このとき

$$T_2'' = \mathrm{tr}\left\{\mathbf{U}'\left[\bar{P}_{Z_1^*} - \bar{P}_{Z_1^*, Z_2^*\boldsymbol{\gamma}_1(T), \mathbf{S}_{-1}\boldsymbol{\gamma}_2(T)}\right]\mathbf{U}\boldsymbol{\Sigma}^{-1}\right\} \tag{7.150}$$

と表現できる．ただし $\mathbf{S}_{-1}$ は $T \times G$ 行列でその i 行は $\mathbf{S}_1(i-1)$ である．再び定理 A.6 を用いると $T \to \infty$ につれて T_2'' は (7.66) 式に収束する． □

chapter 8

共和分・構造変化と構造方程式モデル

8.1 構造変化と共和分

すでに説明したように経済時系列の計量分析においては確率的な意味での非定常性の取り扱いが大きな問題となっている．例えばマクロ経済や金融の時系列データを使って単純な線形時系列モデルをあてはめると，しばしば定常的 (stationary) 統計モデルよりもある種の非定常的 (non-stationary) 統計モデルの方があてはまりがよい．また，金融時系列データ，とりわけ株式価格や外国為替レートなど資産価格水準の変動ではしばしば確率的定常性とは整合的でない観察事実が観察される．他方，計量経済分析の方法として伝統的に利用されている統計モデルでは，しばしば明示的あるいは暗黙裡に確率的変動部分は統計的意味において定常的であることを仮定していることが多かった．しばらく前までは日本のマクロ時系列を用いた多くの実証分析ではこうした仮定は先験的になされていたと解釈される．

非定常性の仮説に関してはこれまでに計量経済学者や統計学者によって様々な検定方法が提案されている．経済時系列にとって特に重要な非定常性としてランダム・ウォーク (random walk, 酔歩) がある．より一般にランダム・ウォークを拡張した和分過程と呼ばれる線形時系列モデルを定常的な線形時系列モデルに対して検定する問題，単位根 (unit roots) の検定および共和分 (co-integration) 検定を前章で扱った．

本章では前章の議論から構造方程式としての共和分にかかわる重要な問題をさらに検討する．特にこれまで提案されている共和分検定において軽視されて

いる構造変化にかかわる問題点を考察する．一般にマクロ経済や金融の時系列データでははっきりした長期的トレンドが観察されたり，トレンド関数がマクロ経済上の理由などにより途中で変化していることも少なくない．そこで経済時系列における非定常性を議論する場合には，分析におけるトレンドの扱い方が大きな問題となる．単位根検定に関連してこの問題をとりあげた議論はそれほど多くないが，米国の実証的問題から Perron (1989) がこの問題を考察している．Perron (1989) は歴史的トレンドが多くの単位根検定で仮定しているような単純な時間の線形関数ではなく，既知のトレンド変化点が 1 個あると仮定すると，単位根の検定結果が大きく変わってしまうことを指摘している．こうした研究はいずれも一変数時系列についてであるが，複数の時系列を扱う場合には歴史的トレンドや構造変化の扱いはより複雑になる．

8.1.1 トレンドの変化と固有値の挙動

ここで再び多変量時系列モデル (7.16) より出発し，

$$\Delta \mathbf{y}_i = \mathbf{\Gamma} \mathbf{z}_i^* + \mathbf{B}^* \mathbf{y}_{i-1} + \mathbf{B}_2 \Delta \mathbf{y}_{t-1} + \cdots + \mathbf{B}_p \mathbf{y}_{i-(p-1)} + \mathbf{v}_i \qquad (8.1)$$

における外生変数 $\{\mathbf{z}_i^*\}$ の役割について考察する．一般に経済時系列の中には時間の変化とともに傾向的変動 (トレンド) が大きく変化していると考えられる変数が少なくない．例えば米国において実質 GNP や失業率などの主要なマクロ変数の時系列的変動を長期的に観察すると，明らかに 1930 年代より以前と以後とでは変動のトレンドが異なっていることが観察される．また，ここ 30 年ほどの期間について日本におけるマクロ変数の変動をみると，1970 年代前半に起きた石油危機の前後において主要な変数におけるトレンドは変化していることが観察される．さらに 1980 年代後半のバブル以降，1990 年前後のバブル崩壊，最近のリーマン・ショックなど構造的変化と見なせる大きな変動がみられる．

ここで考察すべき問題はこうしたマクロ・データの歴史的変動についての観察に対して，従来の単位根の検定方法はあたかもこうしたトレンドの変化がなかったものとして統計的検定の論理を使って検定を行っていることである．すなわち，統計的仮説検定の論理では帰無仮説および対立仮説のいずれにおいても成立している前提，すなわち維持仮説として線形トレンド関数を仮定してい

るのである. こうしたマクロ変数におけるトレンド関数が長期的にまったく変化しないことを暗黙裡に仮定して検定を行うことには問題があるといえないであろうか？ この問題の重要性については1変数の場合についてPerron (1989)が行った研究により初めて明らかになったが, 想定されたトレンド関数が固定されたある一つの変化点があると, たとえ真の統計的線形時系列モデルが定常的であってもDickey & Fuller (1979) により提案された単位根検定による検定ではしばしば非定常性が検出される.

時系列が多次元の場合にはトレンドの扱いはより複雑になる. 複数の時系列におけるトレンドが一様に変化することもありうるが, 金融時系列の中にはトレンドの変化が異なるパターンを示している変数も少なくない. 例えばマクロ的金融変数として重要な貨幣残高や物価指数のトレンドの変動は明らかに実質GNPのトレンドの変動とは異なっていることが観察される. また, ほとんどの金利変数では歴史的に正のトレンドはそれほど明瞭には観察されていない. すなわち, 実質GNPなどのマクロ変数, 貨幣残高や物価などの金融変数, さらに金利変数などのトレンドの変動はかなり異なっていることが観察されている. これに対して共和分の統計的検出方法としてこれまでに提案されている方法, 例えばGranger & Engle (1987) の方法やJohansen(1991) の方法では定数項のみが説明変数として想定されている. この仮定は単位根が存在する場合には自動的に時系列は時間とともに "一定" の線形トレンド関数をもつことを意味しているのである. そこで本節ではまず多次元時系列の場合にトレンド関数の変化 (あるいは構造変化) を想定することにより検定方法がどのように影響されるか考察することから始めよう.

いま "真" の時系列モデルはトレンドの回りで定常的に変動していることを想定する. 観測期間 $[0,T]$ 上に q 個の変化点 $0 < T_1 < \cdots < T_q < T$ があるとして, 変数 $DT_j(i), DU_j$ $(i=1,\cdots,T; j=1,\cdots,q)$ を

$$DT_j(i) = \begin{cases} 0 & \text{if} \quad 0 < i \leq T_j \\ i - T_j & \text{if} \quad T_j < i \leq T, \end{cases}$$

$$DU_j(i) = \begin{cases} 0 & \text{if} \quad 0 < i \leq T_j \\ 1 & \text{if} \quad T_j < i \leq T \end{cases}$$

8.1 構造変化と共和分

と定義する．これらの変数 $DT_j(i)$ と $DU_j(i)$ を用いることにより，トレンド関数として q 個の変化点をもつ折線関数の表現が可能となる．すなわち折線関数によりいくつかの代表的なマクロ変数のトレンド関数を近似的に表現できる．ここで真の 1 次元時系列モデルが

$$y_i = \alpha_0 + \sum_{j=1}^{q} \alpha_{1j} DU_j(i) + \gamma i + \sum_{j=1}^{q} \alpha_{2j} DT_j(i)$$
$$+ \beta y_{i-1} + \sum_{j=2}^{p} \beta_j \Delta y_{i-(j-1)} + v_i$$

で表される状況を考えよう．ただし α_{kj} $(j=1,\cdots,q; k=1,2)$, β, β_j $(j=2,\cdots,p)$ はスカラーの係数母数である．ここで真のトレンドは q 個の折線で表現されているが，q を未知として q_1 $(< q)$ 個の変数を用いてデータ分析を行うことを考えてみよう．このときには最小二乗推定量の挙動について次のような命題にまとめておく．証明は次の定理 8.2 と同様なので省略する．

定理 8.1： (i) 一変量時系列モデル (8.2) の固有方程式

$$\zeta^p - \beta \zeta^{p-1} - \sum_{j=2}^{p} \beta_j \zeta^{p-j} = 0 \tag{8.2}$$

の根は $|\zeta_j| < 1$ $(j=1,\cdots,p)$ を満たすとする．

(ii) 変化点 $T_j(T)$ $(j=1,\cdots,q)$ は T が増加するにつれて $\lim_{T\to\infty} T_j(T)/T = \delta_j$．ただし $0 < \delta_1 < \cdots < \delta_q < 1$ を仮定する．モデル (8.2) において q 個のトレンド変数の代わりに q_1 $(< q)$ 個のトレンド関数を使ったときに得られる β の最小二乗推定量を $\widehat{\beta}, \widehat{\beta}^* = \widehat{\beta} - 1$ とする．このとき $T \to \infty$ につれて

$$\widehat{\beta} \xrightarrow{p} 1, \quad \widehat{\beta}^* \xrightarrow{p} 0 \tag{8.3}$$

となる．

ここで記号 $\xrightarrow{p}$ は標本数 T が大きくなるにつれて確率収束するという意味であり，例えば仮にもっとも単純化して $\beta_2 = \cdots = \beta_p = 0$ とすると，真の母数 $|\beta| < 1$ にもかかわらずその推定量は確率的に 1 に収束することを意味している．特に $q=1$, $q_1=0$ とするとこの命題は Perron (1989) の定理 1 で得られた結果に一致する．またこの命題の証明の方法も Perron (1989) が用いた方法

を直接的に拡張すればよい.この Perron (1989) の定理 1 では 1 次元の単位根仮説において $G=1, q=1, q_1=0$ の場合に t 統計量により単位根仮説を受容してしまうことを示したのであるが,以上のように複数の構造変化点がある場合に拡張することは容易である.また,ここで得られる結果をより精密にして $T(\hat{\beta}-1)$ の挙動をより詳しく調べることも可能である.

次に多次元時系列に複数の構造変化点がある場合を考察してみよう.時系列における真のトレンド変数として

$$\mathbf{z}_i^{\dagger'} = (1, i, DT_1(i), \cdots, DT_q(i))$$

を考えよう.実際には変化点の個数 q は未知であることを考慮して q_1 個 $(0 \leq q_1 \leq q)$ 個の変化点をもつ単位根に対するトレンド関数

$$\mathbf{z}_{1i}^{*'} (= \mathbf{z}_i^{*'}) = (1, DU_1(i), \cdots, DU_{q_1}(i))$$

を説明変数に用いて分析する状況を想定する.このときには次の命題を得る.

定理 8.2: 多変量時系列モデル

$$\mathbf{y}_i = \mathbf{\Pi}_1 \mathbf{y}_{i-1} + \mathbf{\Gamma} \mathbf{z}_i^{\dagger} + \mathbf{v}_i \tag{8.4}$$

において次の条件を仮定する.
  (i) 攪乱項 $\{\mathbf{v}_i\}$ の共分散行列 $\mathbf{\Omega}_i = \mathbf{\Omega}$ は (一定の) 正定符号行列.
  (ii) 先決変数は変数 $\mathbf{z}_i^{\dagger}$ を用いて $\mathbf{z}_i' = (\mathbf{z}_i^{\dagger'}, \mathbf{y}_{i-1}')$ とする.
  (iii) $q - q_1 \geq 0, G - q_1 - 1 \geq 0$.
  (iv) 変化点は定理 8.1(ii) を満足する.
  (v) 固有方程式

$$|\zeta \mathbf{I}_G - \mathbf{\Pi}_1| = 0 \tag{8.5}$$

を満足するすべての固有値は $|\zeta_j| < 1 \ (j=1,\cdots,G)$ を満たす.

正しいトレンド関数 $\mathbf{z}_i^{\dagger}$ でなく $\mathbf{z}_i^*$ として $(\mathbf{z}_{1i} = (\mathbf{z}_i^{*'}, \Delta \mathbf{y}_{i-1}'), \Delta \mathbf{z}_{1i}^* = \mathbf{z}_{2i}^*)$ 標本固有方程式

$$|\Delta \mathbf{Y}'(P_Z - P_{Z_1})\Delta \mathbf{Y} - \lambda \Delta \mathbf{Y}'(\mathbf{I}_T - P_Z)\Delta \mathbf{Y}| = 0 \tag{8.6}$$

より小さい方から G 個の標本固有値 $0 \leq \lambda_1^* \leq \cdots \leq \lambda_G^*$ を求めると $T \to \infty$

につれて次のことが成り立つ.

(vi)　$\lambda_j^* \xrightarrow{p} 0 \ (j = 1, \cdots, q_1 + 1)$

(vii)　$\lambda_j^* \xrightarrow{p} k_j \ (j = q_1 + 2, \cdots, G)$

ただし k_j は正定数である.

この命題の証明の概要は 8.4 節に与えておく. より一般的な p 次モデルの場合も同様な結果が得られるが, 証明はより複雑になるはずであるので説明は省略する. 定理 8.2 で用いた条件の中で誤差項の共分散行列についての条件 (i) は議論の単純化のためにおいた仮定である. 変化時点についての条件 (ii) は観測データが多いときに変化点が互いに退化しないことを意味している.

ここでもっとも単純にトレンドを扱う場合として $q = q_1 = 0$ としてみよう. このことは長期的トレンドが時間の線形関数であるにもかかわらず, その可能性を分析において無視した場合に対応している. このときには定理 8.2 から 1 個の固有値は小さくなるが, 他の $G-1$ 個の固有値については (vii) より任意の $\delta > 0, j = q_1 + 2, \cdots, G$ に対して

$$T^\delta \lambda_j^* \xrightarrow{p} \infty \tag{8.7}$$

となる. このとき, データからは共和分の仮説 $H_1' : r = G - 1$ が受容される可能性が高くなり, 定常性の対立仮説 $H_{1A}' : r = G$ は棄却される傾向となる. したがって, 時系列データから推定されるのは 1 個の単位根, 共和分関係の個数は $r = G - 1$ と推定される可能性が強い. この定理 8.2 で得られた結果は Perron (1989) の定理 1 を多次元に拡張した結果としてもみることができる. 多次元時系列に複数の構造変化点がある場合には, その分析方法を直接的に拡張することは容易ではない. 本節ではトレンド関数の変化の検定方式への影響が一般的に多次元時系列において小さくないことを示した. すなわち実証分析で使われることのある共和分検定の方法についても単位根の場合と同様に基本的に検討を要する問題がある.

マクロ計量分析における実証的問題としては, Perron (1989) は主に米国のデータを使って分析を行った結果, 従来の単位根検定による実証分析に関する信頼性に対して大きな疑問を投げかけたのである. ここで, Perron (1989) が提案した検定方法では先験的に固定された構造変化点が 1 個存在することが仮定

されていたことを指摘しておく．計量分析では複数の独立なランダム・ウォークに対して形式的に回帰分析を行うときに見かけ上は有意な結果が得られる問題を「見せかけの回帰」(spurious regression) と呼んでいる．トレンドをもつ複数の定常過程においてトレンドの定式化を誤ることにより単位根の存在が有意に検出される「見せかけの単位根」(spurious unit roots)，「見せかけの共和分」(spurious co-integration) についての考察も，少なくとも同程度に重要な問題なのである．

8.1.2 トレンド変化の下での共和分仮説検定

多変量時系列モデルに構造変化点などを含むトレンドを表現する外生変数が存在する場合の単位根と共和分の検定方法を考える．時系列モデルにトレンドが存在する場合にはトレンドと非定常性についていくつかの定式化がありうる．ここで $K^* \times 1$ の外生変数 $\mathbf{z}_i^{'*} = \left(\mathbf{z}_{1i}^{'*}, \mathbf{z}_{2i}^{'*}\right)$，係数行列 $\mathbf{\Gamma} = (\mathbf{\Gamma}_1, \mathbf{\Gamma}_2)$ として帰無仮説

$$H_2^{'} : \mathrm{rank}\left(\mathbf{B}_1^*\right) = r, \quad \mathbf{\Gamma}_2 = O$$

を考察する．行列 $\mathbf{\Gamma}_2$ は変数 $\mathbf{z}_{2i}^*$ の係数であり，この仮説は共和分仮説の一種とみなせる．2番目のゼロ制約条件を仮説の中に導入した理由は，多次元時系列に単位根が存在すると，ドリフト項の変数 $\mathbf{z}_{1i}^*$ により仮説の下でより高次のトレンドが生成されうることによる．例えばドリフト項の変数 $\mathbf{z}_{1i}^*$ の中に時間に線形な項が存在すれば単位根 (ランダム・ウォーク) は時間について 2 次関数トレンドが生じる．こうした問題は経済時系列の実証分析においては重要ではあるが十分に理解されていないので，まず 1 次元の簡単な時系列モデルを用いて確認しておこう．

ここで例として 1 次元の確率変数列 $\{y_i\}$ が時系列モデル

$$y_i = \alpha_0 + \alpha_1 i + \beta y_{i-1} + v_i \tag{8.8}$$

に従う場合を取りあげる．帰無仮説としての単位根仮説は $H_{u1}^{'} : \beta = 1, \alpha_1 = 0$ とする．対立仮説は $H_{1a}^{'} : |\beta| < 1, \alpha_1 \neq 0$ とすれば帰無仮説と対立仮説の両方の下でトレンドは時間の線形関数となる．この定式化では時系列のトレンド関数の次数は維持仮説として同一の形となる．2 番目のゼロ制約を無視した場

8.1 構造変化と共和分

合には必ずしも帰無仮説と対立仮説の下での時系列モデルにおけるトレンド関数の形は同一ではないので, 仮説検定の問題は入れ子 (nested) 構造とはならない. (8.5) 式を変形すれば $\Delta y_i = \alpha_0 + \alpha_1 i + \beta^* y_{i-1} + v_i$ と表現できる. 係数は $\beta^* = \beta - 1$, 単位根仮説は $H_{u1}'' : \beta^* = 0, \alpha_1 = 0$ である.

次に多変量線形時系列モデル (8.1) を考える. 構造変化点などを含むトレンド変数を $\mathbf{z}_{2i}^*$ とすると, 時系列 $\{\mathbf{y}_i\}$ が共和分関係にあることの一つの解釈は $G \times r$ 行列 $\boldsymbol{\beta}$ と $K_2^* \times r$ 行列 $\boldsymbol{\gamma}_2$ が存在して, $\boldsymbol{\beta}' \mathbf{y}_i + \boldsymbol{\gamma}_2' \mathbf{z}_{2i}^*$ が定常的, という構造方程式である. 変数 $\mathbf{z}_{1i}^*$ を $\mathbf{z}_{1i}^* = \Delta \mathbf{z}_{2i}^*$ とおけば, 仮説 $H_{c2}^{(1)}$ の代わりに

$$H_{c2}^{(2)} : \operatorname{rank}(\boldsymbol{\Gamma}_2, \mathbf{B}^*) = \operatorname{rank}(\mathbf{B}^*) = r \tag{8.9}$$

が考えられる. 本節では共和分関係としてこの仮説の検定問題を考える. 前章では仮説 H_2 に対する検定統計量として RT_2 を導いたが, ここでは標本固有方程式の根の中から小さい方の G_0 個の根から計算した統計量を扱う. したがって厳密にはこの統計量は前に説明した統計量 RT_1 を構成する際に説明変数として外生変数 $\mathbf{z}_{1i}^* = \Delta \mathbf{z}_{2i}^*, \mathbf{z}_i^{*'} = (\mathbf{z}_{1i}^{*'}, \mathbf{z}_{2i}^{*'})$ に対して

$$\mathbf{z}_i' = (\mathbf{z}_i^{*'}, \mathbf{y}_{i-1}', \Delta \mathbf{y}_{i-1}', \cdots, \Delta \mathbf{y}_{i-(p-1)}')$$
$$\mathbf{z}_{1i}' = (\mathbf{z}_{1i}^{*'}, \Delta \mathbf{y}_{i-1}', \cdots, \Delta \mathbf{y}_{i-(p-1)}')$$

とおいた統計量 RT_2 を利用する. 例としては尤度比統計量 (LR_2), ラグランジュ統計量 (LM_2), ワルド統計量 (W_2) の形は前章と同一であり, 前章で説明した方法により計算できる. 実はこのような説明変数の選び方についてほんのわずかにみえる違いが漸近分布についての結果に大きな違いをもたらす.

変化点を含む共和分関係のもう一つの定式化としては, $G \times r$ 行列 $\boldsymbol{\beta}$ と $K^* \times r$ 行列 $\boldsymbol{\gamma}$ が存在して, $\boldsymbol{\beta}' \mathbf{y}_i + \boldsymbol{\gamma}' \mathbf{z}_i^*$ が定常的となることであろう. この場合は仮説 $H_{c2}^{(2)}$ の代わりに

$$H_{c2}^{(3)} : \operatorname{rank}(\boldsymbol{\Gamma}, \mathbf{B}^*) = \operatorname{rank}(\mathbf{B}^*) = r$$

を考えることができる. この仮説の検定は上の変数 $\mathbf{z}_{1i}$ から変数 $\mathbf{z}_{1i}^*$ を除くことで実行できる.

ここで特に $G = 1$ の場合, 帰無仮説 H_2 の検定問題は 1 次元時系列モデルに

おける単位根仮説の問題に対応するので，本章で述べる統計量は単位根検定の一般化となっている．

本節の帰無仮説 $H_{c2}^{(2)}$, $H_{c2}^{(3)}$ を用いると，1次元の単位根を使って説明した帰無仮説と対立仮説の下でのドリフト項の次数との整合性の問題を自然な形で解決できる．このことを示すためには，実は Granger によって得られた表現定理を少し拡張する必要が生じる．以下で示す命題は Johansen (1991) により得られた表現定理の結果をさらに修正したものである．命題の証明は 8.4 節に与える．

定理 8.3：　変数 $\mathbf{z}_{1i}^* = \Delta \mathbf{z}_{2i}^*$ とした多変量時系列モデル (8.1) において第 7 章の [仮定 A] および定理 7.1 の条件 (D) を仮定する．

(i)　仮説 $H_{c2}^{(3)}$ の下では確率過程 $\{\mathbf{y}_i\}$ は

$$\mathbf{y}_i = \mathbf{y}_0 + \mathbf{C}\left(\sum_{k=1}^{i}\mathbf{v}_k\right) + \mathbf{C}_1(L)\mathbf{v}_i + \mathbf{C}_2(L)\mathbf{z}_i^*, \tag{8.10}$$

と表現される．

(ii)　行列 $\mathbf{C}$ の階数は G_0 で

$$\mathbf{C} = \boldsymbol{\beta}_\perp \left(\boldsymbol{\alpha}_\perp' \mathbf{D}(1)\boldsymbol{\beta}_\perp\right)^{-1} \boldsymbol{\alpha}_\perp' \tag{8.11}$$

で与えられる．

(iii)　(8.10) 式の右辺に現れる行列多項式 $\mathbf{C}_j(L)$ $(j=1,2)$ は

$$\mathbf{C}_j(L) = \sum_{k=0}^{\infty} \mathbf{C}_{ik} L^k \tag{8.12}$$

と展開でき，有限の正数 q_2, ρ $(0 < \rho < 1)$ が存在して $\|\mathbf{C}_{ik}\| = O(k^{q_2}\rho^k)$ となる．

(iv)　初期値の影響を除いて時系列の期待値は $\mathrm{E}[\Delta \mathbf{y}_i] = O(\Delta \mathbf{z}_i^*)$,

$$\mathrm{E}[\boldsymbol{\beta}' \mathbf{y}_i + \boldsymbol{\gamma}_2' \mathbf{z}_{2i}^*] = O(\Delta \mathbf{z}_i^*) \tag{8.13}$$

と表現される．

ここで特に外生変数として定数項のみしか存在しない場合には，$\mathbf{z}_{2i}^* = 1$ であるから $\Delta \mathbf{z}_{2i}^* = \mathbf{z}_{1i}^* = 0$ となる．このときには条件 (iv) における右辺はゼロ

行列となることがわかる.したがって,この場合にはこの定理 8.3 は Johansen (1991) の結果に対応する.しかしながら,より一般的に外生変数が存在する場合にはこうした単純な結果は修正する必要があり,上の表現定理においては (8.10) 式の最後の項が重要である.仮説 H_{c2} の下では最初に仮定されたドリフト変数 $\mathbf{z}_{2i}^*$ およびトレンド変数 $\mathbf{z}_{2i}^*$ は同一の次数となる.例えば変数 $\mathbf{z}_{2i}^*$ の中に時間の線形関数があっても,移動平均 (MA) 表現 (8.10) に現れるトレンドはやはり時間の線形関数より高い次数の項は生成されない.ここで導入したトレンド関数を含む共和分仮説の下では,確率過程の移動平均表現はより複雑となる.

8.1.3 トレンド関数の共変動仮説

時系列モデルの確率項が定常的であるとき,構造変化点などを含むトレンド変数 $\mathbf{z}_i^{*\prime}$ が存在すればトレンド変数が共変動 (co-movement) するという仮説を導入することができる.より一般的に必ずしも $\Delta \mathbf{z}_{2i}^* = \mathbf{z}_{1i}^*$ とせずに,トレンド変数を $\mathbf{z}_i^{*\prime} = (\mathbf{z}_{1i}^{*\prime}, \mathbf{z}_{2i}^{*\prime})$ とおこう.このとき複数の時系列に対するトレンド関数の変動に関して

$$H_{c3} : \operatorname{rank}(\mathbf{\Gamma}_2) = r$$

という仮説を考えることができる.この仮説では単位根は仮定されていないので,共和分関係と呼ぶよりもトレンド変数の共変動関係という方がふさわしいとも考えられる. 1 次元時系列ではトレンドに関して非確率的 (deterministic) トレンドと確率的 (stochastic) トレンドを巡る議論があるが,多次元時系列ではより多くの可能性がある.こうした仮説 H_{c3} に対して検定統計量のクラス RT_3 は標本固有方程式の根の中から小さい方の G_0 個の根から選んで定義できる.ただし注意すべきこととして,説明変数として外生変数 $\mathbf{z}_i' = (\mathbf{z}_i^{*\prime}, \mathbf{y}_{i-1}', \Delta \mathbf{y}_{i-1}', \cdots, \Delta \mathbf{y}_{i-(p-1)}')$, $\mathbf{z}_{1i}' = (\mathbf{z}_{1i}^{*\prime}, \mathbf{y}_{i-1}', \Delta \mathbf{y}_{i-1}', \cdots, \Delta \mathbf{y}_{i-(p-1)}')$ とする必要がある.こうした統計量 RT_3 の例としては尤度比統計量 (LR_3),ラグランジュ統計量 (LM_3),ワルド統計量 (W_3) などが前と同様に定義できる.

8.2 検定統計量の分布

8.2.1 統計量の漸近分布

すでに前章で議論したように,単位根仮説の下では通常の統計学や計量経済学の教科書で説明されている漸近正規性や漸近 χ^2 分布に基づく漸近理論が成立しない[*1]. 一定の仮定の下で次に結果が得られるが,漸近分布の導出は 8.4 節に概要を与えた.

定理 8.4: 確率変数列 $\{\mathbf{v}_i, \mathbf{z}_i^*\}$ について定理 7.4 の条件を仮定する. 行列 $\mathbf{\Omega}$ および $\mathbf{M}^*(1)$ は正則行列, $\mathbf{z}_{1i}^*$ が $\Delta \mathbf{z}_{2i}^*$ に含まれるとする. 帰無仮説 $H_{c2}^{(2)}$ の下で標本数 T が増加するにつれて統計量のクラス RT_2 の極限分布は共通であって,極限の確率変数は

$$RT_2^* = \mathrm{tr}\left(\tilde{\mathbf{N}}'\left[\tilde{\mathbf{M}}^{-1} - \begin{pmatrix} \mathbf{M}_{11}^*(1)^{-1} & \mathbf{O} \\ \mathbf{O} & \mathbf{O} \end{pmatrix}\right]\tilde{\mathbf{N}}\right) \tag{8.14}$$

と表現される. 連続確率過程 $\{\mathbf{B}(t)\}$ は G_0 次元のブラウン運動, 確率変数行列 $\tilde{\mathbf{M}}, \tilde{\mathbf{N}}$ は

$$\tilde{\mathbf{M}} = \int_0^1 \begin{pmatrix} \mathbf{m}^*(s) \\ \mathbf{B}(s) \end{pmatrix} \begin{pmatrix} \mathbf{m}^*(s) \\ \mathbf{B}(s) \end{pmatrix}' ds \tag{8.15}$$

$$\tilde{\mathbf{N}} = \int_0^1 \begin{pmatrix} \mathbf{m}(s) \\ \mathbf{B}(s) \end{pmatrix} d\mathbf{B}(s)' \tag{8.16}$$

と表現される. また $\mathbf{M}_{11}^*(1)$ は $K_1^* \times K_1^*$ 行列

$$\mathbf{M}_{11}^*(1) = \int_0^1 \mathbf{m}_1^*(s)(\mathbf{m}_1^*(s))' ds \tag{8.17}$$

と表現される.

定理 8.5: 定理 8.4 と同様の仮定をおく. 変数 $\mathbf{z}_{1i}$ から変数 $\mathbf{z}_{1i}^*$ を除いて作った統計量のクラス RT_2 の極限分布は帰無仮説 H_{c2}' の下で標本数 T が増加

[*1] 正確には汎関数中心極限定理 (functional central limit theorem) を利用する必要があるが,巻末付録 A を参照されたい.

するにつれて共通で,

$$RT_2^{**} = \text{tr}\left(\tilde{\mathbf{N}}'\tilde{\mathbf{M}}^{-1}\tilde{\mathbf{N}}\right) \tag{8.18}$$

と表現される.

ここで共和分仮説の下ではブラウン運動 $\mathbf{B}(t)$ の次元は $G_0\,(=G-r)$ であることに注意する. 共和分仮説の下では内生変数 y_t の間に r 個の共和分関係が成り立っているので, 独立に変動するランダム・ウォーク項の数は G_0 となる. 特に $G=G_0$ とするとこの共和分仮説の下での漸近分布は多次元の (単純) 単位根仮説の下での統計量の漸近分布となるが, この場合には Kunitomo (1996) の定理 2 の結果に一致する. ここで外生変数として定数項 (すなわち $z_i^* = z_{2i}^* = 1$ の場合) のみをとる尤度比検定の場合には, 二次形式についてより簡単な表現を導ける. さらに $G=G_0=1$ とおけばトレンド変化を含む 1 次元の単位根仮説に対する検定統計量の漸近分布が得られる. ここで導いた結果は様々な結果を一般的に表現している.

単位根が存在しない場合には極限分布の議論は標準的なものとなり, ブラウン運動による表現は必要なくなる. トレンド関数の共変動仮説の仮説 H_{c3} に対する検定統計量の漸近分布については, Anderson & Kunitomo (1994) が用いた方法を少し修正することにより次のような結果を得ることができる (証明は省略する).

定理 8.6: 確率変数列 $\{\mathbf{v}_i, \mathbf{z}_i^*\}$ について定理 8.4 の条件を仮定する. 固有方程式のすべての根が $|\lambda_j| < 1\,(j=1,\cdots,pG)$ を満足するとき, 帰無仮説 H_{c3} の下では統計量のクラス RT_3 の極限分布は共通であって自由度 $(G-r)(K_2^* - r)$ の χ^2-分布となる.

8.2.2 構造変化点を含む場合の極限分布

ここで実証分析に有用と思われる極限分布のいくつかの例を挙げておく. 一般に極限分布はブラウン運動の汎関数なので通常の分布表としては特殊な例を除いて存在しないが, シミュレーションに基づいて数値的に分布関数を計算することは困難ではない.

例 8.1： 本章で考察した形の変化点が存在して，変化点の個数が q である状況を考える．仮説 $H_{c2}^{(2)}$ に対する統計量 RT_2 を $RT_2\,(1;\delta_1,\cdots,\delta_q)$ で表す．また尤度比統計量，ラグランジュ統計量，ワルド統計量をそれぞれ $LR_2\,(1;\delta_1,\cdots,\delta_q)$, $LM_2\,(1;\delta_1,\cdots,\delta_q)$, $W_2\,(1;\delta_1,\cdots,\delta_q)$ で表そう．ただし区間 $[0,T]$ における q 個の変化点を $0<T_1(T)<\cdots<T_q(T)<T$ とすれば，厳密には $\delta_j\,(j=1,\cdots,q)$ は標本数 T の関数である．そこで $\delta_j(T)=T_j(T)/T$ と表せば

$$\lim_{T\to\infty}\delta_j(T)=\delta_j$$

で与えられる変化点の極限について，非退化条件 $0<\delta_1<\cdots<\delta_q<1$ が必要である．外生変数については $\mathbf{z}_{1i}^{*'}=(1,DU_1(i),\cdots,DU_q(i))$,

$$\mathbf{z}_i^{*'}=(1,DU_1(i),\cdots,DU_q(i),i,DT_1(i),\cdots,DT_q(i))$$

とおく．ここでブラウン運動の次元は G_0 である．例えば $q=1$ の場合には 4×4 行列 $\mathbf{M}(1)$ は具体的に計算すれば

$$\mathbf{M}(1)=\int_0^1\begin{pmatrix}1\\1_{(\delta_1,1]}\\s\\(s-\delta_1)1_{(\delta_1,1]}\end{pmatrix}\begin{pmatrix}1\\1_{(\delta_1,1]}\\s\\(s-\delta_1)1_{(\delta_1,1]}\end{pmatrix}'ds$$

$$=\begin{pmatrix}1 & 1-\delta_1 & \frac{1}{2} & \frac{(1-\delta_1)^2}{2}\\1-\delta_1 & 1-\delta_1 & \frac{1-\delta_1^2}{2} & \frac{(1-\delta_1)^2}{2}\\\frac{1}{2} & \frac{1-\delta_1^2}{2} & \frac{1}{3} & \frac{(1-\delta_1)^2(2+\delta_1)}{6}\\\frac{(1-\delta_1)^2}{2} & \frac{(1-\delta_1)^2}{2} & \frac{(1-\delta_1)^2(2+\delta_1)}{6} & \frac{(1-\delta_1)^3}{3}\end{pmatrix}$$

となる．

ここで構造変化点が 1 個の場合 $(q=1)$ の極限分布についての一例を表 8.1 に与えておく．極限分布を求めるために行ったシミュレーションの回数は 8,000 回であり区間 $[0,1]$ を 400 等分して連続確率過程を離散近似した．いくつかの実験の結果からは，求められた分布のパーセント点は少なくとも上の 2 桁は信頼できる数値と判断できる．この数表で記号 δ_1 は構造変化点を表しているが，

表 **8.1** 極限分布表 ($q=1$)

RT_2 の分布 ($G_0=1$)

δ_1	1%	2.5%	5%	10%	50%	90%	95%	97.5%	99%	Mean	S.D.
0.1	2.119	2.653	3.123	3.866	7.501	13.477	15.563	17.820	20.203	8.173	3.886
0.2	2.682	3.183	3.801	4.562	8.552	14.833	16.956	18.798	21.170	9.211	4.132
0.3	3.181	3.742	4.470	5.346	9.530	15.841	18.210	20.349	23.019	10.193	4.257
0.4	3.756	4.450	5.108	5.940	10.005	16.361	18.669	20.770	23.548	10.699	4.240
0.5	3.956	4.569	5.198	6.055	10.214	16.560	18.660	20.675	22.955	10.840	4.159
0.6	3.719	4.315	5.025	5.865	10.114	16.296	18.387	20.647	22.908	10.712	4.167
0.7	3.172	3.819	4.451	5.243	9.327	15.737	17.853	20.051	22.921	10.036	4.213
0.8	2.594	3.204	3.831	4.582	8.548	14.792	16.923	19.295	21.929	9.233	4.159
0.9	2.108	2.697	3.169	3.822	7.454	13.260	15.426	17.517	19.862	8.108	3.835

RT_2 の分布 ($G_0=2$)

δ_1	1%	2.5%	5%	10%	50%	90%	95%	97.5%	99%	Mean	S.D.
0.1	9.824	11.013	12.150	13.580	19.897	28.356	31.302	33.541	36.798	20.572	5.872
0.2	10.979	12.247	13.492	15.128	21.801	30.384	33.531	36.127	39.403	22.406	6.133
0.3	12.191	13.726	15.115	16.657	23.483	32.314	35.496	38.251	42.102	24.133	6.308
0.4	13.094	14.566	15.860	17.448	24.346	33.738	36.565	39.352	42.935	25.092	6.391
0.5	13.176	14.634	15.976	17.693	24.591	33.757	36.829	39.445	42.799	25.271	6.361
0.6	12.803	14.428	15.731	17.258	24.241	33.575	36.397	39.123	42.672	24.909	6.382
0.7	12.370	13.572	14.866	16.469	23.430	32.348	35.343	37.754	41.118	24.046	6.257
0.8	11.048	12.415	13.608	15.109	21.846	30.631	33.752	36.386	39.684	22.505	6.188
0.9	9.820	10.976	11.980	13.476	19.650	28.315	31.315	34.147	37.381	20.411	5.935

煩雑さを避けるために 0.1 きざみで分布を計算した.また G_0 はブラウン運動の次元である.

例 8.1 ではトレンド関数の変化時点は既知と仮定して統計量の極限分布が求められた.変化時点が未知である場合においては次のように与えられた検定統計量を変更すればよい.

例 8.2: 例 8.1 において変化時点 $T_i(T)$ $(=\delta_i T)$ が未知の場合には検定統計量は

$$\sup_{0<\delta_1<\cdots<\delta_q<1} RT_2(1;\delta_1,\cdots,\delta_q)$$

として定義することができよう.この統計量を $\max_{\delta_1,\cdots,\delta_q} RT_2(1;\delta_1,\cdots,\delta_q)$ で表すことにする.この統計量は変化時点を既知として計算した統計量から容易に計算できるので,変化時点が未知のときに単位根や共和分を検定することが可能となる.そこで構造変化点が 1 個の場合 ($q=1$) の極限分布については

詳しい数表を Kunitomo & Sato (1995), 国友 (1996) が与えている.

例 8.3： 日本のマクロ金融データではトレンド関数に非線形がみられることがある. こうした状況に対応するトレンド関数としては, 例えば外生変数として

$$\mathbf{z}_i^{*\prime} = (1, DU_1(i), DT_1(i) - DT_2(i), DT_2(i), t, QT_1(i) - QT_2(i))$$
$$\mathbf{z}_{1i}^{*\prime} = (1, DU_1(i), DT_1(i) - DT_2(i))$$

を使うことが考えられる. ここで関数 $QT_j(i)$, $j = 1, 2$ は

$$QT_j(i) = \begin{cases} 0 & (0 < i \leq T_j) \\ (i - T_j)^2 & (T_j < i \leq T) \end{cases}$$

で定められる 2 次関数である. この場合の統計量 RT_2 を $RT_2(2; \delta_1, \delta_2)$ で表しておこう.

例 8.3 ではトレンド関数の変化時点は既知と仮定した統計量の極限分布を説明したが, 変化時点が未知であるとみなされる場合においては例 8.2 のように与えられた検定統計量を変更すればよい. いくつかの検定統計量の漸近分布の数表は Kunitomo & Sato (1995) が与えている.

例 8.4： 例 8.2 と同様に, 例 8.3 においても変化時点が未知の場合には検定統計量は

$$\sup_{0 < \delta_1 < \delta_2 < 1} RT_2(2; \delta_1, \delta_2)$$

として定義することができるので, これを $\max_{\delta_1, \delta_2} RT_2(2; \delta_1, \delta_2)$ で表しておこう.

ここで示したアプローチを用いることにより, 実はより一般的な状況を考察することができることに言及しておく. 多次元時系列において構造変化点, あるいはトレンド変化点が複数ある場合でも単位根検定や共和分検定を行うことができる. もし変化点の位置を事前に指定したくなければ, 8.2 節のように統計量を構成すればよい. さらに複数の変化点を考察する場合には変化点の個数をいかに選ぶかが問題となろう. 本節のアプローチからは変化点の最大個数が有

限であることを仮定すれば原理的には検定方式を導くことができる.

例えば例8.2において, 変化点の個数が有限として最大可能性を q_0 としよう. 変化点が q $(q \leq q_0)$ 個あるとき検定統計量は $\max_{\delta_1,\cdots,\delta_q} RT_2(1;\delta_1,\cdots,\delta_q)$ で与えられた. この形の統計量に対して何らかの意味での自由度 $d(\delta_1,\cdots,\delta_q)$ を定めることができれば[*2], 変化点の数を未知のときには自由度で修正した統計量 $\max_{\delta_1,\cdots,\delta_q}[d(\delta_1,\cdots,\delta_q)]^{-1}RT_2(1;\delta_1,\cdots,\delta_q)$ における個数 q を動かして統計量

$$FRT_2(1;q_0) = \max_{0 \leq q \leq q_0} \max_{\delta_1,\cdots,\delta_q}[1/d(\delta_1,\cdots,\delta_q)]RT_2(1;\delta_1,\cdots,\delta_q)$$

を用いることなどが考えられるが, 今後の検討課題である.

8.3 実証分析への含意

マクロ経済データや金融データを使って単純な線形統計的時系列モデルをあてはめると, しばしば線形定常時系列モデルよりもある種の非定常時系列モデルの方があてはまりのよいことが見出される. 単位根検定と呼ばれている統計的検定を用いると, 単位根の存在を統計的に否定できないことがしばしば生じるが, 他方で従来の統計的検定方法ではトレンドの扱いが機械的で単純化していることも少なくない. 例えば所得や消費をはじめとする多くのマクロ経済変数の長期的変動においては, ときに大きな構造的変化が起こるとみることはそれほど奇異な見方とは考えられない. 少なくとも戦後の日本におけるマクロ変数の変動を観察する場合には, むしろ比較的自然な考え方といえよう. これに対してすでに存在する非定常性の検定では, 8.2節で示したようにトレンド関数の変化が検定結果に対して決定的な影響を及ぼす可能性がある.

本章では経済時系列における確率的トレンドの有無をデータから検証しようとする際の統計的方法として, 特に共和分関係が存在する場合についての新しい検定統計量とそれに基づく検定方法を考察した. 共和分の次元 r がゼロの場合には共和分仮説は単位根仮説に一致するので, 多次元時系列から構成される

[*2] 通常 χ^2-分布に従う統計量の場合には自由度は $G_0 \times (G_0 + 1 + q)$ となるので, これを使うのが一つの簡単な方法であろう.

検定統計量の特殊な場合として, 構造変化を含む単位根仮説に対する尤度比検定統計量などを求めることができる. ここで議論した 1 次元の統計量は Perron (1979) が提案している t-統計量などに対しても検出力が大きいことが期待できる. したがって, ここで提案した検定統計量は多次元時系列における共和分仮説の検定問題のみでなく, 1 次元時系列における構造変化を含んだ単位根検定にも役立つはずである. ここで得られた統計量は帰無仮説の下で標本数が増加するにつれてブラウン運動の汎関数に収束するので, 既存の数表を利用することは可能ではないが, 最近の計算機の能力を所与とすればシミュレーションによって漸近分布のパーセント点を求めることは困難ではない. 多次元時系列において構造変化時点が未知であって構造変化点の個数も未知の場合にも単位根検定や共和分検定を考えることができるので, 様々な分析で有用な方法を与えてくれる.

応用例としては, 例えば国友 (1996) は本章の議論を実際の日本のマクロ時系列データの分析, 金融時系列の分析に適用している. 例として外国為替レートや日本の実質 GDP と実質個人消費を利用して共和分関係の検定結果と推定結果を示しているが, 構造変化を含む時系列に対して単純な単位根検定や共和分検定を行うときには「見かけ上の単位根」を検出するなどの問題に注意する必要があることを例示している. 単純な統計的時系列モデルを定式化した上でマクロ時系列に検定方法を機械的に適用することには多くの問題があるので, 時系列データ分析への含意としては統計的な単位根検定を機械的に適用していくよりも, モデル構築の際にトレンド関数の変化など経済構造に関する様々な知識を利用していくことがより重要と考えられる.

8.4　数 理 的 導 出

定理 8.2 の証明の概要:　真の時系列モデルの自己回帰部分の次数が $p=1$ であり, 固有方程式 (7.19) のすべての根の絶対値は 1 よりも小さいので, 階差系列 $\{\Delta \mathbf{y}_i\}$ は定常過程

$$\Delta \mathbf{y}_i = \mathbf{\Gamma} \Delta \mathbf{z}_i^{\dagger} + \mathbf{\Pi} \Delta \mathbf{y}_{i-1} + \Delta \mathbf{v}_i \tag{8.19}$$

に従っている (ただし (7.16) 式と (7.19) 式における係数行列を $\mathbf{\Pi}_1 = \mathbf{\Pi}$ とおいたことに注意する). このとき真のトレンド関数を表現する $((q+2) \times 1)$ 外生変数ベクトルは

$$\Delta \mathbf{z}_i^\dagger = \begin{pmatrix} DU_q(i) \\ \vdots \\ DU_1(i) \\ 1 \\ 0 \end{pmatrix} = \begin{pmatrix} \mathbf{z}_i^{**} \\ \mathbf{z}_i^{*} \\ 0 \end{pmatrix}$$

である. 実際に推定で使用する外生変数ベクトル $((1+q_1) \times 1)$ は変数順序を並べ変えて $\mathbf{z}_i^{*'} = (DU_{q_1}(i), \cdots, DU_1(i), 1)$ なので, 上式の右辺で新たに変数ベクトル $\mathbf{z}_i^{**}$ $((q-q_1) \times 1)$ を定義した. $2(q+1) \times 1$ の変数ベクトル

$$\mathbf{a}_i = \begin{pmatrix} DT_q(i) \\ \vdots \\ DT_1(i) \\ i \\ DU_q(i) \\ \vdots \\ DT_1(i) \\ 1 \end{pmatrix}$$

変数ベクトルに対応する基準化行列を

$$\mathbf{D}_T^{-1} = \begin{pmatrix} \frac{1}{T\sqrt{T}} \mathbf{I}_{q+1} & \mathbf{O} \\ \mathbf{O} & \frac{1}{\sqrt{T}} \mathbf{I}_{q+1} \end{pmatrix}$$

とする. これは標本数 T が大きいとき変数 $i, DT_j(i)$ $(j = 1, \cdots, q)$ の収束次数は $T\sqrt{T}$ であることによる[*3]. さらに変数ベクトル $\mathbf{a}_i$ の各要素は線形独立なので $T \to \infty$ につれて

[*3] 例えば簡単な計算から $\sum_{i=1}^T i^2 = O(T^3)$ となる. これは $0 < \lim_{T \to \infty} (1/T^3) \sum_{i=1}^T i^2 < +\infty$ を意味する.

$$\mathbf{D}_T^{-1} \sum_{i=1}^T \mathbf{a}_i \mathbf{a}_i' \mathbf{D}_T'^{-1} \to \mathbf{M}^*$$

により得られる極限行列 $\mathbf{M}^*$ は正定符号行列である.

次に階差系列 $\{\Delta \mathbf{y}_i\}$ を (非確率的) トレンド部分と確率的部分とに分解して $\Delta \mathbf{y}_i = \boldsymbol{\xi}(i) + \boldsymbol{\psi}(i)$ としよう. ただし二つの変数ベクトルを $\boldsymbol{\xi}(i) = \sum_{j=0}^{\infty} \boldsymbol{\Pi}^j \boldsymbol{\Gamma} \Delta \mathbf{z}_{i-j}^{\dagger}$, $\boldsymbol{\psi}(i) = \sum_{j=0}^{\infty} \boldsymbol{\Pi}^j \Delta \mathbf{v}_{i-j}$, で定める. さらに変数ベクトル $\mathbf{z}_{1i}' = \mathbf{z}_i^{*'}$ に対する射影行列を

$$\frac{1}{T} \Delta \mathbf{Y}' \bar{\mathbf{P}}_{Z^*} \Delta \mathbf{Y} = \frac{1}{T} \boldsymbol{\Xi}' \bar{\mathbf{P}}_{Z^*} \boldsymbol{\Xi} \\ + \frac{1}{T} \boldsymbol{\Xi}' \bar{\mathbf{P}}_{Z^*} \boldsymbol{\Psi} + \frac{1}{T} \boldsymbol{\Psi}' \bar{\mathbf{P}}_{Z^*} \boldsymbol{\Xi} + \frac{1}{T} \boldsymbol{\Psi}' \bar{\mathbf{P}}_{Z^*} \boldsymbol{\Psi} \tag{8.20}$$

と分解して挙動を分析する. (8.20) 式において $\boldsymbol{\Xi}$ $(T \times K)$ と $\boldsymbol{\Psi}$ $(T \times G)$ はそれぞれベクトル $\boldsymbol{\xi}(i)'$ と $\boldsymbol{\psi}(i)'$ を並べて作った行列である. 右辺に現れている四つの項中で第 2 項と第 3 項は $o_p(1)$ であるので漸近的には無視することができる. 第 4 項については漸近的に

$$\begin{aligned} \operatorname*{plim}_{T \to \infty} \frac{1}{T} \boldsymbol{\Psi}' \bar{\mathbf{P}}_{Z^*} \boldsymbol{\Psi} &= \operatorname*{plim}_{T \to \infty} \frac{1}{T} \boldsymbol{\Psi}' \boldsymbol{\Psi} \\ &= \sum_{j,j'=0}^{\infty} \boldsymbol{\Pi}^j \operatorname*{plim}_{T \to \infty} \left(\frac{1}{T} \sum_{i=1}^T \Delta \mathbf{v}_{i-j} \Delta \mathbf{v}_{i-j'}' \right) \boldsymbol{\Pi}^{j'} \\ &= 2 \sum_{j=0}^{\infty} \boldsymbol{\Pi}^j \boldsymbol{\Omega} \boldsymbol{\Pi}'^j \ (= 2\boldsymbol{\Omega}^*) \end{aligned} \tag{8.21}$$

となる. ただし行列 $\boldsymbol{\Omega}^*$ は最後の等式で定義したが, $\boldsymbol{\Omega}$ が正定符号行列なので $\boldsymbol{\Omega}^*$ も正定符号行列となる. (8.20) 式の第 1 項について

$$\begin{aligned} \mathbf{C}_1^* &= \operatorname*{plim}_{T \to \infty} \frac{1}{T} \boldsymbol{\Xi}' \bar{\mathbf{P}}_{Z^*} \boldsymbol{\Xi} \\ &= \operatorname*{plim}_{T \to \infty} \left(\frac{1}{T} \boldsymbol{\Xi}' \boldsymbol{\Xi} - \frac{1}{T} \boldsymbol{\Xi}' \mathbf{Z}^* \left(\frac{1}{T} \mathbf{Z}^{*'} \mathbf{Z}^* \right)^{-1} \frac{1}{T} \mathbf{Z}^{*'} \boldsymbol{\Xi} \right) \end{aligned} \tag{8.22}$$

より行列 $\mathbf{C}_1^*$ を定める (行列 $\mathbf{C}_1^*$ の階数は $q - q_1$ となる).

次に射影行列の分解公式を念のために挙げておく.

8.4 数理的導出

補題 8.1: 行列 $(\mathbf{B}, \mathbf{C})$ に対して射影行列は次のように分解できる.

$$\bar{\mathbf{P}}_{B,C} = \bar{\mathbf{P}}_B - \bar{\mathbf{P}}_B \mathbf{C} \left(\mathbf{C}' \bar{\mathbf{P}}_B \mathbf{C} \right)^- \mathbf{C}' \bar{\mathbf{P}}_B \tag{8.23}$$

ただし $\mathbf{D}^-$ は行列 $\mathbf{D}$ の一般化逆行列である.

変数ベクトル $\Delta \mathbf{y}_i, \mathbf{z}_i' = (\mathbf{z}_i^{'*}, \mathbf{y}_{i-1}')$ に対して上の分解公式を応用して

$$\frac{1}{T} \Delta \mathbf{Y}' \bar{\mathbf{P}}_{Z^*} \Delta \mathbf{Y} - \frac{1}{T} \Delta \mathbf{Y}' \bar{\mathbf{P}}_Z \Delta \mathbf{Y}$$
$$= \frac{1}{\sqrt{T}} \Delta \mathbf{Y}' \bar{\mathbf{P}}_{Z^*} \mathbf{Y}_{-1} \mathbf{D}_{2T}^{'-1} \left(\mathbf{D}_{2T}^{-1} \mathbf{Y}_{-1}' \bar{\mathbf{P}}_{Z^*} \mathbf{Y}_{-1} \mathbf{D}_{2T}^{'-1} \right)^{-1}$$
$$\times \mathbf{D}_{2T}^{-1} \mathbf{Y}_{-1}' \bar{\mathbf{P}}_{Z^*} \Delta \mathbf{Y} \frac{1}{\sqrt{T}} \tag{8.24}$$

とする. ここで基準化行列 $\mathbf{D}_{2T}^{-1}$ として $((q+1)+1+(G-(q+2))) \times G$ の部分行列に分割した行列

$$\mathbf{D}_{2T}^{-1} = \begin{pmatrix} \frac{1}{T\sqrt{T}} \mathbf{E}_1' \\ \frac{1}{\sqrt{T}} \mathbf{E}_2' \\ \frac{1}{\sqrt{T}} \mathbf{E}_3' \end{pmatrix}$$

を $\mathbf{E}_3' \mathbf{F} \mathbf{\Gamma} = \mathbf{O}$ となるように選択する. ただし $G \times G$ 行列 $\mathbf{F}$ は

$$\mathbf{F} = \sum_{i=0}^{\infty} \mathbf{\Pi}^i$$

により定めた. ここで系列 $\{\mathbf{a}_t\}$ の積和に関する結果を利用することにより, $T \to \infty$ のときに

$$\plim_{T \to \infty} \mathbf{D}_{2T}^{-1} \mathbf{Y}_{-1}' \bar{\mathbf{P}}_{Z^*} \mathbf{Y}_{-1} \mathbf{D}_{2T}^{'-1} = \mathbf{M}_{22.1} > 0 \tag{8.25}$$

$$\plim_{T \to \infty} \frac{1}{\sqrt{T}} \Delta \mathbf{Y}' \bar{\mathbf{P}}_{Z^*} \mathbf{Y}_{-1} \mathbf{D}_{2T}^{'-1} = \mathbf{N}_{2.1} \tag{8.26}$$

となるような正定符号行列 $\mathbf{M}_{22.1}$ および非負定符号行列 $\mathbf{N}_{2.1}$ が存在する. 行列 $\mathbf{N}_{2.1}$ の階数は $(q-q_1) + (G-q-1) = G - q_1 - 1$ となるので行列 $\mathbf{C}_2^* = \mathbf{N}_{2.1}' \mathbf{M}_{22.1}^{-1} \mathbf{N}_{2.1}$ の階数は $G - q_1 - 1$ となる.

さらに確率極限

$$\mathbf{C}_3^* = \plim_{T \to \infty} \frac{1}{T} \Delta \mathbf{Y}' \bar{\mathbf{P}}_Z \Delta \mathbf{Y} = 2 \mathbf{\Omega}^* + \mathbf{C}_1^* - \mathbf{C}_2^* \tag{8.27}$$

により行列 $\mathbf{C}_3^*$ を定める.ここで極限行列 $\mathbf{M}^*$ を用いると正定符号行列となることが確かめられる[*4].

以上の考察から固有方程式

$$\left|\frac{1}{T}\Delta\mathbf{Y}'(\bar{\mathbf{P}}_{Z_1}-\bar{\mathbf{P}}_Z)\Delta\mathbf{Y}-\lambda\frac{1}{T}\Delta\mathbf{Y}'\bar{\mathbf{P}}_Z\Delta\mathbf{Y}\right|=0$$

の確率極限は最小固有値について

$$\left|\mathbf{C}_2^*-\left(\operatorname*{plim}_{T\to\infty}\lambda^*\right)\mathbf{C}_3^*\right|=0 \tag{8.28}$$

で与えられる.(8.28) 式において $G\times G$ 行列 C_2^* の階数は $G-q_1-1$ なので定理の結果を得る. □

定理 8.3 の証明: [i] 仮定の下で定理 7.1 の証明より固有方程式 $|\mathbf{\Pi}(\zeta)^*|=0$ のすべての根の絶対値は 1 よりも小さい.したがって行列 $\mathbf{\Pi}(\zeta)^*$ に対応するラグ多項式を $\mathbf{\Pi}_{\mathcal{L}}^*(L)$ とおくと

$$\begin{aligned}&\mathbf{\Pi}_{\mathcal{L}}^*(L)\\&=L^p\mathbf{\Pi}^*\left(L^{-1}\right)\\&=(\boldsymbol{\alpha},\boldsymbol{\alpha}_\perp)'\left[\mathbf{I}_m-\sum_{j=2}^p\mathbf{B}_jL^{j-1}\right]((1-L)\boldsymbol{\beta},\boldsymbol{\beta}_\perp)-\begin{pmatrix}\boldsymbol{\alpha}'\boldsymbol{\alpha}\boldsymbol{\beta}'\boldsymbol{\beta}&\mathbf{O}\\\mathbf{O}&\mathbf{O}\end{pmatrix}L\end{aligned} \tag{8.29}$$

により定めれば,行列多項式 $\mathbf{\Pi}^*(L)$ は L の多項式として反転可能である.ここで行列多項式 $\mathbf{\Pi}(\zeta)$ に対するラグ多項式を $\mathbf{\Pi}_{\mathcal{L}}(L)=\mathbf{I}_G-\sum_{j=1}^p\mathbf{\Pi}_jL^j$ とおくと,簡単な計算から $(\boldsymbol{\alpha},\boldsymbol{\alpha}_\perp)'\mathbf{\Pi}_{\mathcal{L}}(L)((1-L)\boldsymbol{\beta},\boldsymbol{\beta}_\perp)=(1-L)\mathbf{\Pi}_{\mathcal{L}}^*(L)$ と書き直すことができる.行列多項式 $\mathbf{\Pi}^*(L)$ は反転可能であるから

$$\Delta\mathbf{y}_t^*=((1-L)\boldsymbol{\beta},\boldsymbol{\beta}_\perp)\mathbf{\Pi}^*(L)_{\mathcal{L}}^{-1}(\boldsymbol{\alpha},\boldsymbol{\alpha}_\perp)'(\mathbf{\Gamma}\mathbf{z}_i^*+\mathbf{v}_i) \tag{8.30}$$

により時系列 $\{\Delta\mathbf{y}_i^*\}$ を定めることができる.このとき

$$(\boldsymbol{\alpha},\boldsymbol{\alpha}_\perp)'\mathbf{\Pi}_{\mathcal{L}}(L)\Delta\mathbf{y}_i^*=(\boldsymbol{\alpha},\boldsymbol{\alpha}_\perp)'\Delta(\mathbf{\Gamma}\mathbf{z}_i^*+\mathbf{v}_i)$$

[*4] この証明はやや複雑である.要するに補題 1 と行列 $\mathbf{\Omega}$ が正定符号行列であることを利用して行列 $\mathbf{\Omega}^*+\mathbf{C}_1^*-\mathbf{C}_2^*$ が非負定符号行列になることを示せばよいが,詳細は省略する.

8.4 数理的導出

となるので, $\{\Delta \mathbf{y}_i^*\}$ から構成された $\{\mathbf{y}_i^*\}$ は初期値を除きもとの確率過程 $\{\mathbf{y}_t\}$ に一致する. したがって移動平均表現の行列多項式を

$$\mathbf{C}(L) = ((1-L)\boldsymbol{\beta}, \boldsymbol{\beta}_\perp) \boldsymbol{\Pi}^*(L)_{\mathcal{L}}^{-1} (\boldsymbol{\alpha}, \boldsymbol{\alpha}_\perp)' \tag{8.31}$$

により定められる. ここで形式的に $L=1$ を代入すれば

$$\mathbf{C}(1) = (\mathbf{O}, \boldsymbol{\beta}_\perp) \begin{pmatrix} -\boldsymbol{\alpha}'\boldsymbol{\alpha}\boldsymbol{\beta}'\boldsymbol{\beta} & \boldsymbol{\alpha}'\mathbf{D}(1)\boldsymbol{\beta}_\perp \\ \mathbf{O} & \boldsymbol{\alpha}_\perp'\mathbf{D}(1)\boldsymbol{\beta}_\perp \end{pmatrix}^{-1} (\boldsymbol{\alpha}, \boldsymbol{\alpha}_\perp)'$$

$$= \boldsymbol{\beta}_\perp \left(\boldsymbol{\alpha}_\perp' \mathbf{D}(1) \boldsymbol{\beta}_\perp \right)^{-1} \boldsymbol{\alpha}_\perp'$$

となるので $\mathbf{C} = \mathbf{C}(1)$ とおく. この表現から $G \times G$ 行列 $\mathbf{C}$ の階数は G_0 となることがわかる. 行列多項式 $\boldsymbol{\Pi}(L)_{\mathcal{L}}^{*-1}$ を展開するとき L^k の係数は正数 $q_2, 0 < \rho < 1$ が存在して $O(k^{q_2}\rho^k)$ となるので多項式は収束する. 仮説 $H_2^{(2)}$ の下では行列 $(\boldsymbol{\Gamma}_2, \mathbf{B}^*) = \boldsymbol{\alpha}(\boldsymbol{\gamma}_2', \boldsymbol{\beta}')$ となるので $\mathbf{C}\boldsymbol{\Gamma}_2 = \mathbf{O}$ である.

[ii] 次に [i] より

$$\mathbf{C}(L) - \mathbf{C} = (1-L)(\boldsymbol{\beta}, \mathbf{O})\boldsymbol{\Pi}^*(L)^{-1} (\boldsymbol{\alpha}, \boldsymbol{\alpha}_\perp)'$$
$$+ (\mathbf{O}, \boldsymbol{\beta}_\perp)[\boldsymbol{\Pi}_{\mathcal{L}}^*(L)^{-1} - \boldsymbol{\Pi}_{\mathcal{L}}^*(1)^{-1}] (\boldsymbol{\alpha}, \boldsymbol{\alpha}_\perp)'$$

と書けることに注意する. さらに $\boldsymbol{\Pi}_{\mathcal{L}}^*(L)^{-1} = \sum_{k=0}^{\infty} \boldsymbol{\Pi}_{\mathcal{L}}^{(k)} L^k$ と展開すると, $\boldsymbol{\Pi}^{(k)} = O(k^{q_2}\rho^k)$ であるので

$$\boldsymbol{\Pi}_{\mathcal{L}}^*(L)^{-1} - \boldsymbol{\Pi}_{\mathcal{L}}^*(1)^{-1} = \sum_{k=0}^{\infty} \boldsymbol{\Pi}^{(k)} L^k - \sum_{k=0}^{\infty} \boldsymbol{\Pi}^{(k)}$$

$$= (1-L) \sum_{k=0}^{\infty} \left[\sum_{j=k+1}^{\infty} -\boldsymbol{\Pi}^{(j)} \right] L^k$$

と変形できる. したがって別の正数 q_3 が存在して $\| \sum_{j=k+1}^{\infty} -\boldsymbol{\Pi}^{(j)} \| = O(k^{q_3}\rho^k)$ となることがわかる. ここで行列多項式 $\mathbf{C}_1(L)$ を

$$\mathbf{C}_1(L) = (\boldsymbol{\beta}, \mathbf{O})\boldsymbol{\Pi}^*(L)^{-1}(\boldsymbol{\alpha}, \boldsymbol{\alpha}_\perp)' + (\mathbf{O}, \boldsymbol{\beta}_\perp)\sum_{k=0}^{\infty} \left[\sum_{j=k+1}^{\infty} -\boldsymbol{\Pi}^{(j)} \right] L^k (\boldsymbol{\alpha}, \boldsymbol{\alpha}_\perp)' \tag{8.32}$$

とおけば, $\mathbf{C}_1(L)$ は定理 8.3(iii) のように展開できることがわかる. トレンド部

分については $\mathbf{C}\mathbf{\Gamma}_2 = \mathbf{O}, \mathbf{z}_{1i}^* = \Delta \mathbf{z}_{2i}^*$ であることに注意して

$$\begin{aligned}
\mathbf{C}&(L)\mathbf{\Gamma}\mathbf{z}_i^* \\
&= \mathbf{C}(1)\mathbf{\Gamma}_1 \mathbf{z}_{1i}^* + \mathbf{C}_1(L)\left(\mathbf{\Gamma}_1 \Delta \mathbf{z}_{1i}^* + \mathbf{\Gamma}_2 \Delta \mathbf{z}_{2i}^*\right) \\
&= (1-L)\left(\mathbf{C}(1)\mathbf{\Gamma}_1 \mathbf{z}_{2i}^* + \mathbf{C}_1(L)(\mathbf{\Gamma}_1 \mathbf{z}_{1i}^* + \mathbf{\Gamma}_2 \mathbf{z}_{2i}^*)\right)
\end{aligned} \tag{8.33}$$

とする．右辺のラグ多項式をまとめて $(1-L)\mathbf{C}_2(L)\mathbf{z}_i^*$ とおくことにより $\mathbf{C}_2(L)$ を定義する．以上の議論から行列多項式 $\mathbf{C}_2(L)$ も定理 8.3(iii) のように展開できることがわかる．

[iii]　最後にラグ多項式 $\mathbf{\Pi}_{\mathcal{L}}(L)$ を変形して

$$\mathbf{\Pi}_{\mathcal{L}}(L) = -\boldsymbol{\alpha}\boldsymbol{\beta}' + (1-L)\mathbf{\Pi}_{\mathcal{L}}^{**}(L)$$

とおこう．ただし

$$\mathbf{\Pi}_{\mathcal{L}}^{**}(L) = \mathbf{I}_G + \boldsymbol{\alpha}\boldsymbol{\beta}' - \sum_{j=2}^{p} \mathbf{B}_j L^{j-1}$$

である．この表現を使って $\boldsymbol{\alpha}'\mathbf{\Pi}_{\mathcal{L}}(L)\mathbf{y}_i$ を求めると

$$-\boldsymbol{\alpha}'\boldsymbol{\alpha}\boldsymbol{\beta}' \mathbf{y}_i + \boldsymbol{\alpha}'\mathbf{\Pi}^{**}(L)\Delta \mathbf{y}_i = \boldsymbol{\alpha}'\mathbf{\Gamma}_1 \mathbf{z}_{1i}^* + \boldsymbol{\alpha}'\mathbf{\Gamma}_2 \mathbf{z}_{2i}^* + \boldsymbol{\alpha}'\mathbf{v}_i$$

となる．$\boldsymbol{\gamma}_2' = (\boldsymbol{\alpha}'\boldsymbol{\alpha})^{-1}\boldsymbol{\alpha}'\mathbf{\Gamma}_2$ とおくと，$\mathbf{z}_{1i}^* = \Delta \mathbf{y}_{2i}^*$ のとき期待値をとると

$$\mathrm{E}\left(\boldsymbol{\beta}' \mathbf{y}_i + \boldsymbol{\gamma}_2' \mathbf{z}_{2i}^*\right) = \left(\boldsymbol{\alpha}'\boldsymbol{\alpha}\right)^{-1}\boldsymbol{\alpha}'\mathbf{\Pi}^*(L)\mathrm{E}(\Delta \mathbf{y}_i) - \left(\boldsymbol{\alpha}'\boldsymbol{\alpha}\right)^{-1}\boldsymbol{\alpha}'\mathbf{\Gamma}_1 \Delta \mathbf{z}_{2i}^* \tag{8.34}$$

なる関係を得る． □

定理 8.4 の導出の概要：　帰無仮説の下での漸近分布の導出は定理 7.4 の証明を少し修正することにより可能となる．簡単のために $p=2$ としておく．帰無仮説の下で統計量のクラス RT_2 の分布は漸近的に

$$RT_2' = \mathrm{tr}\left\{\mathbf{U}'\left(\bar{\mathbf{P}}_{ZD} - \bar{\mathbf{P}}_Z\right)\mathbf{U}\boldsymbol{\Sigma}^{-1}\right\} \tag{8.35}$$

と同等になる．ここで変数ベクトルは $\mathbf{z}_i' = (\mathbf{z}_i^{*\prime}, \mathbf{y}_{i-1}', \Delta \mathbf{y}_{i-1}')$，$\mathbf{z}_{1i}' = (\mathbf{z}_{1i}^{*\prime}, \Delta \mathbf{y}_{i-1}')$ とおいた．$T \times G_0$ 行列 $\mathbf{U}$ と $G_0 \times G_0$ 行列 $\boldsymbol{\Sigma}$ は $\mathbf{U} = \mathbf{V}\boldsymbol{\alpha}_{\perp}$, $\boldsymbol{\Sigma} = \boldsymbol{\alpha}_{\perp}'\boldsymbol{\Omega}\boldsymbol{\alpha}_{\perp}$ で与えられる．また右辺に現れる行列 $\mathbf{D}$ は $(G + K_2^*) \times (r + $

$(K_1^* + (p-1)G))$ の行列に分割でき, $r \times r$ 行列 $|\boldsymbol{\alpha}^*| \neq 0$ を使って

$$\mathbf{D} = \left\{ \begin{pmatrix} \boldsymbol{\beta} \\ \boldsymbol{\gamma}_2 \end{pmatrix} \boldsymbol{\alpha}^*, \begin{pmatrix} \mathbf{I}_{K_1^* + (p-1)G} \\ \mathbf{O} \end{pmatrix} \right\}$$

と表すことができる.ここで行列 $(\mathbf{Y}_{-1}, \mathbf{Z}_2^*)$ の射影行列を三つに分割して行列 $\mathbf{F}_1 = \mathbf{Y}_{-1}\boldsymbol{\beta} + \mathbf{Z}_2^*\boldsymbol{\gamma}_2$, $\mathbf{F}_2 = \mathbf{Y}_{-1}\boldsymbol{\alpha}_\perp + \mathbf{Z}_2^*\boldsymbol{\gamma}_{2\perp}$, $\mathbf{Z}_2^*$ による射影行列に分解できることに注意する.いま $\mathbf{F}_3 = \Delta \mathbf{Y}_{-1}$ として行列 $\mathbf{F} = (\mathbf{F}_1, \mathbf{F}_2, \mathbf{F}_3)$ とおこう.このとき定理 7.4 の議論と同様に

$$\begin{aligned}
&\mathbf{U}' \bar{\mathbf{P}}_Z \mathbf{U} \\
&= \mathbf{U}' \left(\bar{\mathbf{P}}_{Z^*} - \bar{\mathbf{P}}_{Z^*} \mathbf{F} \left(\mathbf{F}' \bar{\mathbf{P}}_{Z^*} \mathbf{F} \right)^{-1} \mathbf{F}' \bar{\mathbf{P}}_{Z^*} \right) \mathbf{U} \\
&\cong \mathbf{U}' \bigg(\bar{\mathbf{P}}_{Z^*} - \bar{\mathbf{P}}_{Z^*} \mathbf{P}_{F_2} \bar{\mathbf{P}}_{Z^*} \\
&\quad - \bar{\mathbf{P}}_{Z^*}(\mathbf{F}_1, \mathbf{F}_3) \left((\mathbf{F}_1, \mathbf{F}_3)' \bar{\mathbf{P}}_{Z^*}(\mathbf{F}_1, \mathbf{F}_3) \right)^{-1} (\mathbf{F}_1, \mathbf{F}_3)' \bar{\mathbf{P}}_{Z^*} \bigg) \mathbf{U}
\end{aligned}$$

となる.ここで定理 8.3 より

$$\bar{\mathbf{P}}_{Z^*} \mathbf{F}_2 \cong \bar{\mathbf{P}}_{Z^*} \mathbf{S}_{-1} \mathbf{C}(1)' \boldsymbol{\alpha}_\perp = \bar{\mathbf{P}}_{Z^*} \mathbf{S}_{-1}^*$$

と表現される.ただし $T \times G$ 行列 $\mathbf{S}_{-1}$ の第 i 行は $\mathbf{y}_{i-1}'$ であり, $T \times G_0$ 行列 $\mathbf{U}$ の第 i 行は $\mathbf{u}_i' = \mathbf{v}_i' \mathbf{C}(1)' \boldsymbol{\alpha}_\perp$ で与えられる.また便宜上のために初期値について $\mathbf{v}_0 = \mathbf{v}_{-1} = \cdots = \mathbf{O}$ を仮定しておこう.

まったく同様に

$$\begin{aligned}
&\mathbf{U}' \bar{\mathbf{P}}_{ZD} \mathbf{U} \\
&\cong \mathbf{U}' \bigg(\bar{\mathbf{P}}_{Z_1^*} - \bar{\mathbf{P}}_{Z_1^*}(\mathbf{F}_1, \mathbf{F}_3) \left((\mathbf{F}_1, \mathbf{F}_3)' \bar{\mathbf{P}}_{Z_1^*}(\mathbf{F}_1, \mathbf{F}_3) \right)^{-1} \\
&\quad \times (\mathbf{F}_1, \mathbf{F}_3)' \bar{\mathbf{P}}_{Z_1^*} \bigg) \mathbf{U}
\end{aligned}$$

で与えられる.ここで仮定の下で $\{\Delta \mathbf{Y}_{-1}\}$ は定常確率過程 $\{\Delta \mathbf{y}_{i-1}'\}$ の系列を並べて作った $T \times G_0$ 行列なので

$$\plim_{T \to \infty} \frac{1}{T} \mathbf{U}' \bar{\mathbf{P}}_{Z^*} \Delta \mathbf{Y}_{-1} = \plim_{T \to \infty} \frac{1}{T} \mathbf{U}' \bar{\mathbf{P}}_{Z_1^*} \Delta \mathbf{Y}_{-1} = \mathbf{O}$$

となることは明らかである.そこで漸近的には

$$
\begin{aligned}
RT_2^{'} &\cong \mathrm{tr}\{\mathbf{U}'\left(\bar{\mathbf{P}}_{Z_1^*} - \bar{\mathbf{P}}_{Z^*} + \bar{\mathbf{P}}_{Z^*}\mathbf{P}_{F_2}\bar{\mathbf{P}}_{Z^*}\right)\mathbf{U}\} \\
&\cong \mathrm{tr}\mathbf{U}'\bar{\mathbf{P}}_{Z_1^*}\mathbf{U}\} - \mathrm{tr}\left\{\mathbf{U}'\left(\bar{\mathbf{P}}_{Z^*} - \bar{\mathbf{P}}_{Z^*}\mathbf{F}_2\left(\mathbf{F}_2'\bar{\mathbf{P}}_{Z^*}\mathbf{F}_2\right)^{-1}\mathbf{F}_2'\bar{\mathbf{P}}_{Z^*}\right)\mathbf{U}\right\} \\
&\cong \mathrm{tr}\{\mathbf{U}'\bar{\mathbf{P}}_{Z_1^*}\mathbf{U}\} - \mathrm{tr}\{\mathbf{U}'\bar{\mathbf{P}}_{Z^*, S_{-1}^*}\mathbf{U}\} \\
&= \mathrm{tr}\{\mathbf{U}'\mathbf{P}_{Z^*, S_{-1}^*}\mathbf{U}\} - \mathrm{tr}\{\mathbf{U}'\mathbf{P}_{Z_1^*}\mathbf{U}\}
\end{aligned}
\tag{8.36}
$$

で与えられる.ここで上式の第1項が

$$
\mathrm{tr}\left\{\mathbf{U}'(\mathbf{Z}^*, \mathbf{S}_{-1}^*)\mathbf{D}_T^{'-1}\left(\mathbf{D}_T^{-1}\left(\mathbf{Z}^*, \mathbf{S}_{-1}^*\right)'(\mathbf{Z}^*, \mathbf{S}_{-1}^*)\mathbf{D}_T^{'-1}\right)^{-1} \right. \\
\left. \times \mathbf{D}_T^{-1}\left(\mathbf{Z}^*, \mathbf{S}_{-1}^*\right)'\mathbf{U}\right\}
$$

と書き換えられることに注意する.さらに基準化行列としては $(K^* + G_0) \times (K^* + G_0)$ 行列

$$
\mathbf{D}_T^{-1} = \begin{pmatrix} \mathbf{D}_T^{*-1} & \mathbf{O} \\ \mathbf{O} & \frac{1}{T\sqrt{T}}\mathbf{I}_{G_0} \end{pmatrix}
$$

を使うことにしよう.そこで付録Aの定理A.1を適用すると(8.36)の第1項は

$$
\mathrm{tr}\left(\tilde{\mathbf{N}}'\tilde{\mathbf{M}}^{-1}\tilde{\mathbf{N}}\right)
$$

に収束することがわかる.第2項も同様の議論を適用すれば定理の結果が得られる. □

chapter 9

要約と展望

　本書では「構造方程式モデルと計量経済学」についてこれまでに経済学と計量経済学の分野で発展し，展開している統計学的議論の主要な問題を説明した．
　第一に「構造方程式モデル」は経済学における需要・供給モデルに関する実証分析における必要性から「計量経済学の古典的統計理論」として開発されたことを見た．統計的モデルや統計的分析法が開発される中で構造方程式モデルの推定可能性，母数の識別性という統計学的にも新しい議論が登場した．構造方程式に関する統計的理論が開発されると，必ずしも計量経済学上の方法というにとどまらずより一般的統計モデルとして応用されることも多くなった．現在では構造方程式モデルについての議論は推定方程式，多変量解析における縮小階数回帰モデル，関数関係モデル，変数誤差モデル，観測誤差モデル，因子分析モデルなど，様々な名前で呼ばれている統計的議論に関係している．さらに近年の計量経済学における理論や応用では GMM (一般化積率) 法や経験尤度法などセミ・パラメトリック法と呼ばれる統計的方法についても盛んに議論されるようになっている．こうした構造方程式モデルの統計的分析における新しい動向から様々な新しい論点も登場してきているが，他面，伝統的な構造方程式モデルを巡る議論との関係が十分に理解されているとは言いがたい傾向もみられる．本書では GMM 法や推定方程式を巡る議論の大部分は構造方程式を巡る統計的方法の議論であるという視点を強調した．
　なお，本書では特に経済学や計量経済学の一部の人々の間においてさえここしばらく「すでに古くなった古典的内容」と思われていた議論が，近年におけるミクロ計量経済学における推定問題における様々な最新の議論に関わっているこ

とを説明した．近年のミクロ計量経済学においては実証的問題より操作変数の説明力がそれほど強くない「弱操作変数問題」，多くの操作変数が存在する「多操作変数問題」，「パネル・データ分析」など，新たにいくつかの重要な問題が議論されている．本書では特に古典的展開では重要な役割を演じた制限情報最尤法 (LIML) が，実は新たな問題に対して有効であるという視点について，かなり詳しく論じたつもりである．なお，近年の計量経済学の議論では GMM 推定や経験尤度推定が大きく取りあげられることも少なくないが，LIML と GMM 推定などの方法との関連についても必要最小限ではあるが基本的問題を説明した．

　本書の第二の特徴として，構造方程式モデルをテーマにミクロ計量分析とマクロ計量分析における問題を同時に議論した点が挙げられる．このように構造方程式モデルを扱った書物は多くはないと思われるが，計量経済学，あるいはより広く多変量データを利用した統計的モデリングの可能性という観点からは，意味が小さくないと思われる．特に経済データの場合にはある種の非定常性が自然であるので，統一的な扱いを試みた．本書では主に線形モデルについて説明したが，非線形問題を分析する上でも有益な議論が少なくないであろう．

　他方，紙数の制約などもあり，いくつかの大きな問題について言及することができなかった．例えばミクロ計量経済分析では政策評価 (program evaluation) 問題やパネル・データ分析の重要性が増しているが，本書では扱うことができなかった．例えば多くのパネル・モデルでは本書で説明しているような「多くの偶然母数が存在する」場合の漸近理論の展開が重要と考えられている[*1]．本書では理論的な分析手段として主として標本数が大きい漸近理論を利用した．いうまでもなく有限標本における推定量や検定統計量の性質についても重要であり，限定された範囲内ではあるが Anderson, Stein & Zaman (1985) は LIML 推定量の最適性 (許容性) を，Anderson (2011) は尤度比検定の最適性 (許容性) を論じている．しかしこの点について詳しく論じるにはかなりの準備が必要なので本書では省略した．応用面では，例えば近年のファイナンス計量分析では確率過程の統計学の応用が盛んに行われている．確率過程の統計学に関わる重要な問題については詳しく言及することができなかったが，本書での議論が有

[*1] 例えば 2.5 節で言及した動学パネル構造方程式の推測問題については Akashi & Kunitomo (2010,a;b) などが本書で説明した枠組みをさらに拡張している．

益となることが期待される．

また構造方程式モデルの推定法として，古典的計量経済学では制限情報推定法と並んで同時方程式全体を推定するシステム推定法が展開していたが，こうした研究動向の延長線上にはセミ・パラメトリック計量分析，ノン・パラメトリック計量分析などがあり，近年におけるマクロ経済分析や金融・ファイナンス分析などと関係して様々な方向で議論が展開されている．これらの問題や統計理論の展開，経済分野への応用可能性などについての議論は他の機会に譲りたい．

A 数理的補論

A.1 線形モデルにおける漸近理論

　本書で用いている計量経済モデルは,多変量回帰モデル,多変量自己回帰モデル,あるいはこの種の統計的時系列モデルの組合せとして定式化されている.計量経済分析においてこうした統計的モデルが実際に用いられる状況では,明らかに誤差項が正規分布に従わない場合,あるいは分散・共分散が時間的に不均一で互いに独立な確率変数列ではない場合がしばしば生じる.こうした場合であっても統計理論上では正規分布など標準的な仮定に基づいて導かれる統計的推定や検定の方法が適用されることが少なくない.この数学補論では応用上直面する様々な状況を考えて,きわめて弱い仮定の下で統計量の漸近分布を導く漸近理論を考察する.漸近理論では標本数が大きな場合の統計量の分布の挙動を調べることが中心的課題であり,中心極限定理 (central limit theorem),汎関数中心極限定理 (functional central limit theorem),弱収束 (weak convergence) などが標準的分析手段となる.

A.1.1 標準的場合

　古典的な中心極限定理はスカラー値をとる確率変数の系列 $x_1, x_2, \cdots$ が互いに独立・同一の分布に従い,$\mathrm{E}(x_i) = 0$, $\mathrm{E}(x_i^2) = \sigma^2$ のとき,n 個の確率変数から求める標本平均 $\bar{x}_n = \sum_{i=1}^n x_i/n$ の分布が $n \to \infty$ につれて

$$\sqrt{n}\bar{x}_n \Rightarrow N(0, \sigma^2) \tag{A.1}$$

に収束する (分布収束) ことを主張する.ここで $\Rightarrow$ は分布収束,$N(0, \sigma^2)$ は期待値ゼロ,分散 σ^2 の正規分布を表すが,確率変数の列が同一分布に従うという仮定をかなり緩めることができる.ここで

$$\mathrm{E}(x_i) = 0, \quad \mathrm{E}\left(x_i^2\right) = \sigma_i^2 \tag{A.2}$$

となる確率変数の列が任意の $\varepsilon > 0$ に対して $n \to \infty$ のとき, 条件

$$\frac{1}{\tau_n^2} \sum_{i=1}^{n} \mathrm{E}\left[x_i^2 I\left(x_i^2 > \varepsilon \tau_n^2\right)\right] \to 0 \tag{A.3}$$

を満足すれば

$$\frac{1}{\tau_n} \sum_{i=1}^{n} x_i \Rightarrow N(0,1) \tag{A.4}$$

となる. ただし

$$\tau_n^2 = \sum_{i=1}^{n} \sigma_i^2 \to \infty \tag{A.5}$$

である. ここで $n \to \infty$ のとき

$$\sigma_n^2 / \tau_n^2 \to 0 \tag{A.6}$$

となるならば (A.4) は (A.3) を意味する. リンドバーグ (Lindeberge) 条件として知られている条件 (A.3) はこの種の中心極限定理の結果に対して最小限に必要な条件である.

次に独立性の条件はマルチンゲール差分 (martingale differences) 過程に緩めることができる. 本書で利用した漸近理論の基礎はマルチンゲールに関する一般的な中心極限定理である. 後の議論のために確率変数の三角列に対しその結果をまとめておく.

定理 A.1 (Dvoretzky): 確率変数の列 $x_{n1}, \cdots, x_{nn}$ および増大する σ-集合体の列 $\mathcal{F}_{n0} \subset \mathcal{F}_{n1} \subset \cdots \subset \mathcal{F}_{nn}$ $(n = 1, 2, \cdots)$ に対して各 x_{ni} は $\mathcal{F}_{ni}$-可測であって, $n \to \infty$ のとき

$$\mathrm{E}(x_{ni} | \mathcal{F}_{n,i-1}) = 0 \quad \text{a.s.} \tag{A.7}$$

$$\mathrm{E}(x_{ni}^2 | \mathcal{F}_{n,i-1}) = \sigma_{ni}^2 \quad \text{a.s.} \tag{A.8}$$

$$\sum_{i=1}^{n} \sigma_{ni}^2 \xrightarrow{p} \sigma^2 \quad (>0) \tag{A.9}$$

および任意の $\varepsilon > 0$ に対して条件

$$\sum_{i=1}^{n} \mathrm{E}\left[x_{ni}^2 I(x_{ni}^2 > \varepsilon) | \mathcal{F}_{n,i-1}\right] \xrightarrow{p} 0 \tag{A.10}$$

を仮定する (σ^2 は一定値, $\xrightarrow{p}$ は確率収束を表す). このとき

$$\sum_{i=1}^n x_{ni} \Rightarrow N(0,\sigma^2) \tag{A.11}$$

が成立する.

本書ではしばしば多変量回帰モデル

$$\mathbf{y}_i = \mathbf{B}\mathbf{z}_i + \mathbf{v}_i, \quad i = 1, 2, \cdots, n \tag{A.12}$$

における係数行列 $\mathbf{B}$ の推定を考える (変数ベクトル $\mathbf{y}_i$ は G 次元, $\mathbf{z}_i$ は K 次元とする). ここで観測不可能な誤差項の列 $\{\mathbf{v}_i\}$ はマルチンゲール差分過程であるとする. すなわち誤差項が被説明変数ベクトル $\mathbf{y}_i$ の過去の値, および説明変数ベクトル $\mathbf{z}_i$ の値を所与としたときの $\mathbf{v}_i$ の条件付期待値がゼロとなる系列に拡張しよう. マルチンゲール差分の系列と説明変数の系列が与えられたとき, 次の中心極限定理が有用である[*1)].

定理 A.2: 確率変数ベクトルの列 $\{\mathbf{z}_i, \mathbf{v}_i\}$, $i = 1, 2, \cdots, n$ および増大する σ-集合体の系列 $\mathcal{F}_i$ に対して $\mathbf{z}_i$ を $\mathcal{F}_{i-1}$-可測, $\mathbf{v}_i$ は $\mathcal{F}_i$-可測とする. さらに行列 $\mathbf{D}_n$ は $\mathcal{F}_0$-可測であって $n \to \infty$ につれて

$$\mathbf{D}_n^{-1} \sum_{i=1}^n \mathbf{z}_i \mathbf{z}_i' \left(\mathbf{D}_n'\right)^{-1} \xrightarrow{p} \mathbf{C} \tag{A.13}$$

および

$$\max_{i=1,\cdots,n} \mathbf{z}_i'(\mathbf{D}_n\mathbf{D}_n')^{-1}\mathbf{z}_i \xrightarrow{p} 0 \tag{A.14}$$

としよう (ただし $\mathbf{C}$ は定行列とする). さらに $\mathrm{E}(\mathbf{v}_i|\mathcal{F}_{i-1}) = 0$ a.s., $\mathrm{E}(\mathbf{v}_i\mathbf{v}_i'|\mathcal{F}_{i-1}) = \mathbf{\Sigma}_i$ a.s., $n \to \infty$ につれて

$$\sum_{i=1}^n \left[\mathbf{\Sigma}_i \otimes \mathbf{D}_n^{-1}\mathbf{z}_i\mathbf{z}_i'(\mathbf{D}_n')^{-1}\right] \xrightarrow{p} \mathbf{\Sigma} \otimes \mathbf{C} \tag{A.15}$$

$a \to \infty$ のとき

$$\sup_{i=1,2,\cdots} \mathrm{E}\left[\mathbf{v}_i'\mathbf{v}_i I(\mathbf{v}_i'\mathbf{v}_i > a)|\mathcal{F}_{i-1}\right] \xrightarrow{p} 0 \tag{A.16}$$

[*1)] 例えば証明は Anderson & Kunitomo (1992) が与えている.

を仮定する (ただし $\mathbf{\Sigma}$ は一定の行列である). このとき

$$\mathrm{vec}\left(\mathbf{D}_n^{-1}\sum_{i=1}^n \mathbf{z}_i\mathbf{v}_i'\right) \Rightarrow N\left(0, \mathbf{\Sigma}\otimes\mathbf{C}\right) \tag{A.17}$$

となる[*2)].

次にマルチンゲール差分系列についての有用な収束定理およびその応用に言及しておく.

定理 A.3: 確率変数ベクトルの列 $\{\mathbf{z}_i, \mathbf{v}_i\}$, $i=1,2,\cdots$, および増大する σ-集合体の系列 $\mathcal{F}_i$ に対して $\mathbf{z}_i$ を $\mathcal{F}_{i-1}$-可測, $\mathbf{v}_i$ は $\mathcal{F}_i$-可測であり $\mathrm{E}(\mathbf{v}_i|\mathcal{F}_{i-1})=\mathbf{0}$ a.s., $\mathrm{E}(\mathbf{v}_i\mathbf{v}_i'|\mathcal{F}_{i-1})=\mathbf{\Sigma}_i$ a.s. とする. さらに

$$\frac{1}{n}\sum_{i=1}^n \mathbf{\Sigma}_i \xrightarrow{p} \mathbf{\Sigma} \tag{A.18}$$

任意の $\varepsilon>0$ に対して

$$\frac{1}{n}\sum_{i=1}^n \mathrm{E}\bigl[\mathbf{v}_i'\mathbf{v}_i I(\mathbf{v}_i'\mathbf{v}_i > n\varepsilon)\big|\mathcal{F}_{i-1}\bigr] \xrightarrow{p} 0 \tag{A.19}$$

を仮定する (ただし $\mathbf{\Sigma}$ は定行列とする). このとき

$$\frac{1}{n}\sum_{i=1}^n \mathbf{v}_i\mathbf{v}_i' \xrightarrow{p} \mathbf{\Sigma} \tag{A.20}$$

となる.

定理 A.4: 多変量回帰モデル (A.12) において母係数 B と共分散行列 $\mathbf{\Sigma}$ の最小二乗推定量をそれぞれ

$$\widehat{\mathbf{B}}_n = \sum_{i=1}^n \mathbf{y}_i\mathbf{z}_i'\left(\sum_{i=1}^n \mathbf{z}_i\mathbf{z}_i'\right)^{-1}, \tag{A.21}$$

$$\begin{aligned}\widehat{\mathbf{\Sigma}}_n &= \frac{1}{n}\sum_{i=1}^n (\mathbf{y}_i-\widehat{\mathbf{B}}_n\mathbf{z}_i)(\mathbf{y}_i-\widehat{\mathbf{B}}_n\mathbf{z}_i)' \\ &= \frac{1}{n}\sum_{i=1}^n \mathbf{v}_i\mathbf{v}_i' - \frac{1}{n}(\widehat{\mathbf{B}}_n-\mathbf{B})\sum_{i=1}^n \mathbf{z}_i\mathbf{z}_i'(\widehat{\mathbf{B}}_n-\mathbf{B})'\end{aligned} \tag{A.22}$$

[*2)] ここでベクトルの組 $\mathbf{x}_1,\cdots,\mathbf{x}_m$ に対しベクトル $\mathrm{vec}(\mathbf{x}_1,\cdots,\mathbf{x}_m) = (\mathbf{x}_1',\cdots,\mathbf{x}_m')'$ と定義する.

により定義する．ここで定理 A.2 の条件に加えて行列 $\mathbf{C}$ は正則とする．このとき

$$\mathrm{vec}\left[\left(\widehat{\mathbf{B}}_T-\mathbf{B}\right)\mathbf{D}_T\right]\Rightarrow N\left(0,\mathbf{C}^{-1}\otimes\boldsymbol{\Sigma}\right) \tag{A.23}$$

となる．さらに，もし (A.18) 式が成立すれば

$$\widehat{\boldsymbol{\Sigma}}_n\xrightarrow{p}\boldsymbol{\Sigma} \tag{A.24}$$

となる．

　定理 A.2 は計量経済モデルにおける漸近理論の出発点となる中心極限定理である．説明変数 $\mathbf{z}_i$ を操作変数 (instrumental variables) と理解すれば様々な応用が考えられる．説明変数 $\mathbf{z}_i$ を先決変数 (predetermined variables) とすれば，ラグ付き被説明変数 $y_{i-j}\,(j\geq 1)$ を含んでいるとみなせる．ここで定理 A.2〜定理 A.4 で仮定した諸条件についてコメントを加えておく．条件 (A.13) は確率変数 $\mathbf{z}_i\mathbf{v}_i'$ が漸近的には小さくなることを保証するものである．もし (A.13) 式の極限が概収束 (almost sure convergence, 略して a.s.) であり

$$\begin{aligned}\mathbf{D}_n^{-1}&\to\mathbf{O}\quad\text{a.s.},\\ \mathbf{D}_n\mathbf{D}_{n+1}^{-1}&\to\mathbf{I}_K\quad\text{a.s.}\end{aligned} \tag{A.25}$$

ならば

$$\begin{aligned}&\mathbf{D}_{n+1}^{-1}\sum_{i=1}^{n+1}\mathbf{z}_i\mathbf{z}_i'\left(\mathbf{D}_{n+1}\right)^{-1}-\mathbf{D}_n^{-1}\sum_{i=1}^n\mathbf{z}_i\mathbf{z}_i'\mathbf{D}_n^{-1}\\ &=\mathbf{D}_n^{-1}\mathbf{z}_{n+1}\mathbf{z}_{n+1}'(\mathbf{D}_n')^{-1}+\mathbf{D}_{n+1}^{-1}\sum_{i=1}^{n+1}\mathbf{z}_i\mathbf{z}_i'(\mathbf{D}_{n+1}')^{-1}\\ &\quad-\left(\mathbf{D}_n^{-1}\mathbf{D}_{n+1}\right)\left[\mathbf{D}_{n+1}^{-1}\sum_{i=1}^{n+1}\mathbf{z}_i\mathbf{z}_i'\left(\mathbf{D}_{n+1}'\right)^{-1}\right]\left(\mathbf{D}_n^{-1}\mathbf{D}_{n+1}\right)'\to\mathbf{O}\quad\text{a.s.}\end{aligned} \tag{A.26}$$

となる．したがって $\|\mathbf{D}_n^{-1}\mathbf{z}_{n+1}\|^2\to 0$ a.s. となる．条件 (A.14) は確率 1 で満足する．特に変数 $\{\mathbf{z}_i\}$ が非確率的な場合には条件

$$\frac{1}{n}\sum_{i=1}^n\mathbf{z}_i\mathbf{z}_i'\to\mathbf{C} \tag{A.27}$$

は条件

$$\frac{1}{n}\max_{i=1,\cdots,n}\|\mathbf{z}_i\|^2 \to 0 \tag{A.28}$$

を意味する.また特に基準化行列 $\mathbf{D}_n$ として対角行列でその第 j 対角要素として各変数 $\mathbf{z}_i$ の二乗和の平方根をとれば

$$\mathbf{D}_n^{-1}\sum_{i=1}^n \mathbf{z}_i\mathbf{z}_i'(\mathbf{D}_n')^{-1} \tag{A.29}$$

は変数 $\mathbf{z}_1,\cdots,\mathbf{z}_n$ の相関行列となる.条件 (A.14) は変数 $\mathbf{z}_1,\cdots,\mathbf{z}_n$ に関する条件付リンドバーグ条件

$$\sum_{i=1}^n \mathrm{E}\left\{\mathbf{z}_i'(\mathbf{D}_n\mathbf{D}_n')^{-1}\mathbf{z}_i I\left[\mathbf{z}_i'(\mathbf{D}_n\mathbf{D}_n')^{-1}\mathbf{z}_i > \varepsilon\right]\big|\mathcal{F}_{i-1}\right\} \xrightarrow{p} 0 \tag{A.30}$$

からも導くことができる.条件 (A.15) により確率変数

$$\mathbf{D}_n^{-1}\sum_{i=1}^n \mathbf{z}_i\mathbf{v}_i' \tag{A.31}$$

の分散共分散行列の極限が決定する.ここでもし個々の条件付共分散行列が $\boldsymbol{\Sigma}_i \to \boldsymbol{\Sigma}$ a.s. となる系列ならば条件 (A.15) および条件 (A.18) を満足する.さらに条件 (A.13) および条件 (A.16) を仮定できれば (A.17) 式が成り立つ.また,分散共分散行列が均一の場合には $\boldsymbol{\Sigma}_i = \boldsymbol{\Sigma}$ とすればよい.条件付共分散行列が非確率的であってもよいのでこれらの場合も定理は含んでいる.

ここで標準的場合として変数 $\{\mathbf{z}_i\}$ に対する基準化行列が $\mathbf{D}_n = (\sqrt{n})\mathbf{I}_K$ となる場合を考える.このとき

$$\mathbf{D}_n^{-1}\sum_{i=1}^n \mathbf{z}_i\mathbf{z}_i'\left(\mathbf{D}_n'\right)^{-1} = \frac{1}{n}\sum_{i=1}^n \mathbf{z}_i\mathbf{z}_i' \tag{A.32}$$

となる.この行列はゼロベクトルの回りの標本共分散行列である.様々な応用の上で重要な結果をまとめておく.

系 A.1: 確率変数ベクトルの列 $\{\mathbf{z}_i,\mathbf{v}_i\}$, $i=1,2,\cdots$,および増大する σ-集合体の系列 $\mathcal{F}_i$ に対して $\mathbf{z}_i$ を $\mathcal{F}_{i-1}$-可測,$\mathbf{v}_i$ は $\mathcal{F}_i$-可測とする.さらに $n \to \infty$ のとき

$$\frac{1}{n}\sum_{i=1}^{n}\mathbf{z}_i\mathbf{z}_i' \xrightarrow{p} \mathbf{M} \tag{A.33}$$

$$\frac{1}{n}\max_{i=1,\ldots,n}\mathbf{z}_i'\mathbf{z}_i \xrightarrow{p} 0 \tag{A.34}$$

となることを仮定する．ただし極限行列 $\mathbf{M}$ は定行列である．ここでさらに $\mathrm{E}\left(\mathbf{v}_i|\mathcal{F}_{i-1}\right)=0$ a.s., $\mathrm{E}\left(\mathbf{v}_i\mathbf{v}_i'|\mathcal{F}_{i-1}\right)=\mathbf{\Sigma}_i$ a.s. であり，$n\to\infty$ につれて

$$\frac{1}{n}\sum_{i=1}^{n}\left[\mathbf{\Sigma}_i \otimes \mathbf{z}_i\mathbf{z}_i'\right] \xrightarrow{p} \mathbf{\Sigma} \otimes \mathbf{M} \tag{A.35}$$

および条件 (A.18) を仮定する．ただし共分散行列の極限値 $\mathbf{\Sigma}$ は定行列である．このとき

$$\frac{1}{\sqrt{n}}\mathrm{vec}\left(\sum_{i=1}^{n}\mathbf{z}_i\mathbf{v}_i'\right) \Rightarrow N\left(0, \mathbf{\Sigma}\otimes\mathbf{M}\right) \tag{A.36}$$

となる．また行列 $\mathbf{M}$ が正則ならば

$$\sqrt{n}\,\mathrm{vec}\left(\widehat{\mathbf{B}}_n - \mathbf{B}\right) \Rightarrow N\left(0, \mathbf{M}^{-1}\otimes\mathbf{\Sigma}\right) \tag{A.37}$$

である．さらに条件 (A.18) を仮定すれば (A.24) 式が成立する．

ここで条件 (A.35) は条件

$$\frac{1}{n}\sum_{i=1}^{n}\mathrm{vec}\left[\mathbf{z}_i\mathbf{z}_i'\right] \xrightarrow{p} \mathrm{vec}\,\mathbf{M} \tag{A.38}$$

と同等であり，また条件 (A.18) は

$$\frac{1}{n}\sum_{i=1}^{n}\mathrm{vec}\,\mathbf{\Sigma}_i \xrightarrow{p} \mathrm{vec}\,\mathbf{\Sigma} \tag{A.39}$$

と同等である．また条件 (A.37) は

$$\frac{1}{n}\sum_{i=1}^{n}\left(\mathrm{vec}\,\mathbf{\Sigma}_i\right)\left(\mathrm{vec}\left[\mathbf{z}_i\mathbf{z}_i'\right]\right)' - \left(\frac{1}{n}\sum_{i=1}^{n}\mathrm{vec}\,\mathbf{\Sigma}_i\right)\left(\frac{1}{n}\sum_{i=1}^{n}\mathrm{vec}\left[\mathbf{z}_i\mathbf{z}_i'\right]\right)' \xrightarrow{p} 0 \tag{A.40}$$

と同等になる．この条件 (A.40) は確率変数 $\mathrm{vec}\left(\mathbf{\Sigma}_i\right)$ と $\mathrm{vec}\left(\mathbf{z}_i\mathbf{z}_i'\right)$ が漸近的に無相関であることを意味する．したがってたとえ分散共分散行列 $\mathbf{\Sigma}_i$ が非確率

的であり,さらに変数 $\mathbf{z}_i$ が外生的であっても確率変数

$$\frac{1}{\sqrt{n}}\mathrm{vec}\left(\sum_{i=1}^{n}\mathbf{z}_i\mathbf{v}_i'\right) \tag{A.41}$$

の漸近共分散行列が $\boldsymbol{\Sigma}\otimes\mathbf{M}$ となるためには必要な条件である.条件 (A.15) を緩めてその極限が任意の非負定符号行列 $\mathbf{A}$ とすれば (A.17) 式で与えられる漸近共分散行列 $\boldsymbol{\Sigma}\otimes\mathbf{C}$ は $\mathbf{A}$ により置き換えられる.さらに $\mathrm{vec}\left[\left(\widehat{\mathbf{B}}_n-\mathbf{B}\right)\mathbf{D}_n\right]'$ の漸近共分散行列 $\boldsymbol{\Sigma}\otimes\mathbf{C}^{-1}$ は $\left(\mathbf{I}\otimes\mathbf{C}^{-1}\right)\mathbf{A}\left(\mathbf{I}\otimes\mathbf{C}^{-1}\right)$ で置き換えられる.

系 A.1 の直接的な応用としては多変量自己回帰モデルの推定問題を挙げることができる.自己回帰過程が定常的な場合には (A.35)～(A.37) 式はより弱い条件の下で成立する.

次に線形モデルの誘導型 (reduced form) における母数の推定問題を考えよう.誘導型モデルを

$$\mathbf{y}_i^* = \boldsymbol{\Gamma}\mathbf{z}_i^* + \boldsymbol{\Pi}_1\mathbf{y}_{i-1}^* + \cdots + \boldsymbol{\Pi}_p\mathbf{y}_{i-p}^* + \mathbf{v}_i^* \tag{A.42}$$

と表現する.ここで $\mathbf{y}_i^*$ は G 次元の内生変数ベクトル,$\mathbf{z}_i^*$ は $K^*\times 1$ の厳密な外生変数[*3)] (strictly exogenous) ベクトル,$\boldsymbol{\Gamma}$ は $G\times K$ の係数行列,$\boldsymbol{\Pi}_1,\cdots,\boldsymbol{\Pi}_p$ は $G\times G$ 係数行列,$\mathbf{v}_i^*$ は $G\times 1$ の誤差項ベクトルである.この誘導型モデルに現れる変数を変換して $pG\times 1$ のベクトル変数

$$\mathbf{y}_i = \begin{pmatrix} \mathbf{y}_i^* \\ \mathbf{y}_{i-1}^* \\ \vdots \\ \mathbf{y}_{i-(p-1)}^* \end{pmatrix},\quad \mathbf{v}_i = \begin{pmatrix} \mathbf{v}_i^* \\ 0 \\ \vdots \\ 0 \end{pmatrix} \tag{A.43}$$

を定義する.次に $pG\times pG$ の行列 $\boldsymbol{\Pi}$ と $pG\times K^*$ の行列 $\boldsymbol{\Delta}$ を

$$\boldsymbol{\Pi} = \begin{bmatrix} \boldsymbol{\Pi}_1 & \boldsymbol{\Pi}_2 & \cdots & \boldsymbol{\Pi}_p \\ \mathbf{I}_G & \mathbf{O} & \cdots & \mathbf{O} \\ \mathbf{O} & \ddots & \mathbf{O} & \mathbf{O} \\ \mathbf{O} & \mathbf{O} & \mathbf{I}_G & \mathbf{O} \end{bmatrix},\quad \boldsymbol{\Delta} = \begin{bmatrix} \boldsymbol{\Gamma} \\ \mathbf{O} \\ \vdots \\ \mathbf{O} \end{bmatrix} \tag{A.44}$$

[*3)] 外生性 (exogeneity) の概念についてはすでに第 2 章で議論した.

で定義すると，内生変数 $\mathbf{y}_i$ が従う多次元時系列モデルは

$$\mathbf{y}_i = \mathbf{\Pi}\mathbf{y}_{i-1} + \mathbf{\Delta}\mathbf{z}_i^* + \mathbf{v}_i \tag{A.45}$$

となる．さらに n 個の観測値をまとめると

$$\begin{aligned}\mathbf{Y} &= \mathbf{Y}_{-1}\mathbf{\Pi}' + \mathbf{Z}^*\mathbf{\Delta}' + \mathbf{V} \\ &= \mathbf{Y}_{-1}^*\mathbf{\Pi}' + \mathbf{Z}^*\mathbf{\Delta}_n' + \mathbf{V}\end{aligned} \tag{A.46}$$

と表すことができる．ここで $\mathbf{Y}$ は $n \times G$ 行列で第 i 行が y_i'，$\mathbf{Z}^*$ は $n \times K^*$ 行列で第 i 行が $\mathbf{z}_i^{*'}$，$\mathbf{V}$ は $n \times G$ 行列で第 i 行が $\mathbf{v}_i'$ である．この (A.46) 式では行列 $\mathbf{Z}^*$ の各列ベクトルにより張られる射影行列 $\mathbf{P}_{Z^*}$ および行列 $\mathbf{Z}^*$ に直交する射影行列 $\bar{\mathbf{P}}_{Z^*} = \mathbf{I}_n - \mathbf{P}_{Z^*}$ を用いて

$$\mathbf{Y}_{-1}^* = \bar{\mathbf{P}}_{Z^*}\mathbf{Y}_{-1}, \tag{A.47}$$

$$\mathbf{\Delta}_n' = \mathbf{\Delta}' + \left(\mathbf{Z}^{*'}\mathbf{Z}^*\right)^{-1}\mathbf{Z}^{*'}\mathbf{Y}_{-1}\mathbf{\Pi}' \tag{A.48}$$

とモデルの変数と母係数を変換したことに注意しておく．この変換されたモデルにおける係数の最小二乗推定量に関して次のような結果が成立する．

定理 A.5： (i) 確率変数ベクトルの列 $\{\mathbf{z}_i^*, \mathbf{v}_i^*\}$ は定理 A.2 の仮定を満たし，行列 $\mathbf{C}$ と $\mathbf{\Sigma}$ は正定符号行列とする．(ii) 外生変数 $\mathbf{z}_i^*$ は $\mathcal{F}_0$-可測で定理 1.2 の条件に加えて $n \to \infty$ のとき k について一様に確率収束して

$$\mathbf{\Psi}_n = \frac{1}{n}\mathrm{tr}\left(\mathbf{Z}_{-k}^{*'}\bar{\mathbf{P}}_{Z^*}\mathbf{Z}_{-k}^*\right) \xrightarrow{p} 0 \tag{A.49}$$

ただし $\mathbf{Z}_{-k}^*$ は $n \times K^*$ の行列で第 i 行がベクトル $\mathbf{z}_{i-k}^{*'}$ である．(iii) 係数行列 $\mathbf{\Pi}$ の固有値の絶対値はすべて 1 よりも小さい．さらに変換された誘導型モデル (A.46) の最小二乗推定量を $(\widehat{\mathbf{\Pi}}_n, \widehat{\mathbf{\Delta}}_n)$ で定義し，基準化行列として

$$\mathbf{D}_n^* = \begin{bmatrix} (\sqrt{n})\,\mathbf{I}_G & \mathbf{O} \\ \mathbf{O} & \mathbf{D}_n \end{bmatrix} \tag{A.50}$$

を選ぶ．このとき $n \to \infty$ につれて

$$\mathrm{vec}\,\mathbf{D}_n^*\begin{pmatrix} \widehat{\mathbf{\Pi}}_n' - \mathbf{\Pi}' \\ \widehat{\mathbf{\Delta}}_n' - \mathbf{\Delta}_n' \end{pmatrix} \xRightarrow{w} N\left(0, \mathbf{\Omega} \otimes \mathbf{F}^{-1}\right) \tag{A.51}$$

が成立する．ここで行列 $\mathbf{F}$ は正定符号行列，

$$\mathbf{F} = \begin{pmatrix} \mathbf{F}^* & \mathbf{O} \\ \mathbf{O} & \mathbf{C} \end{pmatrix} \tag{A.52}$$

$$\mathbf{F}^* = \sum_{k=0}^{\infty} \mathbf{\Pi}^k \mathbf{\Omega} \mathbf{\Pi}^{'k}, \quad \mathbf{\Omega} = \begin{bmatrix} \mathbf{\Sigma} & \mathbf{O} & \cdots & \mathbf{O} \\ \mathbf{O} & \mathbf{O} & \cdots & \mathbf{O} \\ \vdots & & \ddots & \mathbf{O} \\ \mathbf{O} & & \cdots & \mathbf{O} \end{bmatrix}$$

で与えられる．

外生変数の挙動に関する仮定 (ii) はそれほど制約的でない．この条件は外生変数が時間とともに急激に変化しないことを意味している．例えば多項式トレンドの場合には $\mathbf{\Psi}_n = \mathbf{O}$ となりこの条件を満足する．また仮定 (iii) は確率的変動部分が定常的となる条件であり固有方程式

$$|\zeta^p \mathbf{I}_G - \zeta^{p-1} \mathbf{\Pi}_1 - \cdots - \mathbf{\Pi}_p| = 0 \tag{A.53}$$

の根の絶対値がすべて 1 よりも小さいことと同値である．ここで上の命題においては定常時系列の自己回帰構造から外生変数の影響を除去するためにもとの誘導型モデルを変換したことが重要である．この操作を行わないと一般に漸近分布の表現は複雑になる．また，ここで用いた変換では母数について

$$\begin{pmatrix} \mathbf{\Pi}' \\ \mathbf{\Delta}'_n \end{pmatrix} = \begin{bmatrix} \mathbf{I}_G & \mathbf{O} \\ (\mathbf{Z}'\mathbf{Z})^{-1}\mathbf{Z}'\mathbf{Y}^*_{-1} & \mathbf{I}_K \end{bmatrix} \begin{pmatrix} \mathbf{\Pi}' \\ \mathbf{\Delta}' \end{pmatrix} \tag{A.54}$$

であるので，もとのモデルの母数とは 1 対 1 の関係が成立している．したがって基準化行列を用いてもとの母係数についての漸近分布の表現を得る．また，誘導型モデル (A.42) において外生変数が存在しなければ多変量自己回帰モデルとなる．

A.1.2 単位根の場合

ここでは帰無仮説の下での検定統計量の漸近分布を考察するための数理的道具立てを説明しよう．誤差項 $\mathbf{v}_i$ はマルチンゲール差分過程であり，条件付共

分散行列 $\mathbf{\Omega}_i = \mathrm{E}(\mathbf{v}_i\mathbf{v}_i'|\mathcal{F}_{i-1})$ は確率変数 $\mathbf{z}_1, \mathbf{v}_1, \cdots, \mathbf{z}_{i-1}, \mathbf{v}_{i-1}, \mathbf{z}_i$ の関数であってもよい (先決変数 $\mathbf{z}_i$ の中には過去の被説明変数 $\mathbf{y}_{i-1}, \mathbf{y}_{i-2}, \cdots, \mathbf{y}_{i-p}$ あるいはその階差を有限個含むとする. 自己回帰項の最大次数 p は標本数 n とともに大きくなっても条件 $p/n \to 0$ を満足していれば以下の議論の大部分は同様に扱うことができるが, ここでは簡単化のために最大次数 p は固定されていると仮定する). 統計量の漸近分布を導くためにまず次のような結果が成り立つことに注意しておく.

定理 A.6: 確率変数ベクトル列 $\{\mathbf{z}_i, \mathbf{v}_i\}$, $i=1,\cdots,$ に対し $\mathcal{F}_i$ を増大する σ-集合体であり $\mathbf{z}_i$ は $\mathcal{F}_{i-1}$-可測, $\mathbf{v}_i$ は $\mathcal{F}_i$-可測とする.

(i) 行列 $\mathbf{D}_n$ は $\mathcal{F}_0$-可測であって確率変数列 $\{\mathbf{z}_i\}$ は条件

$$\mathbf{D}_n^{-1}\sum_{k=1}^{[ni]}\mathbf{z}_k\mathbf{z}_k'(\mathbf{D}_n')^{-1} \xrightarrow{p} \int_0^t \mathbf{m}(s)\mathbf{m}(s)'ds \equiv \mathbf{M}(t) \qquad (A.55)$$

$\mathbf{M}(t)$ は非確率関数とする. さらに条件

$$\max_{i=1,\cdots,n} \mathbf{z}_i'(\mathbf{D}_n\mathbf{D}_n')^{-1}\mathbf{z}_i \xrightarrow{p} 0 \qquad (A.56)$$

を仮定する. 確率変数列 $\{\mathbf{v}_i\}$ は $\mathrm{E}(\mathbf{v}_i|\mathcal{F}_{i-1})=\mathbf{0}$ a.s., $\mathrm{E}(\mathbf{v}_i\mathbf{v}_i'|\mathcal{F}_{i-1})=\Omega_i$ a.s.,

$$\sum_{k=1}^{[ni]}[\Omega_k \otimes \mathbf{D}_n^{-1}\mathbf{z}_k\mathbf{z}_k'(\mathbf{D}_n')^{-1}] \xrightarrow{p} \mathbf{\Omega} \otimes \mathbf{M}(t) \qquad (A.57)$$

とする ($\mathbf{\Omega}$ は定行列とする). $a \to \infty$ のとき

$$\sup_{k=1,2,\cdots} \mathrm{E}[\mathbf{v}_k'\mathbf{v}_k I(\mathbf{v}_k'\mathbf{v}_k > a)|\mathcal{F}_{k-1}] \xrightarrow{p} 0 \qquad (A.58)$$

とする. $i=1,2,\cdots,n$ に対して確率変数ベクトル列

$$S_n\left(\frac{i}{n}\right) = \sum_{k=1}^i \mathbf{v}_k, \qquad (A.59)$$

$(i-1)/n \leq t < i/n$ に対して線形補間により $S_n(t)$ $(0 \leq t \leq 1)$ を定める. このとき弱収束 (weak convergence) の意味において

$$\mathrm{vec}\left(\sum_{k=1}^{[nt]}\begin{bmatrix}\mathbf{D}_n^{-1}\mathbf{z}_k \\ \frac{1}{\sqrt{n}}S_n(k/n)\end{bmatrix}\mathbf{v}_k'\right) \Rightarrow \mathrm{vec}\left(\int_0^t \begin{bmatrix}\mathbf{m}(s) \\ \mathbf{B}(s)\end{bmatrix}d\mathbf{B}(s)'\right) \qquad (A.60)$$

となる. ただし $\mathbf{B}(s)$ は $[0,1]$ 上の G 次元ブラウン運動で $E(\mathbf{B}(1)\mathbf{B}(1)') = \mathbf{\Omega}$ を満足する. (ii) さらに条件

$$\frac{1}{n}\sum_{k=1}^{n}\mathbf{\Omega}_k \xrightarrow{p} \mathbf{\Omega} \tag{A.61}$$

を仮定する. このとき

$$\frac{1}{n}\sum_{i=1}^{n}\mathbf{v}_i\mathbf{v}_i' \xrightarrow{p} \mathbf{\Omega} \tag{A.62}$$

となる.

この定理の前半は汎関数中心極限定理 (functional central limit theorem) あるいは不変原理 (invariance principle) と一般的に呼ばれている. (A.60) 式の上半分は

$$\mathrm{vec}\left(\sum_{k=1}^{[nt]}\mathbf{D}_n^{-1}\mathbf{z}_k\mathbf{v}_k'\right) \Longrightarrow N\left(0, \mathbf{\Omega}\otimes\int_0^t\mathbf{m}(s)\mathbf{m}(s)'ds\right) \tag{A.63}$$

を意味する. すなわち離散時系列に関する中心極限定理に対応する. 例えば $z_i = 1$ とおけば,

$$\frac{1}{\sqrt{n}}\sum_{k=1}^{[nt]}\mathbf{v}_k \Longrightarrow \mathbf{B}(t) \tag{A.64}$$

となる. ここで述べたリンドバーグ型の汎関数中心極限定理はよく知られているが, 例えば Durrett (1991, pp.371-374) の項目 7.2 で説明されている. ここでの収束は確率測度の弱収束 (weak convergence) と呼ばれているが, 系統的な議論として例えば Billingsley (1999) で説明されている. 単位根問題においては確率変数の系列の収束先が連続時間のブラウン運動の関数ととらえることが有益なので, こうした議論が必要となる.

ここで分布関数の列 F_n が分布関数 F に弱収束するとは, 任意の F の連続点 y について $F_n(y) \to F(y)$ を意味し,

$$F_n \Rightarrow F \tag{A.65}$$

と表記する ($\xrightarrow{w}$ と表記する文献もある). この条件は任意の有界な連続関数 g に対し $(X_n \sim F_n, X \sim F)$

$$\mathrm{E}[g(X_n)] \to \mathrm{E}[X] \tag{A.66}$$

と同値である.

次節に示すように $[0,1]$ 上の 1 次元ブラウン運動 $B(t)$ の見本経路は連続である. 簡単化のために $G=1, \mathbf{\Omega}=1$ として $B_n(t)=(1/\sqrt{n})S_n(t)$ とすると B_n も連続経路をとる. 任意の t に対して確率変数列 $B_n(t)$ の従う確率分布が $B(t)$ の従う確率分布に収束する. Donsker は $[0,1]$ 上の連続関数全体 $C([0,1])$ 上の確率測度の収束ととらえられることを示したが, もとの確率変数が従う分布に依存しないので不変原理と呼ばれている. さらに任意の連続関数 g に対して

$$g(B_n(t)) \Longrightarrow g(B(t)) \tag{A.67}$$

となる連続写像定理 (continuous mapping theorem) が成り立つ. こうした確率測度の収束の議論はさらに, 確率過程の経路が (第一種の) 不連続点をとる空間 $D([0,1])$ 上にまで拡張できるが, 本稿では必要ないのでその説明は省略する.

A.2 いくつかの補題と証明

本節では前節の定理の証明について最低限に必要な事項について説明する. 定常な場合の議論には以下に述べる補題が必要である. 非定常的な場合である定理 A.6 についての証明の概略も述べておく.

補題 A.1 : 変数ベクトル $\mathbf{y}'_{i-1}$ および $\mathbf{y}^{*'}_{i-1}$ をそれぞれ行列 $\mathbf{Y}_{-1}$ および $\bar{\mathbf{P}}_{Z^*}\mathbf{Y}_{-1}$ の第 i 行とする. このとき定理 A.5 の仮定の下で

$$\frac{1}{\sqrt{n}} \mathrm{vec}\left(\sum_{i=1}^n \mathbf{y}^*_{i-1}\mathbf{v}'_i\right) \Rightarrow N\left(0, \mathbf{\Omega}\otimes\mathbf{F}^*\right) \tag{A.68}$$

が成立する. さらに

$$\frac{1}{n}\sum_{i=1}^n \mathbf{y}^*_{i-1}\mathbf{y}^{*'}_{i-1} \xrightarrow{p} \mathbf{F}^* \tag{A.69}$$

となる.

補題 A.1 の証明 : 誘導型モデル (A.42) は $\mathbf{y}_i = \boldsymbol{\psi}_i + \boldsymbol{\xi}_i + \mathbf{A}^i\mathbf{y}_0$ ($i=1,\cdots,T$) と書き直せる. ただし $\boldsymbol{\psi}_i = \sum_{k=0}^i \mathbf{A}^k\mathbf{v}_{i-k}$, $\boldsymbol{\xi}_i = \sum_{k=0}^i \mathbf{A}^k\mathbf{\Delta z}^*_{i-k}$

である. ここで $\boldsymbol{\Psi}_{-1}$ と $\boldsymbol{\Xi}_{-1}$ をそれぞれ $n \times G$ の行列および $n \times K^*$ 行列, その第 i 行をそれぞれ $\boldsymbol{\psi}_{i-1}$ および $\boldsymbol{\xi}_{i-1}$ とする. このとき

$$\frac{1}{\sqrt{n}} \sum_{i=1}^{n} \mathbf{y}_{i-1}^{*} \mathbf{v}_{i}' = \frac{1}{\sqrt{n}} \boldsymbol{\Psi}_{-1}' \bar{\mathbf{P}}_{Z^*} \mathbf{V} + \frac{1}{\sqrt{n}} \boldsymbol{\Xi}_{-1}' \bar{\mathbf{P}}_{Z^*} \mathbf{V} \tag{A.70}$$

である. ここで係数行列 $\mathbf{A}$ の固有値の絶対値はすべて 1 より小さいので, 右辺の第 3 項は漸近的に無視できるので $\mathbf{y}_0 = \mathbf{0}$ としても差し支えない. 条件および誤差項 $\{\mathbf{v}_i\}$ がマルチンゲール差分過程であることを用いると

$$\frac{1}{\sqrt{n}} \boldsymbol{\Xi}_{-1}' \bar{\mathbf{P}}_{Z^*} \mathbf{V} \xrightarrow{p} \mathbf{0} \tag{A.71}$$

となる. ところで

$$\frac{1}{\sqrt{n}} \sum_{i=1}^{n} \mathbf{y}_{i-1}^{*} \mathbf{v}_{i}' \cong \frac{1}{\sqrt{n}} \sum_{i=1}^{n} \boldsymbol{\psi}_{i-1} \mathbf{v}_{i}'$$
$$- \left(\sum_{i=1}^{n} \frac{1}{\sqrt{n}} \boldsymbol{\psi}_{i-1} \mathbf{z}_i^{*'} \mathbf{D}_n^{-1'} \right) \left(\mathbf{D}_n^{-1} \sum_{i=1}^{n} \mathbf{z}_i^* \mathbf{z}_i^{*'} \mathbf{D}_n^{-1'} \right)^{-1} \left(\mathbf{D}_n^{-1} \sum_{i=1}^{n} \mathbf{z}_i^* \mathbf{v}_i' \right) \tag{A.72}$$

の第 2 項はゼロに収束する. 第 1 項の確率変数 ψ_t は多変量自己回帰モデル

$$\boldsymbol{\psi}_i = \mathbf{A} \boldsymbol{\psi}_{i-1} + \mathbf{v}_i \tag{A.73}$$

に従う (ここで自己回帰モデルの係数行列の固有値の絶対値はいずれも 1 より小さいので Anderson & Kunitomo(1992) の定理 4 の証明方法を利用すればよい). 次に

$$\frac{1}{n} \sum_{i=1}^{n} \mathbf{y}_{i-1}^{*} \mathbf{y}_{i-1}^{*'} = \frac{1}{n} \boldsymbol{\Psi}_{-1}' \bar{\mathbf{P}}_{Z^*} \boldsymbol{\Psi}_{-1}$$
$$+ \frac{1}{n} \boldsymbol{\Psi}_{-1}' \bar{\mathbf{P}}_{Z^*} \boldsymbol{\Xi}_{-1} + \frac{1}{n^2} \boldsymbol{\Xi}_{-1}' \bar{\mathbf{P}}_{Z^*} \boldsymbol{\Psi}_{-1} + \frac{1}{n^2} \boldsymbol{\Xi}_{-1}' \bar{\mathbf{P}}_{Z^*} \boldsymbol{\Xi}_{-1} \tag{A.74}$$

と分解する. ここで条件 (A.49) および誤差項 $\{\mathbf{v}_i\}$ がマルチンゲール差分であるから $n \to \infty$ のとき第 1 項を除く 3 項はゼロ行列に収束することを示すことができる. また

$$\frac{1}{n}\boldsymbol{\Psi}'_{-1}\bar{\mathbf{P}}_{Z^*}\boldsymbol{\Psi}_{-1} = \frac{1}{n}\boldsymbol{\Psi}'_{-1}\boldsymbol{\Psi}_{-1} - \frac{1}{n}\boldsymbol{\Psi}'_{-1}\mathbf{P}_{Z^*}\boldsymbol{\Psi}_{-1} \tag{A.75}$$

より $n \to \infty$ につれて第 2 項はゼロに収束する．再び Anderson & Kunitomo(1992) の補題 4 を用いれば，第 1 項は $\mathbf{F}^*$ に確率収束する．最後に漸近共分散行列については

$$\frac{1}{n}\sum_{i=1}^{n}\boldsymbol{\Sigma}_i \otimes \mathbf{y}^*_{i-1}\mathbf{y}^{*'}_{i-1} \tag{A.76}$$

を分解することから $n \to \infty$ のとき行列 $\boldsymbol{\Sigma} \otimes \mathbf{F}^*$ に収束する．したがって定理 A.2 より $n \to \infty$ のとき漸近正規性を得る． □

補題 A.2： 行列 $\boldsymbol{\Sigma}$ が正定符号ならば行列 $\mathbf{F}^*$ は正定符号になる．

補題 A.2 の証明： Anderson (1971) の補題 5.5.5 の証明を多次元 ($G \geq 1$) の場合に拡張すればよい． □

補題 A.3： 外生変数が多項式のとき $\mathbf{z}^*_i = (1, i, \cdots, i^q)$ とすると (A.49) 式において $\boldsymbol{\Psi}_n = \mathbf{O}$ となる．

補題 A.3 の証明： 直交多項式 $a_i(1) = 1, a_i(2) = i - (n+1)/2, \cdots$ を並べた q 次元ベクトルを $\mathbf{a}_i$ とする．変数 $\mathbf{z}^*_{i-k}$ を下三角行列 $\mathbf{E}_1$ を使って $\mathbf{z}^*_{i-k} = \mathbf{a}_i + \mathbf{E}_1 \mathbf{z}^*_i$ と表せる．他方，直交行列 $\mathbf{E}_2$ を用いて $\mathbf{z}^*_i = \mathbf{E}_2 \mathbf{a}_i$ と表せる．したがって

$$\begin{aligned}
&\sum_{i=1}^{n}\mathbf{z}^*_{i-k}\mathbf{z}^{*'}_{i-k} - \sum_{i=1}^{n}\mathbf{z}^*_{i-k}\mathbf{z}^{*'}_i \left(\sum_{i=1}^{n}\mathbf{z}^*_i\mathbf{z}^{*'}_i\right)^{-1}\sum_{i=1}^{n}\mathbf{z}^*_i\mathbf{z}^{*'}_{i-k} \\
&= \sum_{i=1}^{n}\left(\mathbf{a}_i + \mathbf{E}_1\mathbf{z}^*_i\right)\left(\mathbf{a}_i + \mathbf{E}_1\mathbf{z}^*_i\right)' \\
&\quad - \sum_{i=1}^{n}\left(\mathbf{a}_i + \mathbf{E}_1\mathbf{z}^*_i\right)\mathbf{z}^{*'}_t\left(\sum_{i=1}^{n}\mathbf{z}^*_i\mathbf{z}^{*'}_i\right)^{-1}\sum_{i=1}^{n}\mathbf{z}^*_i\left(\mathbf{a}_i + \mathbf{E}_1\mathbf{z}^*_i\right)' = \mathbf{O}
\end{aligned} \tag{A.77}$$

となる． □

定理 A.6 の証明： まず任意の行列 $\mathbf{C}$ に対して次のことを示す．

$$\text{tr}\left(\sum_{k=1}^{[nt]} \mathbf{D}_n^{-1}\mathbf{z}_k\mathbf{v}_k'\mathbf{C}\right) = \sum_{k=1}^{[nt]} \mathbf{v}_k'\mathbf{D}_n^{-1'}\mathbf{C}\mathbf{z}_k' \Rightarrow \int_0^t d\mathbf{B}(s)'\mathbf{C}\mathbf{m}(s) \quad (A.78)$$

ここで確率変数列 $\mathbf{u}_{[k]} = \mathbf{C}\mathbf{D}_n^{-1}\mathbf{z}_k$, $k=1,\ldots,n$ とおく.このとき条件より

$$\sum_{k=1}^{[nt]} \mathbf{u}_k\mathbf{u}_k' \xrightarrow{p} \mathbf{C}\int_0^t \mathbf{m}(s)\mathbf{m}(s)'ds\mathbf{C}' \equiv \mathbf{F}(t) \quad (A.79)$$

および

$$\max_{1\le k\le n}\|u_k\|^2 \xrightarrow{p} 0 \quad (A.80)$$

が得られる.さらに $\mathbf{w}_{ns} = \mathbf{u}_k I(\|\mathbf{u}_k\|\le 1)$, $k=1,\cdots,n$, $n=1,\cdots$ としよう.すると $\|\mathbf{u}_k\|\le 1$ かつ $\Pr(\mathbf{w}_k=\mathbf{u}_k, k=1,\cdots,n)\to 1$ である.また

$$\sum_{k=1}^{[nt]} \mathrm{E}\left[\left(\mathbf{w}_k'\mathbf{v}_k\right)^2|\mathcal{F}_{k-1}\right] = \sum_{k=1}^{[nt]} \mathbf{w}_k'\mathbf{\Omega}_k\mathbf{w}_k \xrightarrow{p} \text{tr}(\mathbf{\Omega}\mathbf{F}(t)) \quad (A.81)$$

となる.ここで (A.4) 式から

$$\sum_{k=1}^{[nt]} \mathrm{E}\left\{\left(\mathbf{w}_k'\mathbf{v}_k\right)^2 I\left[\left(\mathbf{w}_k'\mathbf{v}_k^2\right)>\delta|\mathcal{F}_{k-1}\right]\right\} \xrightarrow{p} 0 \quad (A.82)$$

を得る.マルチンゲール中心極限定理[*4] (例えば Durrett (1991) の定理 7.3) より (A.81) を得る.次に任意の定行列 $\mathbf{C}$ に対して

$$\text{tr}\left\{\frac{1}{\sqrt{n}}\sum_{k=1}^{[nt]} S_n([nt]/n)\mathbf{v}_k'\mathbf{C}\right\} \Rightarrow \text{tr}\left\{\int_0^t \mathbf{B}(s)d\mathbf{B}(s)'\mathbf{C}\right\} \quad (A.83)$$

は

$$\frac{1}{\sqrt{n}}\mathbf{S}_n(t) \Rightarrow \mathbf{B}(t) \quad (A.84)$$

より導かれる.一様有界性条件の代わりに条件付共分散行列 (A.60) に対して一様可積分条件で置き換えれば結果が得られる. □

[*4] 詳しい議論は Hall & Heyde (1980) が与えている.

A.3 ブラウン運動とその汎関数

A.3.1 ブラウン運動

ブラウン運動 (Brownian motion) はよく知られているように液体中の花粉粒子の不規則な運動を観察した植物学者 Brown の名前に由来する. ブラウン運動の数理的解析は長らく Einstein の研究に始まるとされていたが, 最近ではフランスの学者 Bachelier [*5)] による株価と株式オプションの研究に端を発するというのが定説になりつつある. むろん数理的対象としては当時の水準をはるかに超えた対象であったので, 正確な定式化は可能ではなかった. その後, N. Wiener, P. Levy, K. Ito (伊藤清), P. Malliavin, S.Watanabe (渡辺信三) 等により現代的な数学の対象であることが明らかになってきた. ブラウン運動に基づく確率論や確率過程論は確率解析 (stochastic calculus) と呼ばれている[*6)]. ここでは本書の議論の理解に必要不可欠な範囲で概念を説明しておく.

定義 A.1 (ブラウン運動): 連続時間 $t \in [0,T]$ 上の $\mathbf{R}^d$ 値確率過程 $\mathbf{B} = \{\mathbf{B}_t\}_{t \in [0,\infty)}$ が次の条件を満足するとき $\mathbf{B}_0 = \mathbf{0}$ (初期条件) の d 次元ブラウン運動であるという.

(i) 任意の区間分割 $0 \leq t_0 < t_1 < \cdots < t_N < +\infty$ に対して, 確率変数列

$$\mathbf{B}_{t_0}, \mathbf{B}_{t_1} - \mathbf{B}_{t_0}, \cdots, \mathbf{B}_{t_N} - \mathbf{B}_{t_{N-1}}\ \text{が互いに独立}.$$

(ii) $\mathbf{B}_{t+s} - \mathbf{B}_s \sim N_d(\mathbf{0}, t\mathbf{I}_d)$ ただし $\mathbf{I}_d$ は d 次元単位行列, $N_d(\mathbf{0}, t\mathbf{I}_d)$ は平均 0, 分散・共分散行列 $t\mathbf{I}_d$ の正規分布を表し,

$$P(\mathbf{B}_{t+s} - \mathbf{B}_s \in \mathbf{A}) = \int_A p(t, \mathbf{x}) d\mathbf{x} \tag{A.85}$$

密度関数は

$$p(t, \mathbf{x}) = \left(\frac{1}{\sqrt{2\pi t}}\right)^d e^{-\frac{\|\mathbf{x}\|^2}{2t}}$$

で与えられる (ここでユークリッド・ノルム $\|\mathbf{x}\| = \sqrt{\sum_{i=1}^d x_i^2}$ とする).

[*5)] Bachelier, L. (1900),"Theorie de la Spéculation," *Ann. Sci. Ecole Norm. Sup.*, **17**.
[*6)] 近年, ブラウン運動など確率解析についての良書が利用可能となった. 例えば, Billingsley (1995), 長井 (1999), 舟木 (2004) などを挙げておく.

(iii) $\{\mathbf{B}_t(\omega)\}$ は ω を固定したときの時間 t についての経路が (ジャンプなしの) 連続となる確率過程である.

注意 1： ブラウン運動 $\{\mathbf{B}_t\} = \{\mathbf{B}(t)\}$ の初期値を $\mathbf{B}_0 = \mathbf{0}$ として定義したが, より一般には初期値について $\mathbf{B}_0 = \mathbf{x}$ としても定義は変わらない. 初期値は固定した出発点として考える場合と初期分布をもつ確率変数とする場合がありうるが本書では前者として扱う.

定理 A.7： 確率空間 $(\Omega, \mathcal{F}, P)$ 上に (適当な意味で) ブラウン運動が存在する.

注意 2： ここでの主張は数理的にはまだ必ずしも正確とはいえない. 例えば連続時間の確率過程として連続経路をとる確率変数列が数理的に意味をもつためには非加算無限個の確率変数と確率分布の意味を正確に述べる必要が生じる. そこで, この主張を証明するには次に挙げる 2 つの確率論における重要な定理を用いる必要があり, ブラウン運動として連続経路をもつ version が存在することを表現する必要がある.

(A) **Kolmogorov の拡張定理**

各 n に対して $\mathbf{R}^n$ 上の確率測度 P_n が与えられていて整合的とする. すなわち, 条件として $\forall A \in \mathbf{R}^n$ に対して $P_{n+1}(A \times R) = P_n(A)$ を満たす. このとき P_n を $\mathbf{R}^\infty$ 上の確率測度 P へ一意的に拡張することができる.

(B) **Kolmogorov の連続性定理**

任意の $0 \leq s \leq t \leq T$ に対して条件

$\exists \alpha\, (>0), \beta\, (>0), C\, (>0)$ s.t. $\mathcal{E}[\| X_t - X_s \|^\alpha] \leq C|t-s|^{1+\beta}$

を満たしているとする. このとき P 上で a.s. に連続確率過程 $\{X_t\}$ を構成することができる.

ここでブラウン運動を応用する上で様々な有用な役割を果たす性質を述べる. ただしここで用いている記号 $\stackrel{\mathcal{L}}{=}$ は両者の分布が一致する意味である.

定理 A.8 (ブラウン運動の性質)： d 次元ブラウン運動 $\{\mathbf{B}_t\}$ について初期条件を $\mathbf{B}_0 = \mathbf{0}$ する. このとき次の確率変数は $\{\mathbf{B}_t\}$ の分布と同一になる.

(i) $\mathbf{X}_{1t} = \mathbf{B}_{t+a} - \mathbf{B}_a$, $\forall a$ (実数)

(ii) $\mathbf{X}_{2t} = \dfrac{1}{a}\mathbf{B}_{a^2 t}$ $(a \neq 0)$

(iii) $\mathbf{X}_{3t} = \mathbf{C}\mathbf{B}_t$ (ただし $\mathbf{C}: d \times d$ 直交行列である. $\mathbf{C}$ は条件 $\mathbf{C}\mathbf{C}' = \mathbf{C}'\mathbf{C} = \mathbf{I}_d$ を満たす)

(iv) $\mathbf{X}_{4t} = t\mathbf{B}_{\frac{1}{t}}$ $(t > 0)$

定理 A.9: 1次元ブラウン運動 $\{\mathbf{B}_t\}$ の経路について次の性質が成り立つ.

(i) $\displaystyle\sum_{m=1}^{2^n} |\mathbf{B}_{t(\frac{m}{2^n})} - \mathbf{B}_{t(\frac{m-1}{2^n})}|^2 \xrightarrow{\mathcal{L}^2} t$ (ただし $\xrightarrow{\mathcal{L}^2}$ は L^2 収束の意味である)

(ii) $\displaystyle\lim_{n \to \infty}\sum_{m=1}^{2^n} |\mathbf{B}_{t(\frac{m}{2^n})} - \mathbf{B}_{t(\frac{m-1}{2^n})}|^2 = t$ a.s. ω

(iii) ほとんど至るところで (a.s.) ω に対して $\mathbf{B}_t(\omega)$ の経路は微分不可能である

(iv) $\displaystyle\lim_{n \to \infty}\sum_{m=1}^{2^n} |\mathbf{B}_{t(\frac{m}{2^n})} - \mathbf{B}_{t(\frac{m-1}{2^n})}| = +\infty$ a.s. ω

注意 3: ここでの収束は概収束であるが, 平均二乗収束も示せる. 平均二乗収束 (L^2 収束) とは $\mathrm{E}[|X_n|^2] < +\infty$ となる確率変数列 $\{X_n\}$ に対して $\mathrm{E}[|X_n - X|^2] \to 0$ となることを意味し, $X_n \xrightarrow{L^2} X$ と書く.

注意 4: $t \in (0,1]$ 上の関数 (確率変数) 列 X_t について $\displaystyle\lim_{n \to \infty}\sum_{m=1}^{2^n} |X_{t(\frac{m}{2^n})} - X_{t(\frac{m-1}{2^n})}|$ を一次変分, $\displaystyle\lim_{n \to \infty}\sum_{m=1}^{2^n} |X_{t(\frac{m}{2^n})} - X_{t(\frac{m-1}{2^n})}|^2$ を二次変分と呼び, 後者を $\langle X \rangle_t$ と表現する.

A.3.2 確率積分と伊藤の公式

4つ組 $(\Omega, \mathcal{F}, P, \{\mathcal{F}_t\})$ 上で有限区間 $[0,T]$ 内で定める $\mathcal{M}_2^c = \{M_t\}$ を $\mathcal{F}_t$-連続 L^2 マルチンゲールとする. このとき被積分関数 $\{f_t, t \in [0,\infty)\}$ を用いて新たに $\mathcal{F}_t$-連続 L^2 マルチンゲール

$$\int_0^t f(s,\omega)dM_s(\omega) = \int_0^t f_s dM_s \tag{A.86}$$

を構成することが当面の目的である. ここで一般には $f(s,\omega) = f_s$ は事象 $\omega \in \Omega$ の関数であるが, 特に混乱することがなければ ω は省略する.

ここでは通常の積分の定義に従ってまず被積分関数が確率的階段関数 (stochastic step function) となる場合を考える. 次に階段関数から作った確率積分の極限としてより一般の確率積分を導く.

定義 A.2 (伊藤の確率積分): 関数 $\{f_t(\omega)\}$ を確率的階段関数とする. すなわち $0 = t_0 < t_1 < \cdots < t_k < \cdots$ に対し有界で $\varphi_i : \mathcal{F}_{t_i}$-可測な列から $f_t(\omega) = \varphi_0(\omega)$ if $t \in [0, t_1]$, $f_t(\omega) = \varphi_i(\omega)$ if $t \in (t_i, t_{i+1}]$ により構成する. このとき,

$$f_t(\omega) = \varphi_0(\omega)1_{[0,t_1]}(t) + \sum_{i=1}^{\infty} \varphi_i(\omega)1_{(t_i,t_{i+1}]}(t) \tag{A.87}$$

と表される関数 $f(t, \omega)$ に対して

$$Y_t = \sum_{i=0}^{k-1} \varphi_i(M_{t_{i+1}} - M_{t_i}) + \varphi_k(M_t - M_{t_k}) \tag{A.88}$$

により確率過程 $\{Y_t\}$ を定める. ただし, $t_k \le t < t_{k+1}$, $0 = t_0 < t_1 < \cdots < t_k < t_{k+1}$ に対して $\{M_t\} \in \mathcal{M}_2^c$ である.

注意 5: 確率過程 $Y = \{Y_t\}$ を f の M による伊藤の意味での確率積分 (Ito's stochastic integral) と呼ばれる. 伊藤式の確率積分では被積分関数の値を各区間の左端に取っていることが重要である. このことより被積分関数は可予測 (predictable) であるのでマルチンゲール変換となる.

例 A.1: 1 次元ブラウン運動 B_t を用いて $M_t = B_t$ とすると上の式は

$$Y_t = \sum_{i=0}^{k-1} \varphi_i(B_{t_{i+1}} - B_{t_i}) + \varphi_k(B_t - B_{t_k}) \tag{A.89}$$

と表現できる. ここで被積分関数が決まる時刻とブラウン運動の時刻がずれていることに注意する.

定理 A.10 (確率積分の性質): (確率的) 階段関数から構成された (伊藤式の) 確率積分については次の性質が成り立つ.
 (i) $Y = (Y_t) \in \mathcal{M}_2^c$
 (ii) $\langle Y \rangle_t = \int_0^t f_s^2 d\langle M \rangle_s$
 (iii) $\mathrm{E}[Y_t^2] = \mathrm{E}[\int_0^t f_s^2 d\langle M \rangle_s]$

例 **A.2**： ここで 1 次元ブラウン運動 $\{B_t\}$ の場合を考えると，上の確率積分の性質は次のような簡単な形となる．各項目について右辺の表現がもっともよく用いられていることに注意しておこう．最後の表現はしばしば *Ito Isometry* と呼ばれている．特に $M_t = B_t, \langle M \rangle_t = \langle B \rangle_t = t, d\langle M \rangle_t = dt, \langle Y \rangle_t = \int_0^t f_s^2 ds,$ $\mathrm{E}[Y_t^2] = \mathrm{E}[\int_0^t f_s^2 ds]$ となる．ここで一般には $\{f_s = f(s,\omega)\}$ であり被積分関数は $\omega \in \Omega$ に依存してよいことに再度注意しておく．

例 **A.3**： 伊藤積分の特長を示す例を挙げておく．確率積分の定義より直観的には

$$2\int_0^t B_s dB_s \cong \lim_n \sum_{k=1}^{2^n} 2B_{t_{k-1}}(B_{t_k} - B_{t_{k-1}})$$
$$= \lim_n \sum_k \left\{ \left(B_{t_k}^2 - B_{t_{k-1}}^2\right) - \left(B_{t_k} - B_{t_{k-1}}\right)^2 \right\}$$
$$= B_t^2 - t$$

となる．したがって

$$\int_0^t B_s dB_s = \frac{1}{2}\left(B_t^2 - t\right) \tag{A.90}$$

となる．この式は伊藤式の積分から生じる帰結であるが，古典的な微積分の公式とは異なる．

伊藤の公式 (Ito's Lemma)： 例 A.3 において伊藤積分では形式的に

$$B_t^2 = B_0^2 + 2\int_0^t B_s dB_s + t \tag{A.91}$$

という式が成立していなければならないことがわかった．ここで初期値 $B_0 = 0$ であるが，第 2 項はマルチンゲール項，第 3 項はトレンド (しばしばドリフトと呼ばれる) を表している．したがって，このときには確率変数列 $B_t^2 - t$ のマルチンゲール性が保証されていることに注目しておこう．B_t の分布は $N(0,t)$ であるので B_t^2 は $t^2 \times \chi^2(1)$ で与えられる．

一般に伊藤の公式 (Ito's Lemma；伊藤の補題) と呼ばれている変換公式を用いて様々な分析を行うことができる．連続時間の d 次元確率過程 $\mathbf{X} = (\mathbf{X}_{it})$ が伊藤過程 (Ito Process) であるとは

$$\mathbf{X}_t = \mathbf{X}_0 + \mathbf{M}_t + \mathbf{A}_t$$

と分解可能な確率過程とする[*7]．ここで $\mathbf{M}_t = (M_{it}) \in \mathcal{M}_2^c$ であり $\mathbf{A}_t = (A_{it})$ は $\mathcal{F}_t$-可測な有界変動関数である．要素ごとに表現すると

$$X_{it} = X_{i0} + M_{it} + A_{it} \quad (i = 1, \cdots, d) \tag{A.92}$$

である．

定理 A.11： 関数 $F(\cdot)$ について $\mathbf{F} \in C_b^2(\mathbf{R}^d)$ とする．特に $\mathbf{X}_{it}$ の各要素が

$$A_{it} = \int_0^t \mu_i(s, X_s) ds \tag{A.93}$$

$$M_{it} = \sum_{j=1}^m \int_0^t \sigma_{ij}(s, X_s) dB_{js} \tag{A.94}$$

で与えられるとする．このとき伊藤過程

$$\mathbf{F}(X_t)$$
$$= \mathbf{F}(X_0) + \sum_{i=1}^d \int_0^t \partial F_i(X_s) \sigma_{ij}(s, X_s) dB_{js} + \sum_{i=1}^d \int_0^t \partial F_i(X_s) \mu_i(s, X_s) ds$$
$$+ \frac{1}{2} \sum_{i,j=1}^d \int_0^t \partial^2 F_{ij}(X_s) \sum_{k=1}^m \sigma_{ik}(s, X_s) \sigma_{kj}(s, X_s) ds$$

で与えられる (∂F_i は F の i 要素の偏微分を表す)．

注意 6： ここで

$$\int_0^t f_s dX_s = \int_0^t f_s dM_s + \int_0^t f_s dA_s \tag{A.95}$$

に注意すると

$$\mathbf{F}(X_t) = \mathbf{F}(X_0) + \sum_{i=1}^d \int_0^t \partial F_i(X_s) dX_{is} + \frac{1}{2} \sum_{i,j=1}^d \int_0^t \partial^2 F_{ij}(X_s) d\langle X_i, X_j \rangle_s \tag{A.96}$$

[*7] ここで述べている議論はもう少し一般のセミ・マルチンゲール (semi-martingale) と呼ばれている確率過程のクラスまで拡張できることが知られている．この場合には M_{it} は右連続局所マルチンゲール，$\mathbf{A}_{it}$ は $\{A\} = \{A_1 - A_2\, ;\, A_1, A_2 \in A_t\}$ であって A_t は単調非減少過程 ($t > s$ のとき $A_t \geq A_s$) である．

となる.ここで伊藤積分では通常の微分では登場しない右辺の第 3 項が必要となることに特に注意しておく.X_s が確率変数でなく通常の関数であり $F(X_s)$ が微分可能であれば右辺の第三項は現れない.

例 A.4: 簡単な例として $d = m = 1$, $X_0 = x = 0$, $M_t = B_t$, $A_t = 0$ であるとき,変換 $F(X_t) = X_t^2$ を考えよう.このときには $d\langle B\rangle_s = ds$ であるので伊藤の公式を適用すると $\partial F = \frac{\partial F}{\partial X_t} = 2X_t$, $\partial^2 F = \frac{\partial^2 F}{\partial X_t^2} = 2$ より

$$B_t^2 = t + 2\int_0^t B_s dB_s \tag{A.97}$$

となる.この式より

$$\int_0^t B_s dB_s = \frac{B_t^2 - t}{2} \tag{A.98}$$

が得られる.これらの表現から明らかなように,伊藤積分による変数変換では通常の微分における公式と少し異なることが生じるので,利用しようとする場合には注意が必要である.

ここで次の形の 1 次元上 ($d = 1$) の伊藤過程を考える.

$$X_t = X_0 + M_t + A_t \tag{A.99}$$

ここで X_0 は初期値,M_t はマルチンゲール ($M_t \in \mathcal{M}_2^c$),A_t は有界変動の確率過程を表している.

確率過程 X_t を関数 $F(\cdot)$ によって変換すると伊藤の公式では次式になることがわかる.ただし,関数 $F(\cdot)$ は有界で 2 回微分可能な関数である.ここで右辺に第 3 項がでてくるところが通常の微分の公式とは異なる点である.

$$F(X_t) = F(X_0) + \int_0^t \partial F(X_s) dA_s + \int_0^t \partial F(X_s) dM_s$$
$$+ \frac{1}{2}\int_0^t \partial^2 F(X_s) d\langle M, M\rangle_s$$

ただしここで $F(\cdot) \in C_b^2$ (有界で連続微分可能) であり,記号 $\partial F(X) = \frac{\partial F}{\partial X}$, $\partial^2 F(X) = \frac{\partial^2 F}{\partial X^2}$ を用いている.

あ と が き

　本書では「構造方程式モデルと計量経済学」における基本的問題, さらに最近の経済分析で登場する重要ないくつかの統計的問題について詳しく説明した. 計量経済学では経済学の動向とも関係して次々に新しい統計的問題が登場しているので, 一時期には, 構造方程式モデルに関する統計理論は「時代遅れの古い議論」という評価をする関係者もあったと思われる. この本では計量経済モデル (構造方程式) に係わる歴史的経緯にも言及するとともに, 統計的多変量解析, 多変量時系列解析の視点を取り入れることにより, そうした議論が正しくなく, 計量経済学で議論されている多くの問題が「構造方程式モデルの視点」から統一的に理解できることを説明したつもりである.

　著者にとっては「計量経済学と構造方程式モデル」はスタンフォード大学 (経済学科・統計学科) の大学院生だった頃から関心があり, はじめて公刊した英語論文や学位論文の内容に係わる特別に重要な研究テーマである. 大学院生の頃に指導教官の T. W. Anderson 教授をはじめ, その当時すでに世界の第一線で研究されていた佐和隆光 (京都大学, 現在・滋賀大学学長), 森棟公夫 (京都大学, 現在・椙山女学園大学教授), 佃良彦 (東北大学), 山本拓 (一橋大学, 現在・日本大学教授) などの諸先生と共同研究を行うことができたことは研究者として非常に幸運であり, 恵まれた環境が研究の出発点であったと言える. 私が行っていた研究の成果報告としてはかなり時間がかかってしまったが, 本書という場を借りて諸先生方に感謝したい. その後, だいぶ時間が経過したが 2000 年代になり経済学におけるミクロ計量経済学の実証分析が盛んになるにつれて, その中で構造方程式モデルの議論も盛んになり, いくつかの統計的問題を再び検討することになった.

本書で説明したいくつかの章は構造方程式モデルの基礎理論を構築した T. W. Anderson (スタンフォード大学名誉教授), より若い世代の研究者である佐藤整尚氏 (統計数理研究所), 松下幸敏氏 (筑波大学) とこれまでに行ったいくつかの共同研究に基づいているが, 特に佐藤氏 (表 8.1) と松下氏 (図 5.1～図 5.7) が作成した数表と図のいくつかを利用させていただいた. また赤司健太郎氏 (学習院大学) には元原稿に含まれていた多くの誤植を指摘していただいた. これらの共同研究者や関係者, さらに研究活動を支え続けてくれた家族に感謝する.

文　献

1) Akashi, K. and N. Kunitomo (2010a), "Some properties of the LIML estimator in a dynamic panel structural equation," Discussion Paper CIRJE-F-707, Graduate School of Economics, University of Tokyo (http://www.cirje.e.u-tokyo.ac.jp/research/ この HP アドレスは以下の文献でも同様), forthcoming (近刊), *Journal of Econometrics*.
2) Akashi, K. and N. Kunitomo (2010b), "The limited information maximum likelihood approach to dynamic panel structural equations," Discussion Paper CIRJE-F-708, Graduate School of Economics, University of Tokyo.
3) Amemiya, T. (1985), *Advanced Econometrics*, Blackwell.
4) Angrist, J. D. and A. Krueger (1991), "Does compulsory school attendance affect schooling and earnings," *Quarterly Journal of Economics*, **106**, 979-1014.
5) Anderson, T. W. and H. Rubin (1949), "Estimation of the parameters of a single equation in a complete system of stochastic equations," *Annals of Mathematical Statistics,* **20**, 46–63.
6) Anderson, T. W. and H. Rubin (1950), "The asymptotic properties of estimates of the parameters of a single equation in a complete system of stochastic equations," *Annals of Mathematical Statistics*, **21**, 570–582.
7) Anderson, T. W. (1951), "Estimating linear restrictions on regression coefficients for multivariate normal distributions," *Annals of Mathematical Statistics,* **22**, 327-351.
8) Anderson, T. W. (1959), "On asymptotic distributions of estimates of parameters of stochastic difference equations," *Annals of Mathematical Statistics*, **30**, 637-687.
9) Anderson, T. W. (1971), *The Statistical Analysis of Time Series*, John Wiley and Sons.
10) Anderson, T. W. (1976), "Estimation of linear functional relationships : approximate distributions and connections to simultaneous equations in econometrics," *Journal of the Royal Statistical Society*, B, **38**, 1-36.
11) Anderson, T. W., N. Kunitomo and T. Sawa (1982), "Evaluation of the distribution function of the limited information maximum likelihood estimator," *Econometrica*, **50**, 1009-1027.
12) Anderson, T. W. (1984), "Estimating linear statistical relationships," *Annals of Statistics*, **12**, 1-45.

13) Anderson, T. W., C. Stein and A. Zaman (1985), "Best invariance estimation of a direction parameter," *Annals of Statistics*, **13**, 526-533.
14) Anderson, T. W., N. Kunitomo and K. Morimune (1986), "Comparing single equation estimators in a simultaneous equations system," *Econometric Theory*, **2**, 1-32.
15) Anderson, T. W. and Kunitomo, Naoto (1992a), "Asymptotic distributions of regression and autoregression coefficients with martingale differences," *Journal of Multivariate Analysis*, **40**, 221-243.
16) Anderson, T. W. and N. Kunitomo (1992b), "Tests of overidentification and exogeneity in simultaneous equation models," *Journal of Econometrics*, **54**, 49-78.
17) Anderson, T. W. and N. Kunitomo (1994), "Asymptotic robustness of tests of overidentification and exogeneity, *Journal of Econometrics*, **62**, 383-414.
18) Anderson, T. W. (2003), *An Introduction to Multivariate Statistical Analysis*, 3rd Edition, John-Wiley.
19) Anderson, T. W., N. Kunitomo and Y. Matsushita (2005), "A new light from old wisdoms : alternative estimation method of simultaneous equations and microeconometric models," CIRJE-F-321, Graduate School of Economics, University of Tokyo.
20) Anderson, T. W., N. Kunitomo and Y. Matsushita (2008), "On finite sample properties of alternative estimators of coefficients in a structural equation with many instruments," Discussion Paper CIRJE-F-576, Graduate School of Economics, University of Tokyo, forthcoming in *Journal of Econometrics*.
21) Anderson, T.W., N. Kunitomo and Y. Matsushita (2010), "On the asymptotic optimality of the LIML estimator with possibly many instruments," *Journal of Econometrics*, **157**, 191-204.
22) Anderson, T. W. (2011), "Optimal significance tests in simultaneous equation models," Unpublished Manuscript.
23) Andrews, D. W. H., M. J. Moreira and J. H. Stock (2006), "Optimal two-sided invariant similar tests for instrumental variables regression," *Econometrica*, **74**, 715-752.
24) Bekker, P. A. (1994), "Alternative approximations to the distributions of instrumental variables estimators," *Econometrica*, **63**, 657-681.
25) Billingsley, P. (1994), *Probability and Measures*, 3rd Edition, John-Wiley & Sons.
26) Billingsley, P. (1999), *Convergence of Probability Measure*, 2nd Edition, John-Wiley & Sons.
27) Bound, J., D. A. Jaeger and R. M. Baker (1995), "Problems with instrumental variables estimation when the correlation between the instruments and the endogenous explanatory variables is weak," *Journal of the American Statistical Association*, **90**, 443-450.
28) Chao, J. and N. Swanson (2004), "Asymptotic distributions of JIVE in a heteroscedastic IV regression with many instruments," Unpublished Paper.

29) Chao, J. and N. Swanson (2005), "Consistent estimation with a large number of weak instruments," *Econometrica*, **73**, 1673-1692.
30) Dickey, D. A. and W.A. Fuller (1979), "Distribution of the estimators for autoregressive time series with a unit root," *Journal of the American Statistical Association*, **74**, 427-431.
31) Dickey, D. A. and W. A. Fuller (1981), "Likelihood ratio statistics for autoregressive time series with a unit root," *Econometrica*, **49**, 4, 1057-1072.
32) Durrett, R. (1991), *Probability : Theory and Examples*, Duxbury.
33) Dvoretzky, A. (1972), "Asymptotic normality for sums of dependent random variables," *Proceedings of the Sixth Berkeley Symposium on Mathematical Statistics and Probability*, Volume 2, University of California Press, 513-535.
34) Engle, R. and Granger, C. W. J. (1987), "Cointegration and error correction: representation, estimation and testing," *Econometrica*, **55**, 2, 251-276.
35) Fountis, N. G. and Dickey, D. A. (1989), "Testing for a unit root nonstationarity in multivariate autoregressive time series," *The Annals of Statistics*, **17**, 1, 419-428.
36) Fuller, W. (1977), "Some properties of a modification of the limited information estimator," *Econometrica*, **45**, 939-953.
37) Godambe, V. P. (1960), "An optimum property of regular maximum likelihood equation," *Annals of Mathematical Statistics*, **31**, 1208-1211.
38) Hall, P. and C. C. Heyde (1980), *Martingale Limit Theory and Its Applications*, Academic Press.
39) Hansen, L. (2002), "Large sample properties of generalized method of moments estimators," *Econometrica*, **50**, 1024-1054.
40) Hasza, D. P. and W. A. Fuller (1979), "Estimation for autoregressive processes with unit roots," *The Annals of Statistics*, **7**, 5, 1106-1120.
41) Hasza, D. P. and W. A. Fuller (1982), "Testing for nonstationary parameter specifications in seasonal time series models," *The Annals of Statistics*, **10**, 4, 1209-1216.
42) Hausman, J. A. (1978), "Specification tests in econometrics," *Econometrica*, **46**, 1251–1271.
43) Hausman, J., W. Newey, T. Woutersen, J. Chao and N. Swanson (2007), "Instrumental variables estimation with heteroscedasticity and many instruments," Unpublished Manuscript.
44) Hayashi, F. (2000), *Econometrics*, Princeton University Press.
45) Hsiao, C. (2003), *Analysis of Panel Data*, Cambridge University Press, (国友直人訳 (2007), ミクロ計量経済学の方法, 東洋経済新報社).
46) Johansen, S. (1991), "Estimation and hypothesis testing of cointegration vectors in gaussian vector autoregressive models," *Econometrica*, **59**, 6, 1551-80.
47) Johansen, S. (1995), *Likelihood-Based Inference in Cointegrated Vector Autoregressive Models*, Oxford UP.
48) Kitamura, Y. (1997), "Empirical Likelihood Methods with Weakly Dependent Processes," *Annals of Statistics*, **19-2**, 1053-1061.

49) Koopmans, T. C. and W. C. Hood (1953), "The estimation of simultaneous linear economic relationships," Chapter 6, *Studies in Econometric Method* (W. C. Hood and T. C. Koopmans, eds.), Yale University Press.
50) Kunitomo, N. (1980), "Asymptotic expansions of distributions of estimators in a linear functional relationship and simultaneous equations," *Journal of American Statistical Association*, **75**, 693-700.
51) Kunitomo, N. (1981), "Asymptotic optimality of the limited information maximum likelihood estimator in large econometric models," *The Economic Studies Quarterly*, **XXXII-3**, 247-266.
52) Kunitomo, N. (1982), "Asymptotic efficiency and higher order efficiency of the limited information maximum likelihood estimator in large econometric models," Technical Report No. 365, Institute for Mathmeatical Studies in the Social Sciences, Stanford University.
53) Kunitomo, N. (1987), "A third order optimum property of the ML estimator in a linear functional relationship model and simultaneous equation system in econometrics," *Annals of the Institute of Statistical Mathematics*, **39**, 575-591.
54) Kunitomo, N. and S. Sato. (1995), "Tables of limiting distributions useful for testing unit roots and co-integration with multiple structural breaks," Discussion Paper Series, 95-F-35, Faculty of Economics, University of Tokyo.
55) Kunitomo, N. (1996), "Tests of unit roots and cointegration hypotheses in econometric models," *Japanese Economic Review*, **47-1**, 79-109.
56) Kunitomo, N. and S. Sato (1996), "Asymmetry in economic time series and simultaneous switching autoregressive model," *Structural Change and Economic Dynamics*, **7**, 1-34.
57) Kunitomo, N (2001), "On ergodicity of some TAR(2) processes," 京都大学数理解析研究所講究録, **1215**, 14-29. (Discussion Paper CIRJE-F-55, Graduate School of Economics, University of Tokyo, 1999).
58) Kunitomo, N. (2008), "An optimal modification of the LIML estimation with many instruments and persistent heteroscedasticity," Discussion Paper CIRJE-F-576, Graduate School of Economics, University of Tokyo. forthcoming (近刊), *Annals of Institute of Statistical Mathematics*, (*AISM*).
59) Kunitomo, N. and Y. Matsushita (2009), "Asymptotic expansions and higher order properties of semi-parametric estimators in a linear simultaneous equations," *Journal of Multivariate Analysis*, **100**, 1727-1751.
60) Mariano, R. and T. Sawa (1972), "The exact finite sample distribution of the limited information maximum likelihood estimator in the case of two included endogenous variables," *Journal of American Statistical Association*, **67**, 159-163.
61) Matsushita, Y. (2006), "t-Tests in a structural equation with many instruments," Discussion Paper CIRJE-F-399, Graduate School of Economics, University of Tokyo.
62) Moreira, M. (2003), "A conditional likelihood ratio test for structural models," *Econometrica*, **71**, 1027-1048.

63) Morimune, K. (1983), "Approximate distribiutions of k-class estimators when the degree of overidentification is large compared with sample size," *Econometrica*, **51-3**, 821-841.
64) Owen, A. (2001), *Empirical Likelihood*, Chapman-Hall.
65) Qin, J. and J. Lawless (1994), "Empirical likelihood and general estimating equations," *The Annals of Statistics*, **22**, 300-325.
66) Staiger, D. and J. Stock (1997), "Instrumental variables regression with weak instruments," *Econometrica*, **65**, 557-586.
67) Perron, P. (1989). The great crash, the oil price shock, and the unit root hypothesis, *Econometrica*, **57**, 6, 1361-1401.
68) Phillips, P.C.B. (1991), "Optimal inference in cointegrated systems," *Econometrica*, **59**, 2, 283-306.
69) Phillips, P.C.B. and Ouliaris, S. (1990), "Asymptotic properties of residual based tests for cointegration," *Econometrica*, **58**, 1, 165-193.
70) Staiger, D. and Stock, J. (1997), "Instrumental variables regression with weak instruments," *Econometrica*, **65**, 557-586.
71) Stock, J. and Yogo, M. (2005), "Asymptotic distributions of instrumental variables statistics with many instruments," In *Identification and Inference for Econometric Models*, (D. Andrews and J. Stock, eds) Cambridge University Press.
72) Stock, J. H. (1987), "Asymptotic properties of least squares estimators of cointegrating vectors," *Econometrica*, **55**, 5, 1035-1056.
73) Toda, H. and T. Yamamoto (1995), "Statistical inference in vector autoregression with possibly integrated processes," *Journal of Econometrics*, **66**, 225-250.
74) Wu, D-M. (1973), "Alternative tests of independence between stochastic regressors and disturbances, *Econometrica*, **41**, 733–750.
75) 加藤　涼 (2007), 『現代マクロ経済学講義』, 東洋経済新報社.
76) 国友直人 (1984), 経済時系列におけるグレンジャー因果性：理論と応用, 東京大学経済学部産業経済研究所 Discussion Paper No.84-J-1.
77) 国友直人 (1988a), 予想と時系列 (1),(2), 経済学論集, 54-2,36-55, 54-3,110-128.
78) 国友直人 (1988b), 計量経済モデルにおける検定問題, 竹内・鈴木編『社会科学の計量分析』, 東京大学出版会.
79) 国友直人・佐藤整尚 (1994), 経済時系列における非線形性と不均衡計量経済モデル, 竹内・竹村編『数理統計学の理論と応用』, 東京大学出版会.
80) 国友直人 (1996), 構造変化と単位根・共和分仮説, 金融研究, 日本銀行金融研究所.
81) 国友直人・高橋明彦 (2003), 『数理ファイナンスの基礎 (マリアバン解析と漸近展開の応用)』, 東洋経済新報社.
82) 国友直人 (2006), 季節調整法 X-12-ARIMA と日本の官庁統計, 東京大学日本経済国際共同研究センター, 研究報告 CIRJE-R-5.
83) 長井英生 (1999), 『確率微分方程式』, 共立出版.
84) 舟木直久 (2004), 『確率論』, 朝倉書店.
85) 森棟公夫 (1985), 『経済モデルの推定と検定』, 共立出版.
86) 山本　拓 (1987), 『経済の時系列分析』, 創文社.

索　引

欧　文

AIC 最小化　36
almost sure convergence　186
Anderson-Rubin 統計量　69
AOM-LIML 推定量　109
ARIMA　44
asymptotic normality　142
autoregressive-integrated-moving
　　average　44

Bartlett-Nanda-Pillai 統計量　59
BIC 最小化　36
Brownian motion　112, 198
business cycle　12

central limit theorem　182
chaos　31
co-integrated process　44
co-integrated relation　118
co-integration　20, 81, 110
complete simultaneous equations　36
conditional likelihood statistic　70
consistent　12
continuous mapping theorem　194
cross section data　15

demand analysis　11
demand curve　10
deterministic　163
DSGE モデル　39

dynamic panel structural equation　44
dynamic stochastic general equilibrium
　　39

econometric exogeneity　57
econometric models　12
econometric predeterminedness　57
econometrics　10
empirical analysis　14
empirical likelihood　45
endogeneity　4
errors-in-variables　4, 34
estimating equation　51
exogeneity　36

factor analysis　34
FIML　31
forward looking　37
forward solution　21
Fuller 修正　103
fully recursive　37
functional central limit theorem　182,
　　193

generalized method of moment　45
GMM 推定量　89
GMM 法　43, 45, 179
Granger 因果性　34, 36
Granger の非因果性　35

Hausman 検定　63

hidden Markov 31
HLIM 推定量 109

identifiable 23
identification 10
incidental parameters 33, 98
indivisual effects 43
integrated process 44, 118
invariance principle 111, 193
Ito's Lemma 112, 202

Johansen の尤度比統計量 134

$K_2(n)$ 漸近理論 43

L^2 収束 200
Lawley–Hotelling 統計量タイプ 59
limited information 23
limited information maximum likelihood estimator 28, 68
LIML 28, 68
——の漸近最適性 97
LIML 推定量 28, 89
linear functional relationship models 33, 101

macro-econometrics 15
many instruments 6, 98
many weak instruments 77
martingale 44
martingale differences 49, 183
maximum likelihood estimator 28
measurement errors 3
measurement without theory 12
MEL 43
MEL 推定量 53, 85, 89
method of moments 46
micro-econometrics 15
MSE 91
multivariate regression 19

non-parametric 45

non-stationary 9
non-stationary process 15

observationally equivalent 23
OLS 4
order condition 27
orthogonality condition 24, 46
over-identified 27
over-identifying restrictions 69

panel data 4
persistent heteroscedasticity 107
PLIML 44
predeterminedness 36

random walk 9, 154
rank condition 27
rational expectation 48
recursive 36
reduced form 18
reduced rank regression 29
regime switching 31

semi-parametric 45
simultaneity 4
simultaneous equation model 12
specification test 58, 63
spurious co-integration 160
spurious regression 160
spurious unit roots 160
stationary stochastic process 15
stochastic integration 112
structural equation 12
structural form 18
super-consistency 144
supply curve 10

t 統計量 47
test of independence 57
threshold autoregressive 31
time series analysis 14
time series data 15

TSLS 5, 29
TSLS 推定量 89
two-stage least squares estimator 29
two-step GMM 46

unbiased 12
unit root 110

Wald statistic 59
weak convergence 182, 193
weak heteroscedasticity 107
weak instruments 6, 42, 75
weakly stationary process 20
Wu の統計量 63

あ 行

閾値自己回帰モデル 31
一致推定量 12
一致性 47
一般化積率法 45, 179
一方的因果関係 34
伊藤の確率積分 201
伊藤の公式 132, 200, 202
伊藤の補題 112
移動平均表現 175
入れ子仮説 62
因子分析モデル 34

エコノメトリクス 10

オイラー方程式 49
横断面 (個票) データ 3, 15

か 行

回帰分析 2
階差操作 117
χ^2 分布 78
概収束 186, 200
階数条件 27, 68
外生性 36, 56
外生変数 17
カオス 31

確率積分 112, 201
確率的差分方程式 21
確率的トレンド 163, 169
隠れマルコフ型モデル 31
過剰識別 27, 69
過剰識別性の検定 48
過剰識別の検定統計量 48
関数関係モデル 179
完全情報最尤法 31
完全逐次的システム 37
観測誤差 3
観測誤差モデル 179
観測上で同等 23
完備同時方程式 36

基準化した推定量の分布 84
季節階差作用素 115
季節単位根仮説 111
季節調整済系列 7
季節調整問題 7
季節変動 7
基本解 41
供給関数 11
供給曲線 10
共分散行列 24
共和分仮説 111
共和分過程 20, 44
共和分関係 9, 118
共和分関係の推定 139
共和分の検定 110
共和分ベクトル 20
共和分問題 81
極限分布 112
局所仮説 42
局所的識別条件 72
局面転換モデル 31
許容性 180
均衡条件 11
金融経済学 (ファイナンス) 6
金融時系列 6

偶然的母数 98

索　引　215

偶然的母数ベクトル　33
クロスセクション・データ　3

景気循環　8
経験分布　52
経験尤度推定量　85
経験尤度法　43, 45, 179
経済時系列　7
係数の有意性　56
計測なき理論　12
計量経済学　10
計量経済モデル　12, 13
計量的外生性　57
計量的先決性　57
厳密な線形関係　33

構造型　18
構造型母数　27
構造変化点　165
構造方程式モデル　2, 10, 22, 179, 205
効率的 GMM 推定量　47
合理的期待　48
合理的定常解　40
合理的予想　37
誤差項　2
誤差修正表現　119
個別効果　43
固有値の挙動　155
固有値問題　28
固有ベクトル　28
固有方程式　28

さ　行

最小固有値　58
最小二乗推定値　4
最大経験尤度推定量　53
最適 GMM 推定法　47
最適性　180
最尤推定量　28

識別可能　23
識別性　22, 56

識別性条件　56
識別不能　27
識別不能条件　68
識別問題　12, 20
時系列データ　15
時系列分析　14
自己回帰和分移動平均過程　44
自己実現的な予想　41
次数条件　27
システム推定法　23
実証分野　14
シミュレーション　83
射影行列　107, 173
弱収束　182, 193
弱操作変数　75
弱操作変数問題　6, 42, 180
弱定常過程　20, 82
重回帰モデル　3
重階差作用素　114
収束定理　185
重単位根仮説　111
縮小回帰問題　29
縮小階数回帰モデル　179
縮小階数回帰問題　79
需要関数　11
需要曲線　10
需要分析　11
需要量　11
条件付期待値　116
条件付共分散行列　116, 187
条件付尤度比統計量　70
条件付リンドバーグ条件　187
消費と所得の時系列関係　6
小標本特性　83
将来解　21, 41

推定方程式　51, 179
推定量の小標本特性　83
酔歩　9, 154
酔歩モデル　110

制限情報最尤推定量　28, 68

制限情報推定法　23, 25
整合的　199
政策シミュレーション　14
積率法　46
説明変数　2
セミ・パラメトリックな方法　45
セミ・パラメトリック法　179
漸近 Cramér-Rao 下限　104
漸近 MSE　93
漸近 χ^2 分布　164
漸近正規性　47, 97, 142, 164
漸近展開　91
漸近有効性　47
漸近理論
　非標準的な——　97
　標準的な——　92
線形回帰モデル　224
線形関数関係モデル　33, 101
線形帰無仮説　47
線形構造方程式　17
線形同時方程式モデル　17
先決性　36
先決性仮説　60
先決変数　17, 186

操作変数　186
操作変数法　6

た　行

大標本の漸近分布　92
楕円分布　101
多次元自己回帰モデル　19
多次元正規分布　19
多弱操作変数　77
多操作変数　77, 98
多操作変数問題　6, 180
多変量回帰モデル　19, 24, 56
多変量解析　179
多変量自己回帰モデル　189
単位根仮説　112
単位根過程　20
単位根の検定　110

単純単位根仮説　111

逐次的　36
逐次的な構造方程式体系　37
中央値不偏　88
中心極限定理　182
超一致性　144
長期的均衡関係　140
丁度識別可能　27
直交条件　24, 46
賃金と教育水準　2

強い分散不均一条件　107

定常過程論 (確率的——)　15
定常時系列　22
定常性の条件　21, 110

統計的多変量解析　18
同時性　4
同時転換時系列モデル　32
同時方程式モデル　10
動的パネル構造方程式　44
特定化検定　58, 63
独立性検定　57
ドリフト項　143, 162
トレンド関数　161
トレンド関数の共変動仮説　163
トレンド関数の変化点　114
トレンドの変化　155
トレンド変化点　155
トレンド (趨勢) 変動　7
トレンドを含む共和分仮説　122

な　行

内生性　4

2 次自己回帰モデル　22
二段階 GMM 法　46
二段階最小二乗推定値　4
二段階最小二乗推定量　29

ノン・パラメトリック計量分析 181
ノン・パラメトリックな方法 45
ノン・パラメトリック尤度関数 51

は 行

バイアス 89
バイアス効果 89
発散解 21
パネル制限情報最尤推定法 44
パネル・データ 4
パネル・データ分析 180
バブル解 40
汎関数中心極限定理 182, 193

非確率的トレンド 163
非心 χ^2 分布 72
非心ウイッシャート行列 43
非心度 δ^2 84
被説明変数 2
非線形 LIML 推定量 30
非線形 TSLS 推定量 30
非線形計量経済モデル 32
非線形構造方程式 31
非線形時系列モデル 31, 32
非線形同時方程式モデル 31
非定常解 40
非定常過程 15
非定常時系列 (確率) 過程 7
非定常時系列 9
非定常性 110
標準ブラウン運動 126
標本回帰行列 24
標本固有方程式 122

ファンダメンタル解 41
不均衡条件 12
複数の構造変化点 159
不変原理 111, 193, 194
不偏推定量 12
ブラウン運動 112, 198
ブロック識別 79
分散比最小化推定量 28

分散不均一性 108
分布の漸近展開 92

平均二乗誤差 91
平均二乗収束 200
変化点 156
変化点を含む共和分関係 161
変数誤差 4
変数誤差モデル 34, 179

ま 行

前向きの予想 37
マクロ景気変動 12
マクロ経済学 6
マクロ (時系列) 計量経済学 14, 15
マクロ計量モデル 13
マクロ時系列 6
マクロ政策効果 13
マルチンゲール 44
マルチンゲール差分 49, 116, 183
マルチンゲール性 202
マルチンゲール中心極限定理 197

ミクロ計量経済学 14, 15, 179
ミクロ・データ 5
見せかけの回帰 160
見せかけの共和分 160
見せかけの単位根 160

モーメント法 46

や 行

誘導型 18
誘導型推定量 23
誘導型母数 27
尤度関数 65
尤度比検定 58
尤度比検定基準 70
尤度比統計量 123

弱い分散不均一条件 107

ら 行

ラオのスコア統計量　59
ラグランジュ形式　52
ラグランジュ乗数検定　58
ラグランジュ乗数統計量　123
ランダム・ウォーク　9, 110, 154

理論なき計測　12
リンドバーグ条件　183

連続写像定理　194

労働経済学　2

わ 行

和分過程　9, 44, 82, 118
ワルド検定　58
ワルド統計量　59, 123

著者略歴

国友 直人
くに とも なお と

1950年　東京都に生まれる
1981年　スタンフォード大学大学院
　　　　統計学科・経済学科卒業
現　在　明治大学政治経済学部特任教授，
　　　　東京大学名誉教授
　　　　MA（統計学）・Ph.D.（経済学）

シリーズ〈多変量データの統計科学〉10
構造方程式モデルと計量経済学　　　定価はカバーに表示

2011年11月30日　初版第1刷
2016年 8月25日　　　第2刷

著　者　国　友　直　人
発行者　朝　倉　誠　造
発行所　株式会社　朝　倉　書　店

　　　　東京都新宿区新小川町6-29
　　　　郵便番号　162-8707
　　　　電　話　03(3260)0141
　　　　ＦＡＸ　03(3260)0180
　　　　http://www.asakura.co.jp

〈検印省略〉

© 2011〈無断複写・転載を禁ず〉　　　中央印刷・渡辺製本

ISBN 978-4-254-12810-9　C 3341　　Printed in Japan

JCOPY ＜(社)出版者著作権管理機構　委託出版物＞
本書の無断複写は著作権法上での例外を除き禁じられています．複写される場合は，そのつど事前に，(社)出版者著作権管理機構(電話03-3513-6969, FAX 03-3513-6979, e-mail: info@jcopy.or.jp)の許諾を得てください．

好評の事典・辞典・ハンドブック

数学オリンピック事典	野口　廣 監修　B5判 864頁
コンピュータ代数ハンドブック	山本　慎ほか 訳　A5判 1040頁
和算の事典	山司勝則ほか 編　A5判 544頁
朝倉 数学ハンドブック［基礎編］	飯高　茂ほか 編　A5判 816頁
数学定数事典	一松　信 監訳　A5判 608頁
素数全書	和田秀男 監訳　A5判 640頁
数論＜未解決問題＞の事典	金光　滋 訳　A5判 448頁
数理統計学ハンドブック	豊田秀樹 監訳　A5判 784頁
統計データ科学事典	杉山高一ほか 編　B5判 788頁
統計分布ハンドブック（増補版）	蓑谷千凰彦 著　A5判 864頁
複雑系の事典	複雑系の事典編集委員会 編　A5判 448頁
医学統計学ハンドブック	宮原英夫ほか 編　A5判 720頁
応用数理計画ハンドブック	久保幹雄ほか 編　A5判 1376頁
医学統計学の事典	丹後俊郎ほか 編　A5判 472頁
現代物理数学ハンドブック	新井朝雄 著　A5判 736頁
図説ウェーブレット変換ハンドブック	新　誠一ほか 監訳　A5判 408頁
生産管理の事典	圓川隆夫ほか 編　B5判 752頁
サプライ・チェイン最適化ハンドブック	久保幹雄 著　B5判 520頁
計量経済学ハンドブック	蓑谷千凰彦ほか 編　A5判 1048頁
金融工学事典	木島正明ほか 編　A5判 1028頁
応用計量経済学ハンドブック	蓑谷千凰彦ほか 編　A5判 672頁

価格・概要等は小社ホームページをご覧ください．